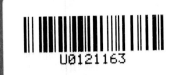

国家出版基金项目
NATIONAL PUBLICATION FOUNDATION

海上絲綢之路文獻集成

總主编　陳支平　陳春聲

歷代史籍編　9

主编　范金民

海峡出版發行集團
THE STRAITS PUBLISHING & DISTRIBUTING GROUP
福建人民出版社

本册目次

皇明象胥録八卷　〔明〕茅瑞徵撰……一
諸蕃類考不分卷（一）　〔清〕佚名纂……一三七

皇明象胥録八卷

〔明〕茅瑞徵撰

《皇明象胥録》八卷，明茅瑞徵撰。瑞徵字伯符，號玉芝，歸安（今浙江吴興）人。萬曆二十九年（一六〇一）進士，官至南京光禄寺卿。撰有《虞書箋》、《萬曆三大征考》、《禹貢彙疏》等。官兵部職方司時，稽考歷代史牒，證以親身見聞，撰成此書。記載明代邊疆各民族與通使梯航諸國家之山川地理、歷史沿革、風土民俗，及與明朝之往來等。卷一朝鮮、琉球，卷二日本，卷三安南，卷四占城、真臘、暹羅、爪哇、三佛齊、百花、浡泥、蘇禄、彭亨等，卷五滿剌加、佛郎機、吕宋、蘇門答剌、錫蘭山、柯枝、古里、古麻剌、西洋鎖里等國，卷六至七西北地區哈密、西域、吐魯番、于闐、亦力把力、撒馬兒罕、哈烈、拂菻、天竺、榜葛剌、天方、默德那等，卷八西番、兀良哈等。初刊於明崇禎二年（一六二九），清乾隆間曾遭禁燬。據《國立北平圖書館善本叢書》景明崇禎本影印。

皇明象胥録

據明崇禎刻本影印

國立北平圖書館
善本叢書第一集

皇明象胥録序

周官職方氏辨四夷八蠻七閩九貉五戎六狄之人民周知其利害曲臺禮亦云夷蠻戎狄達其志通其欲東方曰寄南方曰象西方曰狄鞮北方曰譯葢周之衛蠻鎮夷卽禹之要荒所謂東漸西被朔南曁聲教訖于四海八表同風以明一統豈好大騖遠哉

聖祖龍興用夏變夷功侔天地

文皇帝三犁之烈震讋殊方綏

耳離⿰月欲之倫鳥居獸語之類莫
不回面請吏待璽纛乃能國于
時胡弓粵鎛蠻琛夷賮輸積於
内府東鶼西鰈南茅北黍鱗集
於外庭葢賔五帝所不賔臣三
王所未臣軼唐駕漢於斯盛矣

承平寖久瑕釁漸生椹音雖懷
鷹眼未革或鳴鏑近圻剽掠人
畜或負嵎菁莽衝突郊原挾賞
而金繒歲增搶番則藩籬日撤
豈狃羈跳梁自其天性抑干掫
弛警實啓戎心乎年友茅伯符

往郎職方最留意邊防扼塞茲
以動卿領大鴻臚局閒務簡乃
出其向所蒐次四夷考更加訂
定間手以示余曰此亦臚寺官
守所宜及也余受而卒讀深服
其證引宏博諸如山川道里之

近遥境俗性智之優薄產載物
類之區品氣候涼燠之異宜無
不備寫像形審求根實而覈夷
情之終始鏡失得于
彖朝察叛服之所繇爲緜蕝之
收縱此寧直侈輿輪廣大備輶

軒咨諏蓋安攘遠略具載是錄
洵可稱經國大業不朽盛事已
然余獨私惟錄中所敘北狄僅
及兀良哈種落而韃靼女直金
元遺孽尚缺焉不及豈以其入
外獸內倏順倏攜故擯之王會

以示膺懲耶嗟乎大寧徙而左
臂單寒開平移而烽火日逼朔
方東勝豺虎縱橫朶顔福餘犬
羊反覆朝鮮我東藩折于奴我
不能救也卜素我欵虜逐于插
我不敢問也玄菟樂浪我版圖

淪沒于奴兒干我不能窺寸土
也誰生厲階至今爲梗伯符有
心人必別已講求石畫可佐廊
廟而特不欲侈口跳盪以封疆
爲嘗試則非余黔淺所能測其
涯略已余往受事山海伯符適

典職方每心折其明習邊計清
執罕儷乃一再躓起恬處閒局
余復得時相過從讀所論著僭
爲數語弁諸首伯符經濟甚富
而高文老筆不減周官曲禮異
時秉樞而運帷算茲錄其嚆矢

云

年弟吳光義頓首撰

皇明象胥錄序

天啓癸亥予與伯符茅公同事
兵曹讀其所著萬曆三大征紀
敘事點情皆從案牘抄稿中
拈出皆深示人無異鑿礦而為
金者於是已知為一代良史才已

又讀其所著四事考引古証今
確有根據益徵博雅迹採鴻
臚職典要復出前編詳加攷
訂收題象胥
世廟以後續以新紀用補鄭端
簡公之所未備語曰不出戶知天

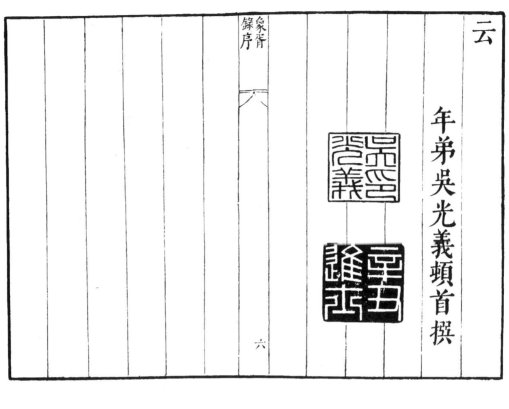

下非伯符曠世真才能繼武夫古今局面固不同矣唐虞三代之方輿要荒已為異域禹貢所載諸夷狄皆今內地三苗逆命竟不窮然化以干羽周之興也通道九夷八蠻制為職方象胥

序二

鞮譯之官廣輪擴矣然自肅慎楛矢外西旅之獒召公陳諫越裳之雉周公遜謝雖聖治不當專略要亦天地風氣未大開故中國局面未大恢耳此後則惟漢唐為最雄而我

皇明

二祖開創更過之戎索所及胡越一家得數盛哉夫漢有班固堅地理志不聞另有紀事之書唐賴師古作王會圖不過分辨朝貢諸夷粧服詭異點綴太平

序三

盛象而山川道里出從物產興廢殺服且亦無傳豈若伯符此書兼總條貫設有御夷方略足佐廟廊借箸之用哉詩曰昔先王受命有如召公日闢國百里今也日蹙國百里此慨今昔強弱之殊勢

而忽用質以增式廓也後者每念
河套南交哈密論爲韋地怙不以
鳴伊吾之劍爲捍銅柱之標而復
快況今遼左門庭外爭患謂氣
恹
祖宗鴻圖不在寶慕漢唐之

序四

武功而在營脩虞周之文德之之
既脩聲靈被暢及蹕穿膏
奇肱脩股方且來享來王又何
有於舊疆式而要皆伯符之所
饒辯者何也良醫治療痺不以
針石先參苓重元氣也伯符胸

有武庫屬在目中篇中乃惓惓
重內治謹邊備若有蒿乎閑玉
至謝西域悉止正盡屬國于能
使元氣充而針石之皆神者也
聖天子欲求吉甫方叔召虎其
人以奏內順外嚴之治則舍伯符

序五

其誰乎是編也獻有目共覩予
非諛也天下事每為庸醫所壞
而不自知上醫如伯符疆埸起色
何日之有謹筆此以俟司
於謨者采擇焉

豫章友弟鄒維璉題

苕書

象胥録序

鄭端簡公吾學編所次四夷考精核簡嚴居然良史而根據多畧且編纂亦止於世廟余往在職方閒按歷代史牒及耳目近事稍爲增定以訖萬曆紀年如佛郎機魯迷諸國前考所缺者併捃攟訂入庶幾展卷可晳本末蠻陬夷落如指諸掌矣頃居臚寺多暇因發簏中舊稿重加參證乃竊嘆

皇靈之遐暢而 廟戰亡妄亡
畫也國初
真人首出梯航重譯
文皇帝遣中使三下西洋疑
勤遠畧而北犂虜庭南討交
阯蓋締構規摹倍應廣大

序二

曾幾何時而南交棄河套失
哈密亦不守寖假而遼左翦
爲異域矣雖云外夷逆順譬
同癬疥而未嘗不賊中朝生
嚮背肉治備則鱗介可化爲衣
裳邊備弛則藩籬將荐爲豺

虎深維往轍圖彊徼浮失之
林也島夷出沒鯨波西戎遠
在天末從古不能與 中國
爭衡而通番之船不禁則勾
引轉滋賈胡之來日衆則窺
伺漸啟至閩浙之海寇內訌而

序三

關陝之流賊飈發所在伏莽又
何論要荒絕徼之外乎鴻臚
昔號典客掌諸歸義蠻夷
寄象鞮譯自關職守況當從
事借箸綢繆舊聞不爲俎越輒
因蒐錄成書紹續端簡題曰象

胥以志
國家賓師之畧他如北虜女直
及西南溪峒諸蠻夷別有裒
集間與端簡詳略不無異同
要以聚米畫地各暢人意非
敢闘奇耳食如傻孟之學叔
敖也時
崇禎己巳秋日之吉歸安茅瑞徵
書於南鴻臚署之嘉會軒

皇明象胥録

凡例

一東夷首朝鮮琉球以請封脩貢謹爲我外藩也次日本海上設防倍宜詰毖夫寧有戒心焉南蠻首安南葢嘗郡縣其地矣占城而下並爲波臣畧從海道爲次西戎首哈密故領袖西域尚存遺意土魯番而下皆西域夷也西番種人頗繁苐以番括之兀良哈則北狄矣虜部猥雜別有編纂茲不復贅列云

一諸國曾通朝貢雖小必書此外賈舶所至間爲收錄若要荒殊詭萬狀不能殫述也

一諸國須有勘合及載在
祖訓者大書備錄其小邦偶一脩貢附入之如佛郎機和蘭不列王會仍次滿剌加呂宋後

一各夷名號全以　會典及
歷朝實錄爲據間與稗史異同並爲改正

一諸國沿革本末博攷歷代正史凡有關大體備錄之

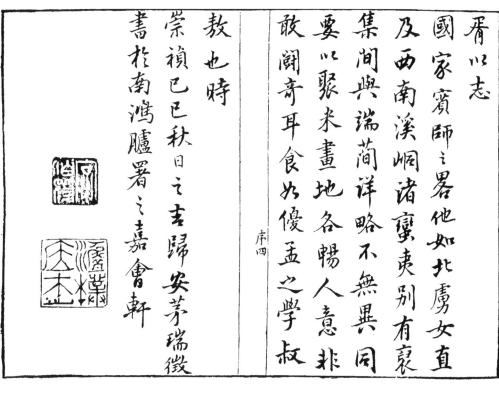

一拂菻在嘉峪關外榜葛剌雖係東印度然在西
天數中　會典並列東南夷未當今改入西域
欵下
一臨文有犯
御諱遵照近例改書
一家鮮一編纂盡于萬曆紀年以往歲備員兵曹
耳目較核爾後姑從闕疑以俟君子
賜書學慙窺豹雖偶抽鄴架探討略盡四夷然空
涉西岩演繹應窮五技與開牆面庶敵蓬心

茗上茅瑞徵識

男胤京
胤武　同訂正

皇明象胥録目

卷一
朝鮮
琉球
卷二
日本
卷三
安南
卷四
占城
眞臘
暹羅
爪哇　蘊吉丹　丁機宜　吉里地悶
碟里　日羅夏治　合猫里
三佛齊　百花　文郎馬神
浡泥　南巫里
蘇祿　彭亨　柔佛　婆羅
卷五
滿剌加　佛郎機

呂宋　和蘭　美洛居
蘇門答剌　阿魯　梨伐　賓童龍
錫蘭山　覽邦　溜山
柯枝　小葛蘭　卜剌哇　木骨都束
古里　古里班卒　祖法兒　阿丹　忽魯謨斯　阿哇
古麻剌　淡巴
西洋瑣里　甘巴里　木蘭皮　討來思　打回　勿斯里　咭呤　瑣里
順哈

卷六
哈密　赤斤蒙古　阿端　曲先　安定　罕東

卷七
西域　火州　黑婁　柳陳
土魯番
于闐　亦力把力
撒馬兒罕　沙鹿海牙　達失干　卜花兒　答兒密　渴石　養夷　失剌思　賽蘭　迭里迷　亦思把罕　納失者罕
哈烈　俺都淮　麻林　八剌黑　魯迷
拂菻
天竺　榜葛剌　沼納樸兒　黑葛達

象胥録目　六　二　芝園藏板

天方　默德那　敏真誠　加異勒　阿速　火剌扎　白松虎兒　沙哈魯　吃力麻兒

卷八
西番
兀良哈

皇明象胥録目

象胥録目　八　三　芝園藏板

祖訓不征諸夷

朝鮮　日本　大小琉球　安南　真臘

暹羅　占城　蘇門答剌　西洋　爪哇

彭亨　百花　三佛齊　浡泥

右凡十五國職掌所載又有瑣里西洋瑣里覽邦淡巴須文達那諸國

頒有勘合國

暹羅　日本　占城　爪哇　滿剌加　真臘

蘇祿國東王　蘇祿國西王　蘇祿國峒王

柯支　浡泥　錫蘭山　古里　蘇門答剌

古麻剌

洪武十六年始給暹羅國以後漸及諸國每國勘合二百道改元則換給

皇明象胥錄一

歸安茅瑞徵伯符撰

朝鮮

朝鮮直遼東南古箕子國初箕子胥餘旣陳洪範避地朝鮮商衆從者五千人武王因封焉乃教民禮義田蠶爲約八條俗貞絜夕戶不閉飲食以籩豆其號朝鮮以日東出鮮潤或云境有汕水故名周衰地邊燕燕自立爲王欲東略地朝鮮侯亦稱王將起兵逆擊燕尊周室大夫禮諫使西說燕罷

其兵後子孫稍驕燕遣將秦開西闢地二千餘里築鄣塞朝鮮寖微秦并天下築長城抵遼東朝鮮王否服屬外徼否死子準立會陳項起燕齊趙民多亾附是時去始封已四十餘世矣漢興僑遼東故塞界浿水屬燕王盧綰綰反走匈奴燕人衛滿聚黨千餘椎結胡服度浿水說準居西鄙扞邊準拜爲博士遂得秦故空地益誘燕齊亾命役屬詐稱漢兵至還攻準準亾入韓滿遂自王朝鮮都王險孝惠時滿約爲外臣保塞益威行旁小國兼有

濊北與高句驪沃沮地凡數千里傳子及孫右渠漢使涉河誘諭不奉詔已又襲殺何武帝遣樓船將軍楊僕勒兵五萬從齊浮海左將軍荀彘出遼東擊之城守不下乃使濟南太守公孫遂以便宜并軍急擊共相殺右渠降因分置樂浪臨屯玄菟眞番四郡時元封三年也昭帝省爲樂浪玄菟二郡而玄菟徙居高句驪西北其沃沮濊貊並屬樂浪以斥遠分置樂浪東部都尉漢末公孫度起玄菟越海收東萊諸縣自保遼東傳孫淵封樂浪公

淵又自立爲燕王魏滅之晉永嘉亂陷入高句麗高句麗本扶餘別種世以高爲氏至高璉併有朝鮮居平壤死年百餘歲平壤亦曰長安城南臨浿水即樂浪郡地外復有國內城漢城爲別都號三都云自璉後稱高麗貢獻無常隋封其六世孫湯爲高麗王煬帝渡遼水親征至再不克振旅而還唐武德初其王建武遣使入朝命道士以像法往爲講老子建武築長城千里東北首扶餘西南屬海尋爲蓋蘇文所弒旁攝新羅太宗詔北輸粟營

州以總管張亮帥募兵四萬吳艘五百泛海趨平壤李勣帥騎士六萬趨遼身誓師東援遼蓋二州歸高宗已平百濟會蓋蘇文死子男生與弟修郄遂以李勣節度轉燕趙食廥遼東乾封三年勣率別將薛仁貴等拔扶餘城大破之王藏請降剖其地爲州縣置安東都護府總章中徙高麗民三萬於江淮餘衆及奔新羅及突厥靺鞨儀鳳二年封藏朝鮮郡王還安東死子德武爲都督後稍自國元和末遣使獻樂工其國東徙鴨綠江東南千餘

里歷後唐同光中高氏屢奉職貢長興三年權知國事王建代立明宗乃拜建玄菟州都督高麗國王建益并新羅百濟地自廣東徙松岳以平壤爲西京子孫終五代修貢不絕周世宗嘗以帛數千匹市銅高麗以鑄錢宋太宗即位其王伷遣國人金行成就學擢進士是後詣監肄業以爲常會契丹伐女眞道高麗界女眞意高麗搆禍因貢馬愬于朝太宗出所上告急木契示高麗使歸白王治還所俘而王治方奉表契丹得所取女眞國鴨綠

江東地數百里淳化後遂爲脅制朝貢中絕咸平六年遣使來朝言晉割燕薊屬契丹遂有路趣玄菟乞王師屯境上牽綴契丹索前地其王詢徙昇羅州以紓禍大中祥符三年與女直設奇邀擊契丹築城鴨綠江東自是絕不通中國垂四十三年熙寧初詢孫徽來修好神宗亦欲結之以謀契丹改登萊貢道由明州元豐元年造兩艦報聘自定海絕洋而東而徽奉契丹正朔往往兩屬通使元祐八年高麗獻黃帝鍼經詔頒天下其使請鬻歷

代史及册府元龜等書禮部尚書蘇軾疏却之有旨書籍經買者聽宣和中求二醫往歸日王楷語曰聞朝廷將用兵遼遼兄弟國存之足爲邊扞女直虎狼不可交也願二醫歸報天子早爲備及回奏無及矣先是遼使高麗置保州金已克黃龍府高麗請還舊疆不許及遼亾王楷稱藩如遼例而宋自高麗改貢道明越困於供給兼慮爲金閒罷一切使命紹興三年楷脩貢仍溫詔答焉當是時其國都開成府依山險名曰神嵩即松岳也東京

新羅爲東州樂浪府南京百濟爲金州金馬郡西京平壤爲鎮州而西京最盛元興契丹衆九萬餘竄據江東城元遣偏師會高麗滅之歲輸貢後絕信使太宗命撒禮塔往征抵王京其王瞮奉牛酒勞師尋叛竄海島憲宗末遣世子倎入朝瞮卒歸國更名禃世祖徵禃脩世見禮朝上都至元初立瀋州處高麗降民遣使通好日本諭旨爲鄉導期得要領併相視躭羅道路禃爲其臣林衍所廢立弟淐議征之無何禃復位來朝詔西京內屬改東

寧府畫慈悲嶺爲界以安撫使佩虎符戍其西境中書省請屯田金州安撫使阿海略地平珍島禃致書日本使通好經略使忻都入海拔耽羅城詔高麗僉軍助征日本以皇女嫁世子愖襲父爵改鑄駙馬高麗王印賜之愖子謜謜子燾嗣王燾傳弟暠以訖元亾　國朝洪武元年遣符寶郎偰斯賜高麗王顓璽書二年顓表賀貢方物　詔齎金印封爲高麗國王頒大統曆復諭王闢圍蒐乘謹備倭無崇信釋氏　賜六經四書通鑑漢書使者

言王顓有侄女遭亂沒軍中
上令中使訪歸本國仍厚衣飾三年遣使代祀其
國山川會定取士格　詔許高麗安南等國貢赴
京師會試以沙漠平往諭四年　賜高麗貢士金
濤第以不通華言給道里費回籍中書省奏禁使
者闌出貨物不許五年安置歸德侯陳禮歸義侯
明昇於高麗王顓請遣子弟入太學表言躭羅國
多畱蒙古人及蘭秀山逋寇宜詰治　詔躭羅巳
屬無滋疑忌逋寇可傳檄定其罷兵以貢馬不誠

卻其使七年諭中書省高麗頻涉險來貢宜令三
年或比年一聘八年王顓被弒以養子禑嗣貢懃
期　勑遼東守臣勿與通十年請顓謚號
上曰顓弒久今始請謚將假朝命鎮服其民且掩
逆跡其勿與降勑切責遣都督僉事濮眞往訊死
之十二年高麗屬夷龍州土官鄭白等內附守將
潘敬葉旺以聞　勑無受降開釁十六年陪臣張
伯崔涓來貢以頃歲不庭渝約卻不受　命禮部
咨諭之十八年許禑嗣王　賜故王顓謚恭愍貢

布萬疋馬千匹謝明年請易冠服不許二十年指
揮僉事高家奴等市馬高麗還言禑辭馬直諭鎮
守延安侯唐勝宗償直如勑初遼瀋民多避亂高
麗及往市馬故元降將咬住等言
上索之至是高麗送馬並流民二百八十餘來歸
二十一年降人言王禑欲寇遼東其將李成桂還
兵囚禑　勑嚴備往偵狀是歲廢禑立昌昌復廢
立瑤權國事益恭愍王顓無嗣爲嬖臣洪倫等所
弒國相李仁人誅倫迎立養子禑禑昏恣興師內

寇以李成桂爲副將至鴨綠反兵禑惶懼遜子昌
國人弗順恭愍妃安氏擇立王氏孫定昌君瑤二
十四年瑤遣子奭朝明年正旦　詔班尚書下奭
未歸而李成桂復廢瑤自立其國都評議司奏瑤
信讒妄殺子奭亦痴騃非門下侍郎李成桂莫可
主國
上曰高麗僻處東夷聽自爲聲教成桂遂更名旦
徙居漢城請更國號　詔仍稱朝鮮王氏自建開
國歷四百三十餘年而絕李成桂者全州人自言

遠祖翰仕新羅爲司空六世孫兢休入高麗至成
桂凡十七世竟代王有國
上以遠夷置不問心固弗善也旦遣使請朝鮮印
及封誥表不孫下吏索撰表人鄭總安置雲南二
十六年遼東奏朝鮮陰誘女直人五百潛度鴨綠
江將寇邊下勑切責　諭守臣謹備絕貢使二十
九年請印誥不許旦老聽以子芳遠襲卒謚康獻
永樂元年芳遠表言洪武中賜金印龜紐頂經建
文更制乞如舊頒給　詔予印誥及冕服九章春

秋會通等書二年
上欲屯田遼東徵牛朝鮮芳遠以萬頭獻　勑遼
東都司分給屯田每頭酬絹一疋布四疋　賜其
王文綺表裏六年世子禔來貢七年諭進馬供用
芳遠獻萬匹助征虜十六年請老子祹嗣時遷都
北京距朝鮮爲近二十一年征阿魯台駐蹕沙城
祹遣陪臣崔雲奏事令還京胥命宣德元年芳遠
卒謚恭定　賜嗣王祹五經四書性理大全通鑑
綱目因謂禮部尚書胡濙聞祹勤學故賜之令小

國民蒙惠亦朕所樂也二年　勑進馬五千匹四
年祹獻海東青　詔珍異非朕所貴其勿進使還
賜王磁罍勑貢獻唯土物無以金玉七年遼東都
司言諸屯缺耕牛諭朝鮮選給萬頭償以絹布五
萬疋如前例時毛憐建州夷詐爲忽剌温野人犯
朝鮮境朝鮮以兵攻建州遣使勑諭八年總兵官
巫凱奏朝鮮擅兵
上曰遠夷爭競但謹邊備而已祹欲遣子弟入就
學不許仍　賜書俾學國中九年聞黒龍江七姓

野人議侵朝鮮　勑祹嚴爲禦正統二年建州左
衛都督猛可帖木兒爲七姓野人所殺其子童倉
與叔凡察逋居朝鮮界尋得罪亡歸四年建州都
指揮李滿住等言朝鮮招叛朝鮮亦言凡察誘匿
童倉逃匿慮與李滿住同謀生釁諭仍還境城凡
察等言祹阻留部落六年祹復愬凡察舊居境城
阿木河仳離失所撫恤備至近徙東陲忽潛依李
滿住誰爲追阻滿住居婆猪江屢引忽剌温掠臣
邊今凡察與同惡背恩已甚

上勑裪國家倚王爲東藩如凡察滿住異類畜之
無與較七年以建州朝鮮構怨命錦衣衛指揮吳
良等齎勑諭朝鮮集境城人口質審去留戒凡察
無妄索會尨剌密令女直諸部誘脅朝鮮裪拒之
白其事
上勑獎裪忠誠　賜綵幣并諭裪東寧等衛諸逋
逃無問漢人女直並擒解無貽累爾國十年倭犯
朝鮮來獻俘時虜寇邊　詔朝鮮備馬三萬景泰
元年貢馬五百奏比歲馬耗損未能猝辦止勿復

貢裪卒子珦嗣遼東報虜掠開原瀋陽及圍撫順
女直李滿住凡察董山等爲迫脅入寇勑珦餙邊
防勦三年珦卒謚恭順子弘暐嗣五年　賜弘暐
宋史從其請也弘暐痺而孱七年遜其叔瑈遣內
臣册瑈爲王天順三年登州衛運遼軍布花舟漂
至朝鮮撈捄得十之七瑈給衣糧送歸朝　賜勑
獎諭是歲瑈納建州酋董山私授中樞密使諜得
其制書遣科臣往瑈飾詞出制書示之驚服貢馬
謝罪四年朝鮮誘殺毛憐衛都督郎卜兒哈兩降

勑解讐五年建州衛野人乘夜掠義州諭朝鮮無
挑禍成化三年郤所進海東青白鵲王師征建州
瑈遣中樞府知事康純等率兵萬餘協攻遂斬李
滿住及擒勦部落以俘獻　璽書褒異加賜金綺
瑈尋卒　賜謚惠莊子晄嗣始册封率遣內臣時
遼左薦饑御史侯英疏稱中使繹騷朝鮮號秉禮
國乞簡廷臣往
上是之著爲令六年晄卒謚襄悼以子幼立兄子
娎嗣王七年娎奏李滿住子索而哈聚衆脩怨乞

邊臣應援十一年復奏建州野人糾毛憐等衛夷
侵擾時禁外國互市銅錢弓角等物十三年娎奏
小邦北連野人南隣島倭
高皇帝嘗賜火藥火砲今乞弛禁市弓角令歲市
五十無過多十四年朝鮮貢使還被寇掠官較捕
獲都御史王越請梟示彰國法仍還原刼以慰遠
人十五年建州酋伏當加等復盜邊　詔朝鮮夾
擊娎遣右議政尹弼商等渡江擣巢多擒斬明年
春來獻捷　賜宴禮部亡何建州掠朝鮮從騎以

報擣巢之役弘治初歲貢獻如例七年娎卒謚康
靖八年封子㦕爲王十二年㦕請摉還下海民戶
遼東守臣亦奏軍民逃聚海島得及時解散從之
㦕病風令弟懌權署國事正德二年懌嗣王十三
年修貢請更會典所載宗系嘉靖改元遣脩撰唐
皋宣諭以親藩入繼大統意始
皇帝時懌請册世子中使金義陳浩夤緣内降
往賜懌等金幣括取異物及童男女至是以禮官
言報罷十五年以　皇子生頒詔朝鮮先是　皇

嗣册封始遣使外夷
上特令詔諭因著令甲明年脩撰龔用卿等使朝
鮮還請凡事關禮制一體諭知即令陪臣賫示報
可十八年表賀上　廟號尊謚及
睿宗祔廟明堂禮成御奉天門延見使者二十三
年朝鮮民洪贇等航海漂入通州海門界傳詣
京師給衣糧護歸明年漳州民李王乞等通番漂
朝鮮送遼東都司權國事世子皓以王懌訃來告
皓嗣未踰年卒立其弟峘二十六年峘獲福清通
番人馮淑等并貨物解遼東咨稱閩人向無汎本
國者頃前後獲千人皆市易日本闌出火藥軍器
恐起兵端
上令查勘海道　賜峘金幣旌忠順三十一年峘
以　國初所賜樂器敝壞奏求律管仍乞遣官赴
京肄習以遵朝制三十六年大内災峘上表奉慰
三十八年倭犯朝鮮擊之盡殪因賀冬至奏聞并
歸所掠獎賜有差明年賀使至遼直虜傷從官一
詔自今朝鮮貢使並迎護出境隆慶元年表賀

肅皇帝尊謚部議尊謚　廟號無稱賀禮然不當
以律遠夷　賜幣報聞其冬峘卒謚恭憲從子昖
嗣立初李成桂易姓
高皇帝心惡其篡而傳者復訛以爲仁人子因著
祖訓稱李仁人及子成桂凡先後殺王氏四子以
爲永鑒其後嗣累表白世系非仁人後并言恭愍
弑由嬖臣仁人誅倫立禑迨禑寇遼先臣成桂反
兵傳昌至瑶竟以國人擁戴請命代立未嘗身與
弑逆願得湔雪萬曆三年重脩會典乃更定如今

文云二十年倭乘朝鮮弛備大縱兵巨酋行長清正等分道陷豐德諸郡昖倉皇走義州願內屬
上釆廷議遣兵部侍郎宋應昌等濟師復王京昖得返國詳具日本傳當是時朝鮮八道幾覆非
天子深念藩籬前後特簡重臣經略朝鮮勢必不守大抵朝鮮恭謹異它夷　國家寵禮亦加等自洪熙後歲遇元旦及　萬壽千秋節皆遣使表賀貢方物它慶慰謝恩無常期嘉靖十年始令外夷元旦朝賀例攺冬至大事必須詔其國請封告哀

率遣近臣及行人册封予祭朝鮮使至例得瞻拜太學禁綱亦疎弘治中因女直貢夷讐殺槩譏出入嘉靖十三年陪臣蘇洗讓請得出館游觀如舊禮部尚書夏言覆許正使員役五日一次出館令通事一人陪侍以示禮遇且寓防衛
上輒可其奏攷四履東西相距二千里南北四千里其東西南並濱大海北隣女直南隣倭西北限鴨綠江江出靺鞨之白山平壤在其東南自昔憑以爲險分八道以統州郡曰京畿曰忠清曰慶尚曰全羅曰黃海曰江原曰平安曰咸鏡設官舉士略倣中國因田制俸俗柔讓以蹲踞爲恭崇釋尚鬼惡殺多所諱忌士人喜讀書工詩文衢路悉搆嚴室號扃堂未婚者曹處誦經習射歲以季秋燕高年吉凶悉稟家禮醮用秔廣袖戴折風巾茅居苧衣色尚白法無苛條其敗常犯贓及再嫁書名三司子孫不齒人首無枕骨背扁側境內山川九都神嵩北嶽海鴨綠江爲大又有江曰大定曰大同而漢江最勝自鴨綠東流入於海歷數千里至

漢城滙爲巨浸南即古百濟又東爲古新羅近唐熊津都督府土產金銀銅鐵水晶鹽紬苧布摺扇龍文簾席白硾紙狼尾筆紫花硯果下馬長尾雞貂豽海豹皮八稍魚秔黍松榛薏苡茯苓人參其貢道渡鴨綠江則自鴉鶻關趨遼陽歷廣寧前屯入山海關以達　京師凡迂回三四鎮戍成化中苦女直邀刧請攺繇遼陽南徑趨寧前職方郎劉大夏以　祖制有微意持不可議遂罷
論曰世推朝鮮封始箕氏及讀黃少詹洪憲輶軒

錄乃得所謂檀君檀君者其傳堯戊辰歲有神降太伯山檀木下國人君之至今奉祀不廢檀君與箕子並都平壤史稱衛滿都王險王險亦平壤也漢取為樂浪郡范曄東漢書敘東夷特詳曰夫餘曰高句驪曰東沃沮曰濊曰馬韓辰韓弁辰其言濊及沃沮句驪本朝鮮地而夫餘屬玄菟韓有三種馬韓寖大而朝鮮王準為衛滿所破將餘衆數千人入海攻馬韓自王則諸國當通系朝鮮其後併入高句麗兼有新羅百濟拓境亦侈大已乃以

隋唐師武臣力頗抗前旌號為勁敵頃歲海波稍警翦焉幾覆強隣虎眎不遑固圉何今昔強弱逕庭哉或以向習華風轉趨文弱摩厲自強無孤卵翼亦有土自完之哲也攷箕子封朝鮮傳四十一代至準凡九百二十八年而失國準入韓地金馬郡自立號韓王又傳二百年併於百濟前後凡傳祚千一百二十餘年三代受命未有若斯之多歷者用夏變夷於今為烈吁嗟盛矣

琉球

琉球國居海島中直福建泉州之東自長樂梅花所開洋風利可七晝夜至距福寧溫台亦頗近然貢道必由閩縣以達　京師漢唐宋不通中國隋大業三年煬帝令羽騎尉朱寬入海訪異俗遂抵流求語不通掠一人歸明年慰撫不從遣武賁郎將陳稜等率兵自義安浮海擊之至高華嶼又東行二日至鼅鼊嶼又一日至其都虜男女數千人而還其後遂絕元世祖遣使招諭不至元貞三年

福建省平章高興擻別將禽百三十餘人史稱瑠球與彭湖諸島相對天氣清明望之隱約若烟霧其遠不知幾千里或云於古為流虬地界萬濤蜿蜒若虬浮水中因名後轉謂之琉球所轄有古米太平馬齒七島諸山並隔海外不相屬　國朝洪武五年遣行人楊載齎詔往諭其國分為三並稱王中山王察度山南王承察度山北王帕尼芝皆遣使奉表箋貢馬及方物十五年　賜中山王山南王鍍金銀印文綺使還言三王爭雄長　詔令

罷兵息民十六年　賜山北王如前例二十一年
以所獲元主次子地保奴發居琉球二十五年中
山王之子侄及其陪臣子弟入國學
上禮遇特厚以其國往來朝貢　賜閩人善操舟
者三十六姓永樂二年中山王察度卒　詔封世
子武寧嗣王是後嗣封皆請於朝冊立弔祭禮如
朝鮮其年山南王承察度亦卒無子從弟汪應祖
攝國來請命如山北王故事　賜冠帶嗣王武寧
卒子思紹嗣九年遣使朝貢偕長史程復至表言

長史王茂輔導久乞陞國相兼長史復本中國饒
州人輔臣祖察度四十餘年不懈今年八十有一
請致仕還其鄉從之思紹卒子尚巴志嗣巴志卒
尚忠嗣正統十年琉球商船漂至廣東香山港巡
戍欲盡戮冒功海道副使章格不可爲辨奏還其
貲十三年尚思達嗣父忠立遣使朝貢亾何思達
卒叔尚金福嗣金福卒弟布里與子志魯爭立失
其印次弟尚泰久馳奏命給泰久印嗣王時景泰
五年也先是山南王汪應祖爲其兄達勃期所弒

尋與山北併於中山其王世稱尚氏天順七年尚
德嗣父泰久立卒成化七年子尚圓嗣十一年貢
使還至閩恣殺掠　詔著令間歲一貢貢無過百
五十人十五年尚真嗣父圓立二十二年中山王
尚真以官生蔡賓等五人肄業南雍經五年咨禮
部乞放回省覲以聞
上報可嘉靖二年福州府盤獲琉球夷人三十二
名譯稱往暹羅置貢儀抵漳州外洋遭風會倭使
宋素卿等於寧紹讐殺

上恐墮奸計命併發浙江查勘三年琉球貢使金
良等言本國先遣正議大夫鄭繩等貢方物渡海
風漂未至請先進表歸國
上報聞許之以倭使宗設等逋誅鄭繩還令齎
勑轉諭日本捕治五年尚真卒王世子尚清上表
請封九年再申前請十一年勑給事中陳侃行人
高澄祀真太牢封清嗣王侃等言弘治正德時賚
撰羅倫等使安南安南乞留　詔勑鎮國印琉球
請留如安南海外遠恐煩往復乞下禮官議如安

南前格侃等至國授封王拜曰　天朝詔勑藏金匱八葉于茲矣遂諭旨比還特遣王親寧吉長史蔡瀚奉表謝侃等上使琉球錄言大明一統志載琉球有落漈王居壁下聚髑髏事非實及杜氏通典集事淵海蠃蟲錄星槎勝覽諸書亦多傳訛乞下所錄史舘從之先是其國贈侃等黄金四十兩卻不受因附謝使奏

上以命侃等十九年長史梁梓來朝貢方物請補造海船四號續貢聽如式自備無違例二十一年

漳州人陳貴等通番下海至琉球與潮陽海船爭利相攻長史蔡廷美沒其貲以夜奔多掩殺其王尚清械繫貴等七人至福建誣爲寇御史譚審列奏

上允部覆治以通番律仍聽咨諭國王無輕與中國商民互市明年尚清移禮部以官生梁炫等四人學南雍踰七年乞遣歸婚娶　詔給資糧護歸二十四年遣使來貢兼送朝鮮漂流人口初閩人蔡璟擬賜琉球而原籍在閩二十六年其孫蔡廷會充貢使至與給事中黄宗槩親舊通饋謁事覺下詔獄

上念貢使始華賞行勘三十四年尚清卒明年倭寇浙直敗還入琉球境世子尚元發兵邀擊殲焉得所掠金坤等六人遣廷會脩貢資送因言貢使須乘夏令南風迅始得歸請如三十四年例聽於福建海口自行脩買歸舟

上嘉其忠許之　賜勑獎諭厚賚金幣三十七年遣給事中郭汝霖行人李際春持節冊封尚元爲

王越再歲留福州其國遣廷會謝以倭警請如正德中封占城例領　詔冊回國禮部以非故事且無世子印文不許四十一年始竣封明年遣陪臣鄭憲等入貢因送歸中國漂流人口且請歸本國流移

上令撫瀕海諸路萬曆元年尚元卒四年世子尚永嗣及永卒三十一年封尚寧嗣王如令甲三十七年薩摩州倭侵琉球虜其王四十年遣使復脩貢報中山王業反國海道叅政石崑玉等驗貢物

雜倭產請阻回侯勢定
上從部議令貢使無入朝量收方物給賞四十四年五月中山王尚寧遣通事蔡廛報倭造戰艦五百餘艘取雞籠山島野夷雞籠淡水洋一名東番云考風土以海氣蒸溽候煖鮮霜雪多颶風暴雨國人深目長鼻纖嗇好潔並用色布纏首紫最貴黃次之又次紅綠王兼五色簪以金銀差等廣袖寬博閭左並縞素無木綿貧者隆冬衣苧較闊加寄屋多茅葢頃漸習陶鋪板袪塵無貴賤着草履

入室則脫唯肅謁使客具冠履婦人以墨黥手外指為花卉鳥獸狀髻肖童子總角不施簪珥粉黛女工麻縷地不產鐵費用螺殼亦無農器削木為匙筯得異味先薦尊者居親喪數月不肉食以中元前後日浴尸溪水去腐取骨纏以帛裹草埋土中不起墳王及諸臣家匣骨山穴鑿木為牖歲時展視惟謹賦法略倣井田分土為祿食有事始均稅事已即罷刑甚峻犯盜竊刳腹剸刵職官尊者三法司即國相率王母舅妻父任之其次有察度

官司刑名有耳目官資顧問有哪霸官理錢穀皆武職大夫長史主封貢不與政事為文職洪永所賜三十六姓多閩之河口人子孫秀者讀書南雍歸即為通事累陞長史大夫今僅存七姓凡七姓男不為國婿女不為王妃言語衣服無別別以椎髻居中者七姓居右者本夷也王日三朝羣臣以搓手膜拜為敬俗稱王曰敖那妃曰札喇王宮建山巔國門榜以歡會府云漏刻殿云奉神永樂間嘗命使為葢宮殿頗閎敞然以板代瓦册封錫以

皮弁玉圭麟袍犀帶賜二品秩及妃皆有冠服綵幣初用中使宣德間改用給事中行人給事賜衣麒麟行人賜衣白澤並假玉帶從福建往治五桅巨艦長可十七丈桅用杉舵用鐵梨木其國届期遣看針通事一人并水手來與偕寄室看針即自晝燃燈亦名十更船往以西南風期孟夏歸以東北風期季秋望見古米山即其境東去三百里為葉壁山又東即日本恒與貿易假貸近國哪霸首里並有馬市販鬻率女儈市用日本錢十當一如

宋季鵝眼綖環　國初使來言其俗不貴紈綺貴磁器鐵釜賜予及市馬多用之鹽舶魚艇制稍異酷信鬼不知醫藥以婦人不二夫者爲尸其魁號女君近王宮有寺藏經千卷宅籍無五經有四書以杜律虞註爲經土田砂礫樹藝鹵莽野多鹿及馬牛羊豕山多蛇無虎樹之佳者鳳尾蕉貢有蘇木胡椒黃熟降檀諸香並非所產産硫黃海貝讌會令童歌夷曲舞以侑觴酒以水漬米越宿婦人嚼以取汁曰米奇間來自暹羅清洌易令人醉

武宗嘗賜玉杯每出爲壽學書及武以倭爲師甲用皮革矢可至二百步節以金鼓衆驍健耐饑寒勞苦好爭狠鬭度不免卽引刃自斃於海上故稱勅國然不當倭十一國别號大琉球西南則暹羅東北則日本從長樂广石出海隱隱一小山浮空卽所謂小琉球者也去閩省東鄙臺礵東湧水程特數更南爲東番諸山在彭湖東北其人盛聚落而無君長習鏢弩少舟楫自昔不通朝貢又東隅有夷鳥語鬼形殆非人類或云卽毗舍那國

論曰琉球創見隋書爲流求序其國俗稍異王姓歡斯氏國人呼之爲可老羊妻曰多拔茶所居曰波羅檀洞羽冠毛衣編苧爲甲王乘木獸候草榮枯以爲年歲壁下多聚髑髏質以今日風教固殊焉元史作瑠求云水至彭湖漸低近瑠求則謂之落漈漈者水趨下不回漁舟遇颶風漂落漈回者百一自陳侃特標其妄或曰國西古米山有礁甚險舟至輒敗卽落漈也琉球及　明始通上國請封入貢與朝鮮埒漸以華風宜其丕變輒按前後

使錄爲更定之頗聞其國壓海外一岡脊無大聚落往使至斂儲偫民間甚苦以嚮慕文敎矢殫其力然猶貸隣倭而後給嘉靖中卽有領封會城之議情已微露矣守在四夷當事得無深慮乎

皇明象胥録二

歸安茅瑞徵伯符撰

日本

日本國原名倭在大海中憑島以居三面環水唯東北限大山山外即毛人國凡島夷百餘不與中國通漢武帝滅朝鮮使驛通漢者三十許國皆稱王其大倭王居邪馬臺一謂之邪摩堆地勢東高西下建武中倭奴國奉貢朝賀使人自稱大夫倭之極南界也桓靈閒倭國亂有女子名卑彌呼年長不嫁以妖惑衆共立爲王法甚峻侍婢千人兵衛嚴設有男弟佐治國魏景初二年倭女王遣使朝獻制詔以爲親魏倭王假金印紫綬後倭女王卑彌呼與狗奴國男王卑彌弓呼素不和相攻轉聞帶方郡爲檄諭之卑彌呼死立男王國中不服爭誅殺乃立卑彌呼宗女壹與年十三其國遂定是後復立男王並受中國爵命晉安帝時有倭王贊四傳至武自稱使持節都督倭百濟新羅任那加羅秦韓慕韓七國諸軍事安東大將軍倭國王

宋昇明二年表稱祖禰東征毛人五十五國爰服衆夷六十六國渡平海北九十五國句驪無道圖見吞竊自假授詔除武使持節都督等號倭王如故隋開皇二十年倭王姓阿每字多利思比孤遣使詣闕訪以風俗使者言倭王以天爲兄日爲弟天未明聽政跏趺坐日出停理務云以委弟其誕妄類此大業三年復朝貢使者致詞聞海西菩薩天子興佛法故遣朝拜兼沙門數十人來學國書云日出處天子致書日沒處天子無恙帝不悅諭鴻臚蠻夷書無禮勿以聞明年遣文林郎裴清使倭度百濟行至竹島南望耽羅國廻在大海又東經十餘國達海岸皆倭附庸倭王設儀仗鳴鼓角迎勞復遣使隨清貢方物唐貞觀五年使來朝永徽初其王孝德獻虎魄大如斗瑪瑙若五升器時高麗百濟暴新羅賜璽書令出兵援之咸亨初王總持遣使賀平高麗後稍習華音惡倭名更號日本自以其國近日所出或云日本倭旁小國爲所併冒其號長安元年其王文武遣朝臣真人粟田

來貢朝臣眞人猶唐尚書也粟田工文好學開元初復朝請從諸儒授經悉賞貿書歸其副朝臣仲滿願留歷左補闕多所該識久乃還天寶十二載復朝會新羅梗海道朝貢更繇明越州是時倭女王曰孝明孝明再傳爲女王高野姬貞元末其王桓武遣使來朝學子留肄業歷二十餘年宋雍熙初日本國僧奝然與其徒五六輩浮海至獻銅器奝然衣綠自云姓藤原氏善隸書不通華言問土風以書對其國有五經書佛經白居易集國王以

王爲姓傳襲六十四世文武皆世官并獻本國職員令王年代紀各一卷初主號天御中主次曰天村雲尊其後並以尊爲號凡二十三世都筑紫城神武天皇徙大和州當周僖王時其後更以天皇爲號及傳應神始於百濟得中國文字傳欽明併得佛法傳用明有子七歲開悟講聖鬘經天雨曼陀羅華當隋開皇中遣使泛海至中國求法華經又傳孝德白雉四年律師道照求法至中國從三藏僧玄奘受經律論又傳文武遣粟田眞人入唐

求書籍又傳白壁遣僧禮五臺山其間亦多女王凡統五畿七道三島太宗召見奝然賜紫衣聞其國一姓傳繼顧語宰相歎息久之天聖四年明州言日本貢方物不持本國表詔卻其貢熙寧後時有僧赴闕元世祖至元初遣使道高麗招諭不得要領六年命秘書監趙良弼往始同彌四郎者入朝十一年命鳳州經略使忻都等以九百艘掠其境稍拔對馬一歧宜蠻各島十四年日本遣商持金易銅錢十八年命右丞范文虎等率十萬人往

征抵五龍山遭風舟破士卒得生還者三人尋以有事交阯不復議日本亦竟不至　明興頻寇山東濱海州郡及淮安洪武二年以卽位頒諭仍掠崇明四年

上遣萊州府同知趙秩泛海　賜璽書讓其王源良懷良懷言蒙古嘗誅我好語隨襲以兵其使趙姓今使者亦趙姓豈其裔耶擬兵之秩不爲動徐宣諭朝廷威德良懷氣沮遣僧隨秩表貢方物送囘所擄明越人口

上亦遣僧祖闡無逸報使然其寇掠自如始令閩浙造海舟備倭德慶侯廖永忠請令沿海軍衛添輕舸巡徼從之七年來貢無表文其臣亦私貢馬及茶布刀扇所奉丞相書甚誖
上怒卻其貢已因安置所遣僧於川陝十三年丞相胡惟庸謀逆潛納倭精鋭貢艘為應事泄著
祖訓勿復與通明年卻其僧如瑤貢命禮部以書諭責之十六年以信國公湯和巡視海上築登萊至浙並海五十九城二十年遣江夏侯周德興築

福建並海十六城自南直山東及閩浙粵咸置行都司增屯戍嚴下海禁二十七年勑魏國公徐輝祖練浙兵海上永樂初其王源道義脩貢會對馬臺岐諸島夷數寇掠諭征捕獲渠魁以獻厚賚白金文綺予勘合百道令十年一貢使額無踰二百船止二艘勿挾兵器尋　賜金印詔冊封為日本國王名其國鎮山碑而銘之八年源道義死命鴻臚少卿潘賜往弔祭明年倭寇磐石十五年寇浙東海上多獻日本俘遣禮部員外郎呂淵等諭還所掠明年其王源道特遣使奉表謝罪十九年以三千人突寇遼東總兵劉江殲其衆初江閲地形得金線島西北望海窩勢高峻扼海咽喉特為增築及偵倭至伏兵山下别遣奇兵焚舟斷其歸路倭中伏擒斬且盡江以功封廣寧伯自是倭不敢復窺遼宣德初以倭貢踰約申定格例然倭自得我勘合多指稱貢舶藏兵刃備謹即貢備弛即掠貢即愆期所司不敢深擿聽抵　京師宴賚市易飽飫而去稍覘踈防蹈瑕殺擄捆載固未已也正

統後海上防漸踈四年倭船四十餘夜入大嵩港轉破昌國衛城恣焚掠於是申嚴斥堠合兵分番沿海寇盜稍戢成化二年連寇大嵩四年鄞人林從傑等三輩轉掠為通事隨倭使入貢奏乞歸省許之仍禁勾引通番十三年倭忽至寧波覘有備詭云脩貢庶吉士楊守陳貽書主客極言倭借貢蓄奸請得謝絶不從正德四年其王源義澄遣宋素卿來貢素卿者故鄞人朱縞也弘治中逋歸倭有寵于其王僞充正使其叔朱澄識之守臣覺發

以厚賂巨璫劉瑾置不問令還諭王無盜邊因求
祀孔子儀注不許嘉靖二年素卿再至時其王源
義植孱闇諸島强請勘合爭入貢邀利左京兆大
夫藝興遣僧宗設右京兆大夫高國遣僧瑞佐及
素卿踵及寧波故事凡番貢至閱貨宴席並以報
至先後爲序素卿役賄市舶中官賴恩撓閱瑞佐
貨及宴又引坐宗設上席聞爭長相讐殺而宗設
黨盛尾追素卿及紹興臨城索不得遂躪旁邑殺
備倭都指揮劉錦去已因漂入朝鮮其王李懌得

二倭獻
上以臺省糾參下素卿獄并二倭繫論並瘐死特
遣給事中劉穆往浙體訪兼飭武備四年縱日本
僧鈔賀等歸國諭其王捕宗設九年琉球請封道
日本附表乞貰素卿并懇新勘合脩貢禮部驗表
文無印請勑琉球傳諭自是絕貢者十七年壽再
至以違格罷初方國珍張士誠分據温台寧紹諸
郡並瀕海及已降滅而餘黨遁海上輒糾島倭入
寇以故洪武中瀕海州郡數中倭

高皇帝業增置戍守又命南雄侯趙庸招集蛋戶
漁丁之族自淮浙暨閩廣幾萬人悉藉爲兵於是
海上羣惡少皆仰給縣官而方張餘黨亦以次老
死瀕海因得息肩永樂西洋之役華人習知海外
饒有琛怪既生艷慕而貢夷往來益習我海道曲
折糾引蔓附剽寇復起至是以科臣言併罷市舶
而利孔反爲奸商所竊每番舶至以虛詞餂取轉
展賒負絕不償直久乃投豪貴家豪貴家侵牟賒
奸商逾甚番人坐索動以危言撼當路驅逐又先

期漏語使逸以示德陰握全利其後番人聞而飲
恨盤據海洋必切有其貲蓄乃已而亡命不逞强
有力者復入海聚衆爲舶主行賈閩浙以財役屬
勇悍倭闌入互市乘機剽掠如許棟王直徐海實
繁有徒海上因之多事焚刼寧台幾無寧歲矣二
十六年始設浙江巡撫都御史兼領興福漳泉治
兵捕賊以朱紈爲之紈清勁果於任事日夜詰兵
嚴糾察根株通海窟穴遂擣雙嶼擒巨酋許棟因
上章鐫暴二三渠魁侵豪貴諸豪屏息切齒亡何

諷臺省奏改紈爲巡視竟以專殺奪官并下紈同事海道副使柯喬都指揮盧鏜于理訴紈飲藥自殺兼弛海禁而東南瀕海寇益恣無敢呵者三十年王直突入定海關明年壬子倭犯台州破黄巖縣自象山流刼郡邑復簡都御史王忬巡視浙江及興福漳泉海道添設參將二員以都指揮俞大猷湯克寬分浙閩轂勦而幕府久廢兵政積弛士柔脆不習戰鬭忬至請假事權募梟勇徵狼土諸兵規畫稍定明年癸丑倭犯温州大猷冒險出洋擣穴犂賊駭散狂突克寬統部卒東西馳擊頗獲首功而賊勢張甚王直各部擁漳廣群盜合島倭連艦百餘破南滙所薄太倉入上海遂圍海鹽掠平湖陷昌國衛臨山所再攻海寧衛破乍浦延及寧海奉化諸邑凡畱内地三月所在焚蕩西犯松陽北侵海州而福寧秦嶼所亦遭寇頃之以兵科奏改忬巡撫提督軍務湯克寬以副總兵屯金山忬薦盧鏜代以俞大猷總浙直兵時任環以雄略自府同知擢備兵蘇松松陽令羅拱宸亦以知兵

超陞浙憲也其秋倭流刼興化擊卻之它部據南沙踰五月明年甲寅春潰圍出嚙蘇松旁邑北掠通州如皋海門改兵部侍郎屠大山爲應天都御史亦以巡撫兼提督倭續自南沙登岸湯克寬敗之採淘港而俞大猷勦普陀倭爲所乘參將盧鏜禦之嘉興再戰孟家堰亦敗遂陷嘉善焚運艘轉攻嘉興府因我師迎擊適乍浦合長沙灣寇且東掠崇明而慈谿忽報地湧血尺餘本兵條上方略始議重賞招巨酋王直矣兵科疏駁

上是之命一意主勦是時

天子蒿目東南特採廷臣言命南京兵部尚書張經開府總督直浙福廣山東軍務經故嘗督兩廣著績會議徵狼土兵扼倭乃用經節制當天下半得辟召參佐便宜從事經亦慷慨以盪寇自負中外企踵謂倭旦晚可盡也亡何都御史王忬改撫山西代以徐州兵備李天寵忬規度浙閩頗有緒以弛擔中輟而經以留京遺制鞭長不及羽檄征調不能猝佐緩亟再奉嚴旨專閫所起宿將何卿

沈希儀等又嚄唶不爲用以是訖無成功始倭還屯柘林進薄嘉定參將李逢時募山東槍手六千人適至敗之新涇橋追奔中伏復潰　詔建屠大山礁爲民改張經右都御史專總督而倭連犯海門金山青村所績至萬餘流突樂清黃岩諸縣柘林倭且分掠嘉湖我師禦之窖墩失利是歲量蠲被倭郡邑田租罷浙歲貢魚鮮而倭據川沙窪柘林爲穴明年乙卯柘林倭奪舟犯乍浦陷崇德轉掠湖州新倭日增唯兵備任環督舟師敗之南沙

斬級百餘會所調田州瓦氏等狼土兵至蘇人心稍定而工部侍郎趙文華且報祀海神督察江南也文華故事輔臣嚴嵩兼挾
上寵欲顺指督臣經出其上經自以宿望不爲意心御之時狼土兵新集銳請擊倭趨利文華促經經欲候所徵永保兵并力以文華佻妄不敢漏師期而江北三丈浦川沙窪倭報日至文華以經固老師觀望也亡何柘林倭三千餘瞯金山俞大猷迎擊大潰遂犯嘉興時永保兵則已集軍門矣經

遂遣參將盧鏜等督狼土等兵水陸邀擊石塘灣倭敗奔平望回走王江涇副總兵俞大猷以永保兵夾擊遂大敗之共斬級千九百八十有奇溺死無筭倭大氣奪而
上入文華言業遣緹騎逮經檛聞兵科留經秉勢進擒
上感相嵩歸功文華及御史胡宗憲　賜金幣經功自如不爲貰經去而軍中解體尋以應天都御史周珫代珫罷改户部侍郎楊宜並齷齪無將略

倭勢復張頃之任環及俞大猷等攻倭陸涇壩斬級二百七十有奇焚舟三十時柘林白茆三丈浦倭並奪舟遁我師邀擊多擒斬屯倭百餘從會稽高埠流刼杭歙直趨南京已又徐從宜興轉入滸墅應天都御史曹邦輔督師殲焉趙文華計擴首功瞯柘林餘倭穴陶宅大集浙直兵會勦失利已而倭遁周浦突圍與川沙窪倭合我師邀擊破之文華遽報蕩平歸朝而浙福都御史李天寵建訊與張經並死西市以宗憲代皆文華之爲也是歲

日照莆田福清並有倭警明年丙辰以文華言遂擢宗憲代宜總督倭聚新場任環督永保兵進勦再潰因建曹邦輔譎戍邊尋以叅政阮鶚代宗憲督軍務而倭慘掠慈谿巨酋徐海衆復大至一由海門一由松江一由定海關而海自擁部萬餘導所窩柘林酋陳東併兵逼乍浦巳聞督撫移師遂從硤石趨皂林鶚以輕舸馳入桐鄉令河朔將宗禮引所部兵九百遮倭擊殺數百人海爲碎易以援絕火藥盡前迫橋陷與驍將霍貫道俱死之倭

遂乘勝圍桐鄉急引撞竿撞城城幾壞城上人以縆索挽上斷竿又煮鐵汁灌城下所以堅守百方倭稍卻亦會總督間使人持重賂說海罷圍且疑陳東以攜其交海縣道崇德西遯東留攻一日勢孤亦引去桐鄉圍始解而趙文華復以尚書督師始文華言江南殘倭易殄頃更蔓延

上覺其欺相嵩爲營特遣巳至浙則與宗憲圖襲海宗憲日夜啗海金帛徉約擊吳淞江倭縱奪舟去以邏援兵之集諜聞海麾下書記酋葉麻最黠

與海爭一女子相失因諷海縛麻而陳東以桐鄉之役睚眦與葉麻聲相倚更遣諜持璣翠遺海侍女說海并縛東且詐爲葉書遺東陰泄之海海得書泣下心德宗憲竟縛東以報麻與東相繼縛則海部曲內亂因說海至平湖庭謁堅約令海與陳東黨分屯沈庄輒詭爲諜令兩相悞至背而鬬乃督永保兵如墻進乘風縱火海窘沉河死殲其黨俘葉麻陳東獻遂進文華少保宗憲右都御史餘倭竄舟山俞大猷攻之未下會夜大雪督兵擲火

焚其柵盡[illegible]復斬級百四十餘是歲倭突古田潮州明年丁巳併獲巨酋王直王直故歙人走海上爲舶主頗任俠島主並嚴事之他舶往往借名行入掠托之直跡故秘先是宗憲以頻歲苦倭特海

上凶命勾引島夷內訌其國王故未之知也疏得遣使諭日本王禁戢報可以鄞諸生蔣洲陳可願往而宗憲以鄉曲習知直迎直母妻至慰藉甚厚因遣洲等間過直所洲等遇直五島直爲言日本方亂諸島不相攝誠貫直等通貢互市願擊賊自

効遂留洲往諭各島别遣養子王滶毛臣先後投款宗憲結以重賂且令間説徐海巳而遣諭直降爲置司海上通互市直亦自分能力主島夷欲詣宗憲面相結謬以豊洲王入貢爲名泊岑港宗憲又厚餽遺遣指揮夏正等爲死間直遂挺身入杭州宗憲曲諭直佯羈獄具疏聞上不敢深悉其故廷議以直元兇坐棄市宗憲得加太子太保餘遷賞有差而直黨三千人竄據岑港及舟山遂流刼浙東江北蔓延閩粤時阮鶚以都御史移撫閩而

倭掠泰州淮安入寳應叅將劉顯率苗兵敗之東鄉多焚溺明年戊午倭犯興泉境遂陷福清南安以岑港倭阻守奪總兵俞大猷秩命兵部郎中唐順之視師浙直明年巳未倭流刼揭陽福安及浙西象山攻桃渚所而岑港倭自柯梅趨泉州浯嶼閩人大譁宗憲縱寇　詔逮大猷即訊尋釋立功江北倭數道入都御史李遂馳如臯部諸將無令越天長瓜儀尾及廟灣絶地督兵圍勦遂大破之斬級八百有餘巳又遣劉顯殲倭劉家庄自壬子

倭入黄岩至是首尾八年江南北略平浯嶼倭亦旋遁總督胡宗憲用間力爲多四十一年以言官論劾逮宗憲至京尋釋之罷浙福總督而閩倭復告急初倭阻寧德之横嶼連營負險叅將戚繼光至令人持束草塡河進力戰斬級二千六百餘生擒踰九十乘勝勦福清倭復破之因引兵還浙遇倭自東營澳登岸迎斬百八十級遂去而倭勢轉熾明年進薄興化城攻圍匝月叅將劉顯頓兵不敢進及城陷復命繼光及俞大猷馳援時倭巢平

海衛欲逸爲俞大猷所扼與繼光夾擊縱火糜巢中仙遊連江諸寇悉平倭盡走廣東界方繼光抵福清父老請師期繼光曰吾遠來疲甚且休矣偵者歸語弛不爲備其夕銜枚疾馳三十里黎明逼其巢大呼縱擊倭披靡莫敢枝梧巳破倭歸邑人未知兵出也廣東倭屯潮之烏石爲俞大猷所破逃至甲子門將入海風暴盡溺餘衆二千留屯海豐大猷圍之食盡思遁副總兵湯克寛伏兵擒勦且盡倭患遂息維時四十三年計海氛踰一紀始

靖而受害浙甚劇次南直次閩又次粵城邑燼於兵火子女簪於攘敓行齎居送累鉅萬萬東南脂髓幾於盡吸而倭亦連舶不獲返然率海上奸氓爭以入寇之利餌倭中無賴少年藉爲前行推波鼓燄其間眞倭僅十之一二絶與其國王不相聞前遣蔣洲至豐後島轉諭山口所據山口都督源義長及豐後太守源義鎭並具咨表貢方物謝罪量犒其使令浙藩司移咨義鎭等轉諭王鈐東亦杳無報命者自是海上封守益密日本遂絶朝貢

隆慶時海寇曾一本等勾引犯閩粵我亦嚴備旋及撲滅非復飈發如嘉靖之季矣萬曆二十年倭酋關白平秀吉篡立遣酋清正行長侵朝鮮猝陷慶尚道掠開城繞出平壤西其王昖令次子琿攝國事走義州求内屬命兵部侍郎宋應昌督總兵李如松等勒兵七萬往援明年春戰平壤攻牡丹臺大破之得級千二百八十五倭奔王京我師略地碧蹄中伏敗卹已申款倭棄王京棲釜山朝鮮王遂復國因撤師渡江歸又明年議封秀吉爲日本王倭中變又明年復命總督侍郎邢玠經略以總兵麻貴濟師都御史楊鎬特開府天津經理朝鮮倭酋清正屯蔚山與釜山倭犄角我師至則圍蔚山絶餉道倭饑佯約降而行長從釜山聲援張虛幟蔽江我師遽撤爲倭襲擊大潰時戊戌正月也會別將陳璘劉綎先後至分水陸四路進勦稍有斬獲明年九月秀吉死遮擊歸倭以捷聞凡括据八年而後定其後對馬島倭與朝鮮復私款三十七年倭酋玄蘇等稱奉國王源秀忠命假道朝

鮮修貢是時薩摩州倭并琉球𣪊取雞籠淡水㙮閩廣四十年冒琉球入貢郤之明年倭酋平義智請貢路　詔飭防海上四十四年三月肥前州歸我把總董伯起初議封平秀吉或云日本王見住山城關白名號如漢大將軍秀吉死遺孤秀賴甫七齡爲要巨酋家康女孫令家康協輔與薩摩州太守平義弘抗不相下項家康故自長岐島外勢頗携始家康擱焉窺南鄙而長岐之酋日等安郎桃員者得罪家康懼爲所滅請取東番自贖遂令

次子秋安連犯闔之東漸大金尋家康死而局中
變或云家康傳位其子秀忠稱新關白其詳不可
深考然聞薩摩州於倭諸島兵最勁俗喜鬭以良
死爲無勇諸島皆憚其銳前此入寇亦多薩摩肥
後長門三州人巨酋陳東即薩摩州王弟之書記
也次則大隅筑前筑後博多日向及豐前豐後和
泉諸島日本主以山城爲都山城君號令久不行
金印勘合向入山口自山口亾并不知所歸諸島
酋長競相攻強則役屬嘉靖時豐後爲大兼有肥

後等六島及平秀吉雄據六十六州今亦寖微國
中殆無常尊云大抵倭船之來利東北風唯清明
後爲多而重陽後間有之故防海以三四五月爲
大汛九十月爲小汛其帆檣所指一眎風候有備
者勝按胡松海圖說曰始倭通中國自遼東今乃
從南道浮海率自溫州寧波入其西北至高麗必
由對馬島開洋順風僅一二日南至琉球必由薩
摩州開洋順風七日其貢使之來必由博多開洋
歷五島入中國以造舟水手俱在焉若入寇則隨

風所之東北風猛則由薩摩或五島至大小琉球
而仍視風之變北多則犯廣東東多則犯福建若
正東風猛則必由五島歷天堂官渡水而視變遷
東北多則至烏沙門分䑸或過韭山海閘門而犯
溫州或由舟山之南而犯定海犯象山奉化犯昌
國台州正東風多則至李西嶴壁下陳錢分䑸或
由洋山之南而犯臨觀錢塘或由洋山之北而犯
青村南滙犯太倉或過南沙而入大江若在大洋
而風歘東南則犯淮揚登萊若在五島開洋而南

風方猛則趨遼陽趨天津其大較若此矣性輕生
好鈔掠尤耽麯糵餅奕棊及雙陸略通草書男子
魁頭斷髮黥面文身婦人被髮屈紒衣如單被穿
其中以貫頭皆跣足間用屐板屋布地以砂所佩
刀極犀利每戰赤體單列提刀突前爲蝴蝶陣以
揮扇吹海螺爲號工設伏船製大者容三百人然
卑隘遇巨艦難於仰攻且苦犂沉廣福船皆所畏
海水鹹不可飲其來開洋必取水五島抵中國境
復停船換水土溫燠宜禾稻產金銀琥珀水晶硫

黄水銀銅鋏白珠青玉蘇木胡椒細絹花布螺鈿灑金漆器扇犀象刀劒互市華人喜得錦綺絲綿磁針貢道故由寧波今久絕而通番人日衆

論曰史稱倭在會稽之東昝夏少康有子封會稽斷髮文身以避蛟龍之害今倭好沉沒取魚亦文身厭水禽俗殆近之魏志次倭旁國夥矣其云始渡海千餘里至對馬國今倭島名對馬近朝鮮豈卽其遺域與往海上國凡百餘統以大倭王頃諸島各爲雄長山城君寄空名其上意略似而強弱

不類然倭自通中國歷二千有餘載或貢或否不聞躝及內地而獨發難　本朝至嘉靖季沿海郡邑焚刼略盡則皆華人嚮導而通番之爲祟烈也鄭端簡謂市舶不可罷江南海夷有市舶所以禁海賈而抑奸商而俞大猷言倭市僅刀扇我獲利薄又易蔓禍

高皇帝禁通貢意甚遠唯察風候而以舟師扼之鯨波乃爲長晝大猷以信國裔習海上事當有徵矣卽胡宗憲執訊獲醜洵有大造東南比於朱紈猶爲焦爛餘智策倭今日其亦審所畫哉

皇明象胥錄三

安南

歸安茅瑞徵伯符撰

安南古交阯地記云南方曰蠻雕題交阯其俗男女同川而浴故名焉書所謂南交者也自楚朝貢百越秦并天下開嶺表置南海桂林象郡漢初南海尉趙佗擊併旁郡地自立為南越王因以兵威役屬閩越西甌駱傳五世至武帝元鼎五年討其相呂嘉滅之分置交阯九真日南凡九郡領以交

阯刺史光武中興錫光任延為守始教民耕稼姻娶制冠履漸置學校建武十六年交阯女子徵側徵貳反伏波將軍馬援討平之界以銅柱後置交州領交阯等七郡漢末象林縣稍割據為林邑國吳分其地置廣州徙治龍編隋廢郡置州大業初復置交阯郡史稱南海交阯各一都會也近海饒犀象瑇瑁珠璣賈至率取富其人尚信輕死重賄力農刻木為符契唐武德中改交州總管府至德中改安南都護府隸五筦安南之名自此始宣宗

時南詔寇安南陷都護府懿宗咸通四年併陷安南梁貞明中土豪曲承美竊據送款亡何南漢劉隱執承美署其將楊延藝交阯節度使傳子紹州將吳昌岌代之乾德初昝內爭立大亂延藝牙將丁公著其子部領攝驩州刺史與子璉擊定亂者推為帥宋平嶺表璉貢方物內附詔授安南都護併封部領交阯郡王太宗時璉弟璿嗣大將黎桓遷別第代總其衆太平興國五年秋詔發兵分道入討陸路自邕州水路自廣州明年春破賊白藤

江桓詐降誘殺轉運使侯仁寶遂班師雍熙二年桓因來貢求節鎮明年以為安南都護淳化四年進交阯郡王而桓數剽掠欽邕二州真宗即位進桓南平王景德三年桓死立中子龍鉞為弟龍廷所殺權留後即拜龍廷交阯郡王賜名至忠大中祥符三年求市邕州以瀕海苦侵寇令仍於廉州及如洪砦互市至忠尋為大較李公蘊所逐從蠻俗封如桓進南平王子德政嗣廣源州蠻儂智高反德政欲由水路率兵二萬助王師優賜邵之

德政死子日尊嗣嘉祐中寇欽邕二州安撫使余
靖等遣諜誘占城同廣南西路兵趨交阯惶怖謝
罪爲罷兵熙寧二年日尊虜占城王自帝其國號
大越五年死子乾德嗣寇陷欽廉二州遣將郭逵
致討敗其兵富良江擒偽太子洪真乾德懼奉表
軍門請割地獻款詔邕欽民刼遷炎陬俟還界即
以前廣源等地賜交州然廣源舊隷邕管非交阯
有也政和末特弛互市禁乾德子陽煥陽煥子天
祚各嗣封如制乾德側室子奔大理與天祚爭立

欲假兵納不許淳熙元年進封天祚安南國王尋
賜安南國印及曆日安南以國號始於此矣天祚
傳子龍翰及孫昊昂無嗣以女昭聖主國遂爲婿
陳日煚所襲李氏自公蘊至昊昂凡八傳二百二
十餘年而國亡日煚故長樂人謝升卿美丰姿識
書王女從窓隙窺悅而歸之竟王其國元巳破蜀
平大理兵次交阯北先遣使招諭以阿术率銳師
乘勝逼國都日煚跳匿海島屠城夷宫廟留九日
鬱蒸引去日煚歸見故國殘燼大憤表宋傳位長

子威晃元破宋威晃易名光昺請遣子弟爲質三
年一貢世祖封光昺安南國王仍以達魯花赤佩
虎符往來國中至元初賜曆頒改元詔四年以六
事督攝甚備兼索回鶻賈是歲封皇子爲安南王
出鎮大理鄯闡交阯諸國光昺卒國人立世子日
烜貢方物馴象十八年立安南宣慰司以日烜叔
遺愛入覲即令代王然不克納二十年討占城諭
交阯助兵糧行省右丞唆都言交阯與真臘占城
雲南暹緬諸國接壤屯戍因餉可省海道轉輸二

十二年鎮南王征占城經近境日烜調兵拒守遂
攻敗之渡富良江日烜棄城遁弟益稷降蒙古退
屯思明州明年大舉以陳益稷自拔來歸封安南
國王奉陳祀命鎮南王脫驩左丞相阿里海牙以
兵納之湖南宣慰司言連歲征日本占城賦煩重
因輟役二十四年置征交阯行尚書省以萬人由
西道永平以萬人由東道女兒關進擊之日烜及
其子走入海師還進金人謝罪尋卒子日燇不入
朝復議征會成宗即位報罷至大四年世子陳日

夋遣使來朝其後貢獻不絶凡三世不稱王亦不
請封取羈縻而已　明典天下略定世子陳日煃
聞征南將軍廖永忠等踰嶺降何真定廣東西愳
欲納款以梁王在雲南未決會還漢陽知府易濟
論安南洪武二年令其臣黎安世等來朝貢且請
封爵　詔侍讀學士張以寧典簿牛諒往封爲安
南國王　賜駝紐塗金銀印幷大統曆文綺以寧
等抵境而日煃先卒弟日熞嗣迎請誥印以寧不
可護詔境上别遣陪臣杜舜卿等請命先是占城

縻役安南寖强與抗日煃數遣兵擊之占城來告
急命編修羅復仁主事張福持詔令各罷兵復仁
還奏安南王以黄金吉貝布贈使者郤不受
上進復仁等官加賜其使三年遣使祀其國山川
安南使杜舜卿等以日煃卒告哀請命
上素服御西華門召見命編脩王廉往祭尋遣主
事林唐臣充頒封使封日熞安南國王四年表謝
貢方物遣員外郎吳伯宗報之其冬日熞兄叔明
簒立五年貢馴象蓄情頗秘禮部巳受表主事曾

魯取視其副曰前王陳日熞今叔明何也白尚書
詰之以寔奏
上怒郤貢郎日拜魯禮部侍郎六年叔明更奉表
謝罪請封使者言日熞實病死國人願立叔明
詔以前王印視事後能塡撫人民更議之七年表
謝稱老願授政弟煓報可然叔明實專制國中八
年命中書省諭安南等國三年一朝貢王立則世
見十一年叔明來告煓喪弟煒署國事十二年禮
部尚書朱夢炎奏定使安南禮凡使者抵境王遣

人郊迎設香案身率僚屬至館鼓吹前導使者從
至王府立龍亭左王與僚屬行五拜三叩頭禮使
與王抗王居其右時安南以詔故陽罷兵占城而
疆吏寇剽不巳思明府亦來言安南攻其永平等
寨
上以書詰煒勑廣西布政司無納安南貢久之德
明死二十一年煒爲國相黎一元幽城外尋遇弒
立叔明子日焜主國一元又名季犛叔明婿也二
十二年假煒名貢二十五年以安南弒君不道詔

絕之明年遣禮部尚書任亨太御史嚴震直諭出兵討龍州趙宗壽二十九年日焜始以叔明喪來告

上謂叔明弒日熞有共國今一元踵弒煒勑禮部無予慰怙亂時日焜頗侵思明府地三十年遣行人陳誠呂讓諭還所侵丘温等五縣不聽日焜旋亦為季犛弒陳氏傳十二世至日焜而黎氏篡立大誅戮陳宗自謂舜裔胡公滿後更姓名胡一元子蒼易名奎僭稱帝境內而一元為太上皇國號

大虞紀元天聖永樂元年賀即位詐表陳氏絕奎為陳甥求權署國事遣行人楊渤往廉之還以耆老表上與奎合遂命禮部郎中夏正善往封為安南國王二年表謝還思明府侵地勑無阻占城貢道併還思明府所轄西平祿州永平寨會安南故臣裴伯耆詣闕奏黎季犛世事陳氏任心膂一旦覆陳宗易姓改元大逆無道臣祖父事陳項禦寇海上而季犛篡弒因附番舶告急　陛下幸念陳氏忠順施弔伐願負弩為士卒先

上憫之令所司給衣食而老撾宣慰司護送前安南王孫陳天平亦至奏臣係故安南王烜裔孫世事上國傳至煒賊臣黎季犛擅威福輒推刃煒而立顒顒即日焜也亡何更弒顒立子㝢在襁褓復弒之自立其子蒼誅夷宗族且盡興滅繼絕唯天王留意焉

上引見賜第月給廩與伯耆俱其冬安南賀正旦使者至

上出天平示之使者識其故王孫也錯愕下拜至

垂涕伯耆責以大義惶恐不能對三年命御史李椅行人王樞齎勑切責安南國王奎令以實聞奎遣使阮景真等隨表謝詭迎天平并還祿州諸寨地

上命行人聶聰　約勑廣西副總兵黃中呂毅將兵五千及大理卿薛嵓送天平歸國封胡奎順化郡公四年天平至丘温奎遣陪臣供饋牽犒師見天平皆拜舞踊躍問奎以疾解遣騎覘之壺漿相望逆前度隘留雞陵二關將抵芹站山險林鬱

且雨潦軍行不成列忽大呼伏發切殺天平及嵒去中等亟整兵擊之橋已斷因引還奏狀

上大怒决意南伐七月以成國公朱能佩征夷將軍印充總兵官西平侯沐晟爲左副將軍新城侯張輔爲右副將軍豐城侯李彬爲左叅將雲陽侯陳旭爲右叅將率神機將軍程寬等凡二十五將軍兵部尚書劉儁叅贊戎務尚書黃福大理寺卿陳洽督餉發步騎舟師及土舍達官八十萬人討季犛大將軍右副將軍等統京衛荆湖閩浙廣東

西兵出廣西憑祥州左副將軍等統巴蜀建昌雲貴兵出雲南蒙自縣

上親幸龍江禡祭并責黃中等立功别勅占城王擾其境師次龍州遣行人朱勸仕諭季犛父子聽以金鑄身贖罪不從十月能以疾留副將軍輔發憑祥入安南境傳檄聲罪遂破三萬泉度雞陵關諜芹站兩傍並有伏遣鷹揚將軍呂毅等搜捕哨至昌江造浮橋濟師屯新福縣副將軍晟亦率雲南兵至白鶴江來會

上聞成國公能卒命輔盡護諸將時賊恃僞東西都及宣洮沱富良各江爲固緣江樹柵築土城綿亘九百餘里又於富良江南崖置樁水中列戰艦防攻擊兩都亦嚴備列象馬守險以老我師輔等遂自新福移營三帶州造舟圖進取十二月副將軍晟奪宣江而軍次洮江北岸與多邦城對壘將軍輔遣叅將陳旭會晟濟師驃騎將軍朱榮等大破賊嘉林江將軍輔留都督高士文舟師應榮身率大兵與副將軍合沿江柵皆逼水唯多邦城下

沙坦可駐師而賊設備密下設重壕壕内外布簽刺輔部署既定夜四鼓遣都督黃中等御枚舁攻具過重濠至西南城下以雲梯附城蟻引上忽舉火銅角齊鳴賊披靡驅象巷戰遊擊將軍朱廣等以畫獅蒙馬神機銃翼而前象股栗奔突賊大潰蹂躪鹵獲無筭遂進克東西都五年正月將軍輔晟等襲賊籌江柵大破之又攻萬劫江普賴山凡斬首三萬七千餘級招撫諒江東潮相繼附諜報季犛及子澄聚舟黃江遂水陸並進至木丸江賊

舟膠又大破之窮追至悶海口地下温乃徉引退
賊追躡富良江舟亘十餘里橫截江中而用刻船
載木立柵迎拒輔率衆力戰賊不支都督柳升等
以舟師橫擊殲賊数萬江水爲赤乘勝抵悶海口
季犛父子以小舟走乂安升引兵出奇羅海口永
定衛卒王柴胡七人詷得季犛所縛送升軍併得
其子澄土人武如卿等獲僞大虞皇帝黎蒼僞太
子黎芮等安南平　詔求陳氏後無存者輔等同
父老合辭請郡縣視内地乃置交阯布政使司及

都指揮按察司分府十七日交州北江諒江三江
建平新安建昌奉化清化宣化大原鎮蠻諒山新
平乂安順化升華州四十七縣一百五十七衛十
一守禦千户所三市舶司一以尚書黃福掌布按
二司事都指揮使司以呂毅黃中掌之前歸附裴
伯耆爲按察副使政雜陵爲鎮夷關安撫人民三
百二十一萬有奇凡獲蠻人二百八萬七千五百
糧一千三百六十萬石舟八千六百七十七艘象
馬牛十三萬五千九百軍器二百五十三萬九千

九月獻俘闕下
上御奉天門讀露布面詰季犛父子頓首請死罪
下之獄敕訪交阯人才禮送赴京因以明經甘潤
祖等十一人爲諒江等府同知六年總兵官張輔
等凱旋上交阯地圖凡東西相距一千七百六十
里南北相距二千八百里　賜宴中軍都督府制
詔新城侯輔功最大西平侯晟次之進封輔英國
公晟黔國公都督柳升封安遠伯黃中呂毅得贖
罪餘手捕黎季犛及蒼授官三品而交人簡定復

反簡定者陳氏故臣從下交南爲副將頗有功因
上意不復立陳氏與所親陳希葛走興化州説羣
盜鄧悉等下之聚衆萬餘南合慈威蠻剽州邑勢
轉盛遂僭號八月鎮守尚書黃福以聞命發滇蜀
兵四萬屬黔國公晟進討兵部尚書劉儁贊軍事
十二月及定戰於生厥江敗績都督呂毅尚書劉
儁叅政劉昱並死之賊漸逼交州七年大發兵復
拜英國公輔爲征夷將軍五月簡定稱上皇立陳
季擴爲大越皇帝改元重光八月大破賊鹹子關

尋又敗之盧渡江及太平海口窮追至美良獲簡定幷偽將相陳希葛等八年正月送　京師磔于市輔逐捕餘黨阮師檜于東潮州斬首五千級獲偽將軍范支等二千人悉坑之築京觀

天子念久暴師　召輔還朝以征夷將軍麾下益晟期盡賊五月晟擊破季擴於霊長海口十一月

請降

上幸許以為交阯右布政使其黨鄧景異等各授官然季擴特詐言緩師掠如故九年　詔英國公

輔充征虜副將軍往會晟二月赦交阯停徵課稅三年七月破賊於九眞州月常江尋又破之海上慈廉福安諸州縣皆復十年八月大破賊於神投海口十月又破賊西心江偽少保潘季祐遁可雷山乞降輔承制以為按察副使其將帥相繼降十一年十二月輔等大破賊於愛子江賊驅象衝突前鋒發矢落其象奴還奔自相蹂藉季擴走追擒之老撾十二年八月檻送京伏誅交阯復平宴犒南征將士　賜英國公輔黔國公晟金鈔有差始

安南民不忍棄陳王而季擴詭陳王後以惑衆勢重於簡定故征之數年而後克或云季擴即定從子行也亡何釋黎季犛戍廣西而子澄以善神鎗且累官工部尚書別賜姓氏矣自英國公輔下交南凡三獲偽王威震西南夷遂以征夷將軍留鎮其地十四年　召輔還以豐城侯李彬代別遣中使馬騏監軍定歲貢扇萬柄翠羽萬箇騏墨而殘交人怨叛者蠭起十六年正月清化土官巡簡黎利反利善戰挾詐數初從季擴為金吾將軍後來

降授土巡簡因輔召還後人心不甚德中朝遂自稱平定王以弟黎石為相國結老撾縱剽豐城侯彬遣參將朱廣等討捕斬級六百利遁去而攻掠自如十七年巡按交阯御史黃宗載言交阯新入版圖而郡縣多兩廣雲南舉貢未歷國學遂授遠方以致撫字乖方若侯九年黜陟轉多廢弛宜令到任二年以上從巡按御史及布按二司嚴覈廉污黜陟報可十八年交阯參政侯保馮貴討黎利死之十九年豐城侯彬請屯田言利奔老撾

上諭老撾匿賊持兩端其詰之是歲給事中柯暹
御史何逿等以訐工部尚書李慶慶陽薦暹等堪
牧民並爲交阯知州二十二年
仁宗卽位遣中使山壽諭利以爲清化知府召黄
福還以兵部尚書陳洽代福居交阯十八年有威
惠爲衆憚服既去而交人益攜中使馬騏還京未
幾矯旨下内閣勑往交阯辦金銀珠香内閣覆奏
上正色曰朕安得此言渠在交阯荼毒軍民卿等
不聞耶然亦不誅騏也利攻茶籠守臣琴彭堅守

不下其冬攻大理寺卿楊時習爲交阯按察使洪
熙元年二月以榮昌伯陳智爲征夷副將軍討利
六月
宣宗卽位勑智及都督方政亟進勦智逗遛不前
茶籠潰琴彭戰死而宣化賊合雲南寧遠州紅衣
賊縱掠皆遥受利節度宣德元年二月智等擊利
於茶籠州敗績四月命成山侯王通佩征夷將軍
印充總兵官都督馬瑛充叅將發步騎十餘萬進
討尚書陳洽仍叅軍事陳智方政白衣隸軍中自

効時交阯連歲用兵中國疲奔命自
仁宗雅屬意招撫
上罷朝御文華殿顧語侍臣蹇義夏原吉楊士奇
楊榮以郡縣安南非
太宗意欲如洪永初使自爲國奉常貢與民休息
唯士奇榮議與
上恊然語秘不令外廷知也五月赦交阯有罪者
九月以廣西兵五千益王通十月黎利弟善據廣
威州遂擁衆數十萬分道攻交阯城拒郤之十一

月叅將瑛大破賊於清威至石室縣與成山侯通
合兵進屯寧橋諸將言地險惡宜遠斥堠持重通
不從麾衆渡天雨泥濘伏驟起衝盪遂大敗尚書
陳洽死之黎利方從乂安引精兵來會圍東關通
敗後氣大沮喪陰許爲利乞封緩攻十二月以成
山侯通告急命安遠侯柳升充征虜副將軍又副
以保定伯梁銘都督崔聚爲右叅將由廣西黔國
公沐晟充征南將軍與安伯徐亨永寧伯譚忠爲
左右副將軍由雲南兩道擊賊兵部尚書李慶叅

贊軍務召黄福於南京令仍掌交阯布按二司事二年黎利來攻成山侯日夜訓練得精鋭五千出不意擊利大破之斬僞司空丁禮僞司徒黎豸等萬餘級利恐不能軍諸將請乘勝追擊而通猶豫不決賊得以暇脩械固壘勢復張三月圍丘温都指揮孫聚拒破之勑調原下西洋銃卒及湖廣四川各省都司兵四萬五千餘益征南征虜兩將軍四月利以八萬衆破昌江城都指揮李任等力鬭死中使馮智及知府劉子輔等俱自縊成山侯通

斂兵不出利書來請和通輒許清化迤南地獨按察使楊時習不可通厲聲叱之遂遣人同利使表貢方物九月安遠侯升等師次隘留關利復具書詣軍門乞罷兵立陳氏後曰暠者主其地升不啟封奏聞趣兵進長驅至鎮夷關心易之保定伯銘尚書慶並病瘴暑寢劇幕屬郎中史安等言慶曰主帥意頗驕而夷多譎不據險何以待敵慶力疾語升升唯唯前抵倒馬坡獨以百餘騎馳度橋橋壞陷淖伏四起中鏢死銘慶亦繼歿都督聚進兵

至昌江軍中新失帥氣不振賊大驅象前突師潰聚與史安等俱被執死之凡七萬衆靡有孑遺惟尚書福在行交人擁泣曰吾父也何不北歸何至是護抵龍州而黔國公晟兵竟阻不進十月成山侯通諜知升敗益恐更啗利金綺予盟退師而前遣使表貢方物及利所具升書請立陳氏者抵京

上覽表以示羣臣顧英國公輔曰將奈何輔曰安遠成山侯非將也而少發兵少發兵不足以制敵臣請行以一年擒利

上爲默然大學士士奇榮等言

太宗三下交南中國士馬虧損累萬轉漕度支費累七十億得城三百餘而十餘年間叛者旋踵不知因其請撫之以合止戈之義

上曰天下初定安南寔先朝貢第令民安陳氏有後朕奚恤人言羣臣頓首稱善十一月命禮部侍郎李琦工部侍郎羅汝敬充正使通政黄驥鴻臚卿徐永達爲副齎詔撫諭安南所據利表暠係陳日煃三世嫡孫竄身老撾二十年其令耆老以實

對卽授封朝貢如洪武制勑主帥卽班師新置三
司以下文武各携家歸凡八萬六千六百四十人
三年正月成山侯通馳奏僞王陳暠遣黎少穎表
貢代身金人謝罪及送囘所掠萬三千八百九十
一人報巳全師出境至南寧胥命坐擅矯制失律
棄地下獄當斬贖爲庶人中使馬騏以激變論死
籍其家五月琦汝敬等還自交趾利表謝言暠病
歿諸爲陳氏後者悉絶臣利謹守封疆候旨　詔
更遣汝敬往訪陳後廷臣劾黔國公晟等逗遛

上曲赦晟緘劾章示之贈交阯死事文武復其家
四年汝敬還利附使貢方物奏陳氏子孫實巳盡
臣利有女九齡失亂兵中後知爲馬騏進充宮婢
陛下旣赦臣幸歸此女其敢負德六年五月利獻
代身金人兼請封六月遣禮部侍郎章敞通政徐
琦齎詔令利權署安南國事七年二月利遣人附
敞琦謝貢歲金五萬兩及方物九年三月廣西總
兵山雲奏利死姦臣黎問等搆黨讐殺諒山府土
官阮世寧七源州土官阮公廷並避居龍州及太

平府勑雲利起儆賊因奏立暠從人望朕志息民
遂罷兵徐議立暠利遽奏暠死多行不義爲天所
殛爾宜飭邊兵嚴備世寧等善撫之利子麟旋告
哀命行人郭濟朱弼往祭十月請封令麟權署國
事麟一名龍正統二年以奉朝廷謹　賜塗金銀
印封眞爲安南國王諭還所侵欽州地及逋民二
百餘户麟卒子濬嗣一名基隆天順元年乞賜衮
冕服朝鮮不許三年庶兄琮酖殺之自立明年夷
目黎壽域等誅琮而立濬弟灝一名思誠天順五

年命侍讀學士錢溥授冊灝恥爲使臣屈溥貽書
往復乃定成化初與鎮安土官岑宗紹相攻爲岑
氏所敗占城王茶全攻其化州灝自率兵救之乘
勝抵其都虜茶全歸
上諭令罷兵十四年灝疏辨爲邊鄙侵伐無占奪
事十七年老撾來告急兵部奏安南僻在西南萬
里東吞占城西併老撾殘破八百僞勑車里宣慰
司殺滿刺加使臣聞其國治戰艦三千欲襲海南
所宜申儆勑雲南兩廣守臣嚴禁亾命越境整兵

侍之先是國家　登極改元循例詔諭安南安南亦遣使朝貢然侵盜不輟中土人竄入其境有受僞御史者教之窺雲南而鎮守雲南中使錢能貪恣令指揮郭景取捷徑求賂安南以朝使向道廣西頗錯愕潜以兵尾其後覘我虚實改南京戶部侍郎王恕往廵撫械治能黨始戢而巨璫汪直方覬邊功獻取安南策傳　旨索永樂中調兵数職方郎陸容及劉大夏匿其籍以利害動尚書余子俊力沮得寝然自是鎮南關外多華人而臨安諸

郡夷賊滋蔓矣弘治八年占城請討安南少傅徐溥以損威諫乃止十年灝死子暉嗣貢使欲由龍州入南寧知憑祥州李廣寧以　國初設鎮南關在其境爭之　詔如舊十七年暉死子敬嗣未踰年復死立其弟誼寵臣阮种擅土權正德四年逼誼自殺夷目黎廣度等誅种表請立晭六年命編脩湛若水往封晭一名瀅爲灝次子玿出玿生灝晭國人立晭而灝之子譓并弟懬以兄子不得立灝及譓並妻鄭宗強且握兵意不附而晭猜虐人

不堪命十一年鄭綏鄭惟鐐及其黨陳真弑晭諒山都將陳暠自稱陳氏後與其子昇以諒山之甲逼交州攻殺鄭惟鐐自立僞號天應仍稱大虞因陳真等攻走諒山鄭綏等共立譓其甥也一名椅而暠與昇率衆據長慶太原清都三府其黨莫登庸尋奔譓登庸本荆門漁家子有勇力善戰能凌水飛数步繇武舉累遷隷暠以罪奔譓用爲宜陽叅將與暠戰大破之暠死以功封武川伯而大將阮弘裕等討弑晭之罪攻鄭氏鄭綏及其子奔清

化惟鐐子奔高平國兵柄未有屬登庸賂譓親信諷推巳典兵加太傅仁國公諸軍並聽節制既得志則漸除譓左右易所親信防守之且詭它盜焚刼譓廹於登庸間行得脫至清化依鄭綏登庸乃僞立懬或云登庸收妻懬母懬登庸子也譓兩遣使乞師爲登庸簒取不得進嘉靖改元以即位詔諭安南國王晭晭死且七年矣使者抵龍州不能達而還六年登庸僞受懬禪僭號立子方瀛爲皇太子尋酖懬當是時登庸與陳氏分據交地譓所

擁清化乂安順化廣南四道而舊臣不服登庸者往往據險爲援九年登庸立子方瀛爲國大王而僭稱太上皇率兵攻譓清化譓敗走乂安及葵州復窮追走入哀牢國哀牢即老撾也譓憤鬱死子寧甫七歲一名[扌+厘]故臣黎峒鄭江鄭惟𡾰等立之居清化府之木州漆馬江與老撾接界有衆八千登庸屢攻倚老撾爲援不能克十五年以　皇子生議詔諭安南部奏自正德十年絕貢使法當聲罪請勑錦衣有膽略者往廣西令鎮巡選伴入境

勘報會安南世孫寧令陪臣鄭惟憭間道來乞師天子銳意征討十六年巡撫雲南都御史汪文盛黔國公沐朝輔得歸附土舍刁鮮等詗其事執登庸諜傳檄懸購而賊黨武文淵等各請降自効文盛列營掌自縣蓮花灘扼交廣衝登庸頗懼明年投牒奉款而黎寧亦列播越本末及進兵道里以聞集廷臣議十八年命咸寧侯仇鸞爲征夷將軍兵部尚書毛伯温賛軍事征蠻將軍安遠侯柳珣兼征夷副將軍兵部侍郎蔡經以二廣兵合征南

將軍黔國公沐朝輔以雲南兵合凡三十萬人壓境左參政翁萬達善兵多算伯温經咸仗之乃駐師境上寄募敢死士入僞都偵狀馳諭安南父老以興繼義討罪止莫登庸父子有擒斬獻賞二萬金加顯秩又諭登庸父子能藉土地束身歸命亦待以不死且剋期進兵時方瀛已物故登庸奉降表獻所侵欽州四峒地願内屬及辨黎寧爲阮淦子非黎氏後遂爲壇鎮南關兩軍相距文武具儀升壇登庸率其任文明并夷目阮如桂等尺組繫

頸徒跣蒲伏壇下伯温承制受之暫令歸國候命時十九年十一月三日也明年　詔赦登庸廢勿王降稱安南都統司以登庸爲都統使從二品别給銀印世襲海陽山南等十三路各設安撫司司設安撫同知等官聽登庸統理通隸廣西布政司歲給大統曆奉正朔仍三年一貢其澌凜古森丫葛金勒四峒侵地還欽州黎寧核果黎氏後畀以所據地制下登庸死矣聽授其孫福海伯温班師以功進太子太保餘擢賞有差二十一年福海襲

表謝進金銀犀象方物命賚使如故供億減它藩罷　賜宴頃之福海爲黎寧逼海上二十五年死子宏瀷幼族人莫正中等謀作亂勢蹙奔欽州其黨范子儀等亦潛住永安因擾内地二十八年莫敬典討子儀黨函首獻護宏瀷主鎮南關請襲三十年勘明許之尋有兵難貢使黎光賁羈南寧餘十年至四十三年始達

上嘉恭順特賜宴如朝鮮琉球陪臣劍萬曆初莫茂洽襲都統使四年九年並來貢十四年越請故

疆從邊吏議給以吟邦邑米等四村而黎寧子寵無嗣世臣鄭簡立黎暉四世孫黎維邦簡即惟憭子也維邦死簡子松復立維邦子維潭二十一年督兵象襲莫茂洽執殺之并得都統使印盡逐莫氏遺孽莫敬用竄居高平府敬璋敬恭竄居東海新安州以何維潭執敬璋兼有新安遣使浮海詣督府請款文移擅用前國王印詰之以詐對而請益堅因約以高平居莫氏如黎氏漆馬江故事維潭心難之二十四年啓關有日遁去久之進代身金人聽款二十五年四月總督兩廣侍郎陳大科等築壇受降如登庸時詔以維潭爲都統使仍以高平予莫敬用令維潭無侵害安南復定賜大科等金幣二十七年維潭死子維新嗣叛酋潘彥搆逆維新與鄭松還保清化莫敬恭復振三十年祿州夷官韋達禮侵思陵州諭鄭松嚴束三十四年安南入貢改給銀印以黎維新襲都統使明年交夷七百餘由龍州港突犯欽州嚴諭維新擒勒維新稱盜首武永楨係殘莫嘯聚執扶安等三人獻

總督兩廣尚書戴燿檄總兵孔憲卿等分水陸進掃其穴維新亦調水兵六十艘截新安海上三十九年海風大作温州獲異船三譯審皆安南夷各給衣糧縱歸四十二年黎酋朝祿等引烏合千餘切下石西州莫敬琳亦統衆數千索憑祥州米馬入下石始黎氏自利以下雖稱藩得帝其國如趙佗故事死則加僞謚君長並有二名以僞名事中國其後黎莫二姓迭爲雄而莫氏寖微海島黎莫支黨往往僭稱國公侯伯名號旁犯滇粵所至

騷動按安南自李氏都龍編地東距海西抵老撾南接占城北連思明而與中土錯壤則東起欽州迤西歷左江北至臨安元江凡界兩廣雲南三省輶車往來必由廣西憑祥州鎮南關龍州爲孔道由雲南臨安則經蒙自河蓮花灘可四五日至其東都山川以佛跡勾漏海富良江爲大產金珠丹砂珊瑚翡翠蒟醬羚羊蚺蛇之屬甚夥而奇獸有佛佛似獮猴人面知人生死獴獖似猱善捕鼠俗夷獷雜居喜兼并椎髻裸下黑齒昂喙好浴江水蹲踞爲恭唯交愛人倜儻驩演人淳秀而驩演文學特盛官制略倣華風並習漢字歲凡再稻八蠶桑麻魚鹽饒沃爲諸夷冠

論曰安南自五代後置君若奕棋而黎氏凡三據其地豈一姓苗裔耶　國家拓境匹於漢唐而此邦既隸版圖旋淪蠻落有遺憾焉或謂英國膚功屢奏卽留填如黔國南人當不復反而以刑餘荼毒療彼成績且討黎利縱横英國尚夔躒無恙令虎旅再發應如子儀之走回紇而竟引棄珠崖爲

歸安茅瑞徵伯符撰

占城

占城古越裳國在交趾南周成王時重譯獻白雉秦爲象郡地漢併南越置象林縣屬日南郡東漢時數寇掠其後縣功曹子區連殺令自王號林邑國傳數世甥范熊代子逸晉武帝太康中來貢日南人范椎有奴名文嘗牧牛獲二鯉淵中化爲鐵以鑄刀削石立解因爲逸將教作宮室械器乘逸

疾篡立永和中攻陷日南九眞義熙後頻入寇交州爲弱五世孫見殺于扶南王大臣范諸農平其亂自立宋永初二年以諸農子陽邁爲林邑王陽邁者華言紫磨金也林邑有金山石皆赤金夜飛如螢鑄金人大輒十圍天嘉中交州刺史檀和之將兵深入銷金人得黃金數十萬斤齊天監九年其王范文凱獻白猴歷梁陳貢獻不廢隋仁壽末遣將軍劉芳率步騎萬餘往擊其王范梵志引衆乘象逆戰芳掘坑覆草僞北誘陷之入其都獲廟主十八枚背范金爲像蓋有國凡十八葉矣因以其地爲三郡置守令道阻不克入梵志尋復國唐貞觀時王頭黎獻五色鸚鵡子鎭龍被弒范姓遂絕國人立頭黎女爲王不能定迎立頭黎姑子諸葛地至德後更號環王王所居曰占城後因以占城爲號史稱其俗累磚爲城塗以蜃灰王着法服加瓔珞如佛飾出則乘象吹螺擊鼓幡旗用吉貝鐙以藤弓矢以竹國不設刑法有罪令象踐殺之人深目昂鼻髮拳色黑貴女賤男嫁娶用八月右

姓曰波羅門物產大抵同交趾周顯德中占城貢方物有通犀帶作雲龍形及薔薇水猛火油宋建隆二年其王釋利因陁盤遣使來朝書表于貝多葉盛以香木函爾後貢獻相望太平興國六年交州黎桓獻占城俘太宗令廣州撫遣之雍熙後苦交州侵逼其民率附儋廣二州淳化三年賜其王白馬二遂爲額大中祥符四年貢獅子二畜苑中皇祐七年廣西安撫經略司言占城近修武備抗交趾將由廣東路入貢熙寧中詔協力致討其國

選兵七千抵賊衝以木葉書冠牒訖無成功後兩國並入貢使請各避政和中授其王楊卜麻疊金紫光祿大夫領賺白州刺史予奉給宣和元年進簡較司空兼御史大夫懷遠軍節度封占城國王自是每遇恩降制加封邑淳熙四年占城以舟師襲真臘傳國都慶元後真臘大舉復讐俘其王占城地悉歸真臘更立真臘人主之因號占臘元至元中内附降虎符封占城郡王命左丞唆都等立省尋以負固命行省官率兵自廣州航海縱擊佯

請款獻金葉九節標槍其王栖鴉侯山立砦聚衆二萬餘且借兵交趾真臘諸國截歸路師回招諭始奉表降　國朝洪武二年命行人吳用顏宗魯楊載等齎　璽書使占城爪哇日本等國會占城國主阿答阿者遣虎都蠻來朝貢虎象優詔答之其年貢使蒲旦麻都言安南逼境諭兩罷兵遣中書省管勾甘桓會同館副使路景賢封阿答阿者爲占城國王　賜鍍金銀印大統曆金綺三年遣祀山川以占城通中國文字令貢士赴　京師聽

安南高麗沙漠平頒詔其國四年阿答阿者遣答班爪卜農奉金葉表來朝譯稱安南侵擾願賜兵器樂人俾知聲教所被少紓凌奪

上意憐之命中書省咨王言占城安南並奉正朔已諭令安南罷兵更給爾兵器是同佐鬭所請聲樂華夷方言各異如爾國能習華音聽赴京肄習并諭福建行省免征占城海舶示懷柔意八年諭占城等國三年一朝貢以貢使挈行商多詐著

祖訓沮遏之十六年遣子來賀　聖節給勘合文

冊二十四年以其臣閣勝弑立絶貢使永樂元年其王占巴的賴遣賀即位愬安南侵掠諭息兵修好四年征安南勅廣東都指揮司由海道往占城會兵五年獻黎氏俘表謝七年命中使鄭和等往賜其國自五虎開洋張十二帆順風十晝夜至其酋戴三山金花冠臂腕束以金鐲乘象馬郊迎蒲伏十一年再征安南兵部尚書陳洽言初討黎賊及陳季擴占城王出兵觀望至化州大掠以金帛戰象資季擴季擴亦遣以黎蒼女約侵升華府厥

罪惟均
上以交趾初定不欲窮兵諭歸侵地十六年貢瑞
象自永樂後三年一貢其國嗣王輒請命宣德元
年行人黃原昌往頒正朔繩其王不恪郤所贈金
帛擢戶部員外郎七年暹羅使者以前使及番伴
百餘爲占城拘留愬于朝正統元年占城使至詔
還所留暹羅人及我軍往西洋未歸者六年行人
吳惠齎勅立其嗣王摩訶貴舟發東莞從交趾界
抵國時臘月尚暑國人多裸袒稻始熟明年上元

夜王爇沉檀燃火樹盛陳樂舞款客十二年攻安
南爲其王黎灝所敗景泰末摩訶貴卒其子槃羅
茶全請封天順中命給事中江形行人劉寅之
賜冊五年安南王灝大發兵破占城成化七年槃
羅茶全卒弟槃羅茶悅攝國事奏安南攻圍劫賜
印以息兵諭安南九年命給事中陳峻等賫印封
槃羅茶悅爲王抵靈山聞茶悅等被虜乃還而安
南王灝奏占城前襲其化州槃羅茶全親率象馬
令弟槃羅茶遂先發反弒茶全而槃羅茶悅子茶

質苔來率猺峒伏竹弩夜攻殺茶遂自立邊吏黎
文因發兵擊盜頊已奉勅還所掠兵部尚書項忠
等以奏詞牴牾請勅具實奏十四年安南王灝遣
陪臣阮達濟奏辯占城非沃壤曾無占奪望遣朝
使申畫郊圻二十年占城復請封命給事中馮義
行人張瑾賫勅印往義等方乘巨舶市利至廣東
聞所請封爲王者死恐空反遂馳至占城而安南
已用僞勅立國人提婆苔居攝卽以印幣授提婆
苔冊爲王得厚賂黃金還經滿剌加國貨所賫至

海上義死瑾歸報而王弟古來先奏請嗣封前事
頗泄瑾下詔獄坐專擅論斬謫戍邊明年復遣給
事中李孟陽行人葉應封古來爲王披古來奏初
王見虜王弟槃羅茶悅潛匿比封使至復爲交人
所執後恩天朝訪本國子孫擬還故土自邦都郎
至占臘地界五處立齊亞麻勿庵爲王無何死弟
古來序當立願遣使諭還全境二十七處四府一
州二十二縣東至海南至占臘西至黎人山北至
阿木喇補凡三千五百餘里而提婆苔譯占城使

不知何許人也爲安南所納抗言古來不當嗣二十三年古來自老撾走崖州怨辨時孟陽等次廣州疏言占城僻險安南搆兵未靖恐驟封至損國威宜勑安南悔過仍令古來歸國聽勘從之命兩廣督府主其事都御史屠滽屬參議姜英勘寔僉謂古來王弟宜繼　賜勑切責安南王灝始聽命滽製海舟募勇士千人護古來至新州港弘治元年王古來奉金葉表謝并附致黃白金器飾於滽上諭滽受固辭十八年古來卒其子沙古卜剌請

封給事中任良弼等疏行勘明遣使賫勑至廣東境上令領歸國報可正德五年仍命給事中李貫行人劉廷瑞授冊而貫憚往以無通事諸人爲解致命于其使而歸嘉靖初占城及暹羅等國商泊廣東市舶中使牛榮私貿易事覺沒其貲頃之沙古卜剌卒沙日底齊立二十二年遣叔沙不登古魯等奉金葉表貢方物以綵幣報　賜其王使者請給冠帶及稱安南攻掠乞護出境並報可其國東北瀕海從福建長樂五虎門西南放舟甚駛距

海口百里立石塔爲標舟皆繫焉然貢道由廣東

按元史其國近瓊州舟行順風可一日至治木城可二十餘里俗便山習水開北户向日鮮霜雪尚釋無絲蠶衣禁玄黃以白氎布纏胸垂至足窄袖椎結居茅茨不踰三尺分晝夜各五十刻無閏月夜鼓八更睡起以子午爲率見月飲酒歌舞爲樂元旦驅象出郭名逐邪冬至定十一月望日釀酒候熟賓主繞甕坐且咂且注水味盡乃止產諸香饒象牙犀角伽楠香惟此地有之價亦頗貴犀如

水牛大者八百斤角在鼻端長可尺五寸馬小於驢樹之異有觀音竹如藤長丈八尺許色黑如鐵每節長二三寸稻種耐旱而早熟宋真宗時求種給江淮兩浙擇田高者藝之即今黃秈所謂占城稻也語燕鳩果于戰鬬或云文書用羊皮及黑木皮土雜白沙畜多牛不任耕耨亦鮮粒食醢以生蛆爲佳歲時酋長採生人膽入酒又以浴身曰通身是膽王當賀日沐人膽汁出游乘象或黃犢車一人持檳榔盤爲導尸頭蠻本婦人目無瞳與家

人同寢夜深頭飛去食人穢飛回復合體如舊諸有罪送不勞山始弘治中安南数侵占城奏請命官往諭大學士李東陽獨曰王者不治夷狄安南雖修貢然負固日久今遣官抵其國海島茫茫空掉寸舌萬一執迷衛命寢置不問損威已多卽問罪興師開禍尤烈宜勿聽時以東陽得大體云

真臘

真臘本扶南屬國在占城西南其王質多斯那兼扶南有之姓剎利氏隋大業十三年貢獻始通中國唐貞觀初傳子伊奢那與環王相攻自武德至聖曆凡四來朝神龍後分爲二南際海饒陂澤號水真臘北多山阜號陸真臘其後復合爲一宋政和六年遣使貢賜以朝服宣和二年封爲真臘國王建炎二年以郊恩授其王金裒賓深簡較司徒加食邑所部聚落六十餘有銅臺列銅塔二十四

銅象八鎮其上象各重四千斤歲時朝會列玉猿孔雀犀象名曰百塔州以金盤椀盛食因有富貴真臘之諺其國戰象幾二十萬馬多而小閩人有浮海之吉陽軍者風泊占城方與真臘各乘象戰敎占城習騎射勝之慶元中真臘破占城更其王占城轉屬焉元遣使招諭真臘臣服其習尚詳隋書及永嘉周達觀所作風土記自温州開洋經交趾抵占城又自占城可半月抵真蒲卽其境地廣七千里北抵占城西南距暹羅各半月程南距番

禺十日程東瀕大海國中有金塔及銅石塔城上石佛頭五中餙以金王三日一聽朝坐七寶牀出入擁劒立象上迎小金塔金佛前導非嫡子不嗣自王以下男女皆椎髻袒裼止以布圍腰手足並帶金鐲以香藥塗體家奉佛僧茹魚肉唯不飲酒供佛亦以魚肉疊貝葉爲經甚華整每旦澡洗以楊枝淨齒誦經呪文書以麂鹿皮染黑藨粉畫字亦有通天文者能推算日月薄蝕以十月爲歲首閏悉用九月夜分四更俟煖不識霜雪夏秋多雨

移避山居産翠羽諸香佳樹異魚貿易以婦人貴中國針梳鍋蓆磁漆等器開戶東向坐以東爲上手以右爲淨其大較也俗稱儒爲班詰僧爲苧姑道爲入思班詰不知所誦何書但從此入仕爲清貫彌望沃野不事蠶織後暹人來居得桑與蠶種縫補織紝率倩暹婦爲之洪武初其國王忽兒那遣奈亦吉郎表賀獻方物六年　賜大統曆文綺二十年命行人唐敬使其國貢象五十九永樂初以卽位諭海外諸蕃御史尹綬使真臘自廣州發

船由海道歷占城經淡水湖菩提薩州繪山川爲圖以獻三年其王參烈婆毘牙卒　命序班王孜往致祭給事中畢進賫詔封其子嗣王景泰二年來貢　賜王及妃文綺後朝貢不絕今真臘訛爲東埔寨賈船止抵海隅篙木州以柴爲城華人率寓居市道甚平或云卽蒲甘國

暹羅

暹羅國在南海中自東莞放洋歷占城西南行順風七晝夜至其北岸連交趾本暹與羅斛二國暹土瘠不宜耕稼羅斛平衍多穫暹仰給焉或曰暹即古赤土羅斛即古婆羅刹赤土亦扶南别種也隋大業三年遣屯田主事常駿等使赤土自南海郡舟行二旬達雞籠島至其界王姓瞿曇氏禮遇甚厚隨貢方物獻金芙蓉冠龍腦香鑄金爲多羅葉文表封以金函後改名暹元成宗元貞初暹國

進金字表來貢至正間暹降羅斛爲一國洪武初遣大理少卿聞良輔往諭之四年其王參烈昭毘牙遣使奉金葉表朝貢賀正旦　賜大統曆六年其子參烈寶毘牙復遣貢併獻其國地圖十年貢象及方物命禮部員外郎王恒等賫詔　賜以暹羅國王之印十六年給勘合文冊令朝貢以時二十八年遣中使　賜嗣王昭禄羣膺及妃文綺永樂元年奉表乞量衡爲國中式并賜金綺古今列女傳爾後定三年一朝貢貢道由廣東二年福建布政司奏有番船泊岸係暹羅國與琉球通好巳籍船物請命

上謂禮部尚書李至剛等曰諸番脩好乃美事漂舟所宜嘉恤令所司爲治舟廪而遣之七年奉表遣祭　仁孝皇后使還諭歸南海流民何八觀等十三年嗣王侵滿剌加國勑令罷兵二十一年定例免抽貨税給賞畢日許于會同館開市宣德中賜予稍減成化十三年使來貢汀州士人謝文彬以販鹽下海漂暹羅仕至坤岳坤岳者華言學士

至是偕來貿易蕃貨事覺下吏弘治中命給事中林恒往冊封正德十年進金葉表文貢方物譯其字無識者大學士梁儲疏請選留來夷一二名在館肄習從之嘉靖元年暹羅及占城各番舶至廣東市舶中使牛榮縱僕私貿蘇木胡椒諸物鬻南京盤獲伏法三十二年貢白象及方物象斃于途遣牙一枝使者飾以珠寶置金盤并象尾獻

上嘉其意禮遣之三十七年其王勃略坤息利尤池牙遣使賫金葉表來朝明年從貢使請特還抽

稅佐脩船費隆慶初東蠻牛求婚暹羅不許統沙
外兵破其國虜世子及賜印歸萬曆初嗣王擊走
東蠻牛是後暹羅益強移攻眞臘眞臘請降七年
復遣使具金葉表文來貢二十二年緬酋雍罕等
從蠻莫遁歸暹羅卷甲趨之俘斬數萬緬勢遂衰
其國方千餘里山廻環峭立候嵐蒸王宮壯麗覆
以錫瓦民多樓居避濕樓密聯檳榔片繫以藤甚
固俗勁悍削檳榔木爲鏢鎗水牛皮爲牌并藥鏃
習水戰大將多用聖鐵裹身刀矢不能入聖鐵者

人腦骨也王跨象或乘肩輿白布纏首腰束錦帨
以受封　天朝獨留髮國中婦多智夫聽于妻遇
中國男子輒私之以諸香澤其體髮日夕三四浴
男陽嵌珠玉富者範金盛珠行有聲婚則取女紅
貼男額泒土力檣尚釋教經字皆横書家及百金
即以其半施佛重喪禮貴人以水銀灌屍塟高阜
地民間或筏浮於海迎僧咒大鳥食之頃刻盡謂
之鳥塟釀秫爲酒甲諸夷稱暹酒工刺繡織絍市
用海𧴩言語大類廣東貢物犀象珊瑚寶石阿魏

諸香六足鼉西洋布之屬其旁國六坤風土相似
多產椒

爪哇

爪哇古闍婆國在南海中一名蒲家龍今稱下港
每移文書千三百七十六年疑肇啓漢初云宋元
嘉十二年國王師黎婆達阿陁羅跋摩嘗遣使奉
表唐曰訶陵南瀕海北眞臘王居闍婆城貞觀中
入貢至上元間推女子爲王號悉莫令宼嚴肅大
曆中訶陵使者三至元和八年獻頻伽鳥朝貢訖
咸通宋仍號闍婆其國與三佛齊國数搆仇殺淳
化三年國王穆羅茶遣使朝貢大觀三年再入貢

禮之如交趾元號爪哇舟行自泉南經占城至其
國程可一月或曰自東莞開洋至占城順風二十
晝夜至世祖海外之役爪哇爲大至元二十九年
詔平章史弼等率福建江西湖廣三行省兵二萬
征爪哇從八節澗水陸並進會爪哇與鄰國葛郎
搆兵其王爲所殺婿土罕必闍耶奉地圖降請援
遂攻葛郎下之因詐歸治裝入朝反邀擊還軍弼
斷後得舟達泉州洪武二年遣行人　賜以璽書
五年其王昔里八達剌遣使奉金葉表貢方物納

元授勑九年其王八達那巴那務貢白鹿孔雀尋
以中朝待所屬三佛齊與之埒使臣取道邀殺之
十三年奉金葉表貢黑奴三百人　詔切責絶其
貢三十年以三佛齊挾詐阻商令禮部移暹羅轉
諭後其國分東西二王永樂二年東王孛令達哈
遣使朝貢請印以鍍金銀印　賜馬五年西王都
馬板滅東王會朝使舟過東王城死者百七十人
降勑詰問西王懼上表謝罪願償黃金六萬兩已
貢萬金

上曰朕令遠人知畏耳寧利金耶罷弗徵　賜鈔
幣諭之十一年貢使還勑聞王以割舊港地界與
滿剌加懷疑懼浮言愼勿聽十三年西王更名楊
惟西沙遣使謝十六年獻白鸚鵡宣德後从不至
正統三年復來貢使臣亞烈馬用良八諦南巫先
後乞賜金銀帶予之亞烈八諦皆官名用良與通
事良殷南文旦並漳州人殷乞還鄉用良文旦乞
便道過里仍還國皆報可命有司給道里費時眞
臘等十一國使臣歸勑爪哇護其行八年以廣東

參政張瑛言朝貢靡敝中國令以三年爲期景泰三年求傘蓋及蟒衣　詔給其一國王爲巴剌武是後朝貢無常其國四鄉初至杜板僅千家主以二酋流寓多廣東漳泉人有水一泓甚甘稱聖水相傳元將史弼高興往征經川乏水祝天泉隨湧東行半日至厮村中國人留客成聚名新村約千餘家編茭樟葉覆屋村主廣東人番舶至此互市琛寶充溢又南水行可半日至淡水港乘小艇行二十餘里至蘇魯馬益米糧所湊亦近千餘家半

中國人港旁大洲林木茂蔚有長尾猱數萬又水行八十里至漳佑登岸西南陸行半日抵王居磚墻高踰三丈方三十餘里官宇鋪板棠以藤花蓆頗宏麗其俗有名無姓尚氣好鬭生子一歲便以匕首佩之蓬頭跣足上衣下帨初婚以五日後迎新婦裸而跣被金珠絲飾王項金葉冠腰束錦綺跏趺坐或跨象乘牛市用中國古錢衡量以倍華船上澗貿易晨集午罷王日徵其稅澗東紅毛番澗西佛郎機各起土庫歲以哈板船往來用銀錢

互市本夷則用鉛錢書同瑣里無楮筆以刀刻葉上西番賈胡及唐人雜居服食多雅潔土人啖虵蟻蟲蚓無匕筯至與犬同寢食信鬼好游或乘軟兜寇盜少不設刑禁輕者金贖重即以藤繫刃殺之葬以水火或令犬食曰犬葬樂有橫笛鼓板自爲夷舞銅鼓響欲遏雲價値可數十金貢物鶴頂火雞犀象珍珠諸名香藥及西洋鎖鶴頂鳥腦骨厚寸餘外黄内赤火雞軟紅冠鋭嘴食炭大於鶴産倒掛鳥形如雀羽五色每焚異香取貯翼間夕

則張尾翼倒掛以散馬亦饒吉貝桄榔木青鹽綵鳩白鹿白猿猴所屬蘇吉丹丁機宜打板打綱底勿諸國其旁國碟里日羅夏治合猫里

蘇吉丹

蘇吉丹今訛爲思吉港闍婆支國直泉州丙巳方東至海水勢漸低女人國在焉逾東則尾閭所泄非人世矣王五色布纏首跣足出蔽以傘從者五百餘各持鎗劍頭戴帽如虎鹿牛象狀不一剪髮裸體以布褁腰波羅蜜果甘美藏長踰丈或曰思

吉港聚落頗衆而吉力石其主也國在山中賈舶僅經其水潏華人泊饒洞貿易饒洞曠衍以石爲城酋出入乘車御馬亦御黃犢鹵薄皆備風俗大類下港饒洞之後爲金後山饒有修竹茉莉土人以一紙蔽下體種荳供食或射麅佐酒

丁機宜

丁機宜幅員鼂狹酋衆僅千餘其國以木爲城王居列鍾鼓樓出入騎象以十月爲歲首性好潔俗近爪哇而酒禁甚嚴上族輒不御酒客至以扶留

蔴檳榔代茗惟細民無賴時時闌入醉鄉曹偶共笑之地接柔佛爲所侵始通姻好與華人舟中互市產犀象黃蠟嘉文席

吉里地悶

吉里地悶其國在重迦羅東與爪哇接今訛爲遅悶重迦羅山竄稱奇秀沿山皆旃檀至代爲薪氣蒸人倏苦熱午必俛首向水坐差可辟瘴然易染疾死田肥宜穀無它產男女斷髮穿短衫夜卧不覆體商舶所聚去城稍遠每舶至王必出臨之侍衛頗盛日輸稅亦不苛索也俗以立爲尊夷人見王則坐地合掌不知年歲亦無姓氏文字以石片紀事如千石則總于繩爲一結訟則兩造各牽羊曲者沒之葢猶有結繩束矢之風焉

碟里

碟里國在東南海中大洲上有諸港通海人淳產薄尚佛少訟永樂三年國王遣使馬黑木來朝貢

日羅夏治

日羅夏治海中小國無它產產蘇木胡椒頗知種

藝奉佛寡盜永樂三年國王遣使朝貢

合猫里

合猫里國卽猫里務地小土瘠多山山外大海饒魚蟲人亦知耕稼永樂三年同爪哇國朝貢產胡椒蘇烏木地鄰呂宋漸成沃土俗亦近馴舶人語曰若要富須往猫里務葢亦小邦之善區也有網巾礁老者蕩舟爲盜海上往來甚駛其國重遭寇掠遂轉貧困賈舶多指别島

三佛齊

三佛齊國在東南海中卽舊港又名浡淋本南蠻別種有地十五州東距爪哇西距蒲剌加南距大山西北濱海自爪哇南向順風八晝夜至或云與占城隣居眞臘闍婆間汎海二十日至廣州俗饒而囂水多地少部領得陸居餘架筏水中爲梁柱蓋屋水長則筏浮便遷徙土沃倍它壤語稱一年種穀三年生金言富米穀多貿金也番舶輻輳率漳泉東粵人以錢布市用梵書賅王指環爲印亦

有中國文字累甓爲城周數十里覆屋以椰葉不輸租賦有征伐則調發習水戰敢死海上並畏之其國人多蒲姓唐天佑元年來貢授其使蒲訶栗立寧遠將軍宋建隆後數朝貢大中祥符元年許貢使赴泰山陪位于朝覲壇天禧中奉金字表貢眞珠象牙梵夾經崑崙奴元豐五年貢使入見以金蓮花貯眞珠龍腦撒殿紹興中張運爲度支郎中嘗請將戶部所儲三佛齊國貢乳香九萬餘斤直可百二十餘萬緡分鬻江浙荆湖漕司充餉洪武初遣行人趙述使其國其王怛麻沙那阿稱臣四年奉金字表貢方物　賜大統曆文綺六年來賀正旦八年遣使往招諭拂菻國九年怛麻沙那阿卒王子麻那者巫里請封十年詔　賜三佛齊國王印駝紐鍍金其國初隸爪哇後爲所并國廢於舊港置小酋市易南海商梁道明聚居積歲遂糾衆爲之長永樂二年命行人譚勝招還而陳祖義以廣東人亡命爲將領橫掠行旅五年中使鄭和充舶下西洋祖義鄉人施進卿愬和擒殺之承

制官進卿留長舊港是年遣壻丘彥誠入貢詔設舊港宣慰使司以進卿爲宣慰使二十一年子濟孫襲脩貢同諸番產神鹿猫睛石膃肭臍薔薇水龍腦諸香神鹿如巨豕高三尺膃肭臍魚類豕首兩足其臍紅紫色上有紫斑置睡犬旁驚跳若狂貢物有火雞五色鸚鵡黑熊白獺龜筒茈布兜羅綿被道廣東或云三佛齊王號詹卑今王所部稱詹卑國而故都爲爪哇所破更名舊港以別於新村詹卑市價償金以椒喜買夷婦它國多載女子

易椒以歸

百花

百花國居海中依山爲國天氣恒燠如春無霜雪多嘉樹奇卉四時蔥鬱故名俗富饒尚釋教或云即宋史注輦國本役屬三佛齊洪武十一年其王刺丁刺者望沙遣使奉金葉表朝貢貢物有白鹿紅猴龜筒玳瑁孔雀倒掛鳥今附舶香山濠鏡澳貿易

文郎馬神

文郎馬神國近山以木爲城居民築室大類三佛齊五色布纏首腹背多裸或着衣小袖蒙頭而入下體以縵圍之初以蕉葉盛食及通中國漸用磁器好市華人磁甕畫龍其外人死貯甕以葬王出乘象或泛舟以繡女從典衣持劍或捧檳榔盤威儀甚都華人與夷女通輒削其髮以女妻之不聽歸也女蓄髮苦短見華人髮長羨之或詒曰我長中華用華水沐耳夷女競市舟中水華人故靳以資嘲笑間携香蕉茉莉相贈土産鶴頂蒟藤最多入山深處有村名烏籠里彈其人盡生尾逢人羞澁掩面欲避然地饒沙金夷人携貨往市擊小銅鼓爲號貨列地上卻立山中人前視貨當意者置金貨側持去按水經注其國一稱文狼或曰馬文淵遺兵流寓號馬流者茲殆其苗裔云

浡泥

浡泥本闍婆屬國在西南大海中統十四州前代不通中國宋太平興國二年其王向打始因商人蒲盧歇附使表貢龍腦象牙玳瑁殼元豐五年其王錫理麻喏復遣使貢乞從泉州乘海舶歸　本朝洪武三年命御史張敬之福建行省都司沈秩持詔往諭其王馬合謨沙頗倨傲秩正言折之乃竦聽以蘇祿來侵爲觧秩反覆曉譬遣使隨秩等至以金表銀箋貢方物八年　詔浡泥山川之神

附祭于福建山川位次永樂三年命封麻那惹加那乃爲浡泥國王　賜印符誥幣六年王率其妃及子來朝泊福州港守臣以聞遣中使往勞所過郡並設宴抵京王奉金字表獻珍物妃箋獻　中宮東宮

上宴王奉天門命供張會同館日給牲牢上尊賜金玉帶繡龍襲衣鞍馬是年王卒于館輟朝三日祭賻甚厚塟南京城外石子岡樹碑立祠以西南夷隸籍中國者守之諡恭順所司以春秋祀封其子遐旺嗣遣使送歸國故事歲輸爪哇片腦四十斤

上勑爪哇罷征兼封其國山爲長寧鎮國之山製文刻石從所請也十二年及洪熙元年皆來朝貢

命廣東布政司宴勞嘉靖九年給事中王希文言暹羅占城琉球爪哇浡泥五國貢獻並道東莞

祖訓比對符驗伴送舟有定額來有常期旋以夾帶行商多絕其貢正德間佛郎機混入流毒屏絶曾未踰數朞遽議開復損威已甚疏下都察院覆

請今後諸國進貢依期比對驗放番貨如舊萬曆中國王卒無子族衆爭立相誅殺且盡乃立女主爲王今稱大泥隸暹羅嘗與囘囘錫蘭山國各附舶香山濠鏡澳貿易貢物有寶珠梅花龍腦生玳瑁黑小厮倒掛鳥產鶴頂吉貝西國米蒟藤其國以版爲城王所居覆以貝多葉坐繩牀出則擁大布单衆舁之名阮囊地熱多風雨有麻稻無麥蠶絲飲椰子酒鳴鼓擊鉦爲樂寡敬華人醉者輙扶以歸婚聘先以酒次檳榔又次指環或金錢成禮

以十二月七日爲歲節習戰鬬鑄銅甲若火筒護腹背國有藥樹煎其根爲膏服之及塗體兵刃傷不死𣊬用棺以竹轝載棄山中二月始耕祀之如是七年不復祀矣市率用金錢以竹編貝葉貯食

南巫里

南巫里小國隷浡泥自蘇門答剌舟行三晝夜至龍涎嶼獨峙南巫里洋中東距黎伐西北距海南連大山山南際海僅千餘家皆囘囘人俗朴少穀食魚蝦市用銅錢王居類樓甚嚴潔西北海洋中

有帽山平頂上人稱爲那沒黎番舶皆以此山爲指南山下淺水有珊瑚大者高二三尺枝婆娑可愛依山居人數十家皆稱阿孤植華言王也永樂中入貢產降眞香黑珊瑚又南泥利國其王馬哈麻沙亦於永樂中遣使入貢或云卽南巫里

蘇祿

蘇祿國在東南海中近浡泥瑣里其國分東西峒凡三王各不相屬東王爲尊西峒二王次之永樂十五年東王巴都葛叭答剌西王麻哈剌吒葛剌麻丁峒王叭都葛巴剌卜並率其屬三百餘人奉金縷表來朝貢珍珠玳瑁諸物賜王冠服蟒玉金帶鈔幣各給印誥卽所部封爲王東王歸次德州卒命葬以王禮謚曰恭定賜祭　御製碑文樹墓道留其妃妾傔從十人守墓令畢三年還國　勑

封其長子都麻含爲東王十九年遣使來貢貢道由廣東俗鮮粒食食魚蝦螺蛤釀蔗酒短髮纏皁縵織竹布煑海爲鹽貢物有竹布梅花腦米腦華芺今賈舶所至城頗據天險疑峒王所都聚落不滿千家頃歲佛郎機屢擁兵攻之不能下其國有珠池入夜望之光浮水面夷人時從鮫室探珠滿袖賈舶至彼値歲多珠得一二携歸獲利數十倍否則所償頓減每返棹夷虜我他適輒畱數人爲質鄰近地名高藥饒有玳瑁

彭亨

彭亨國一名彭坑直暹羅西在東南海島中石崖崎嶇側多平原望之坦迤如寨土沃候温宜稼穡饒蔬果而稀鳥獸誅茅覆屋木城廣可數里粒食誦梵經煮海爲鹽釀椰爲酒上下親狎耻爲盜椎髻繫單裙富家女子飾金圈四五于頂髮俗尚怪刻香木爲人殺人血祭禱以祈禳蕃漸於夷風矣洪武十一年其王麻哈剌惹答饒遣使奉金葉表貢番奴及方物　賜綵幣永樂十二年復朝貢貢

物有金水鑵地產片腦諸香花錫今附船香山濠鏡澳貿易或曰其國鄰柔佛柔佛之副王精悍健鬬其子娶彭亨王女將婚副王送子之彭亨王張宴戚屬畢會婆羅王子者彭亨王妹壻也贅于彭亨時與席起爲壽手指一巨珠光耀異常副王心欲之王子固靳不予副王恚歸而治兵攻彭亨王與婆羅王子奔金山會浡泥王以妹爲王妃率衆來援副王焚掠其宮室去彭亨王命長子攝國隨妃往浡泥久之歸而次子驍弑父兄自立有婆羅屬夷曰毛思賊每掠人口海上賣彭亨充崑崙奴云柔佛一名烏丁礁林王服帶雙刀諸酋望見王弃刀于地和南序立字用茭草以刀刺之歲首以四月地不產穀椎跣喜兵彭亨丁機宜之間幾無寧日

婆羅

婆羅國一名文萊負山面海爲東洋盡處西洋所自起俗素食念佛喜施惡殺民食猪肉論死有東西二王永樂四年各遣使朝貢貢物珍珠玳瑁鼓

焦布香蠟黑小廝相傳其國王爲閩人隨中使鄭和往因留鎮焉王府旁有中國碑夷人婚娶請王金印印背篆文作獸形云是永樂間賜然不載會典或其王假以彈壓夷落非須自上方也王祝髮裹金繡巾腰背雙劍步行其親屬稱邦奇蘭嚴重亞於王向有石城木城各一以築岸閑潮折石城於長腰嶼今止存木城先是佛郎機來侵國人逐山谷流藥水出佛郎機多爲所毒死因奔呂宋產車渠片腦莉藤或曰郎古師子國在西海中延袤

二千餘里多產奇寶四序暄和稱樂土宋淳化中
闍婆使者來言其鄰國有婆羅門者有異術人相
危害能先知之按宋史婆羅門即天竺也

皇明象胥録五

歸安茅瑞徵伯符撰

滿剌加

滿剌加舊名五嶼直占城極南自舊港順風八晝
夜至或云自東莞放洋至崑崘收龍牙門港二日
程東南距海西北皆山地瘠鹵礪屬暹羅歲輸金
四千兩向未稱國永樂三年其酋長拜里迷蘇剌
遣使奉金葉表朝貢願内附爲屬郡七年中使鄭
和齎 詔勅銀印封爲滿剌加國王請定疆域并
封其國西山俾暹羅無侵擾 詔封爲鎮國之山
賜 御製碑文勒石

上以尚書蹇義善書手授金龍文箋命書詔偶遺
一字義奏敬畏之極輒復有此
上曰此紙難得姑註其旁義曰示信遠人何惜是
上深然之復授箋更書九年王率妻子及陪臣五
百四十餘人來貢廣州驛聞命中使海壽禮部郎
中黃裳往勞
上御奉天門宴王 賜玉帶龍衣金銀器皿供帳

妃及子姪傔從各賚文綺有差遣使送歸國復郊餞十年脩貢十二年王母來朝厚賜之宣德九年嗣王西哩麻哈剌者復來朝貢優禮異它夷命工部治舟遣歸正統十年後貢使數至道由廣東天順三年王無荅佛哪沙卒嗣子請封遣使冊爲王成化十年給事中陳峻等封占城王槃羅茶悅聞爲安南所虜抵靈山不敢入遂以所齎挾假風汛至滿剌加國互市誘其王入貢十四年復因其嗣王馬哈木沙請封命給事中林榮行人黃乾亨往

冊還抵洋嶼遭風溺海死各廕一子入監讀書爾後遂罷封使正德中被佛郎機佽殺其王蘇端媽末見逐退休陂堤兵去復國嘉靖初遣使貢方物給賞如例八年廣東以擒勦佛郎機并絶安南滿剌加諸番舶兵部議廣東原設市舶司應聽如舊許之二十七年巡視浙福都御史朱紈報海夷佛郎機行刧漳州界大破之走馬溪尋以御史疏糾濫殺命兵科都給事中杜汝禎往勘奏前賊係滿剌加國番人私招沿海無賴往來販鬻拒殺與紈奏異紈竟得罪死考其俗淳朴尚囘囘教王白帛纏首衣青花袍躡皮履乘轎男女椎髻短衫圍白布膚黑漆間有白者唐人種也候朝熱暮寒無它產有山泉流爲溪於溪中淘沙取錫煎成塊曰斗錫民以淘錫網魚爲業及織芭蕉簟屋如樓閣用木高低層布聯榻趺坐王居飾以錫箔婚喪大類爪哇物價視華五倍山有黑虎視虎差小或變人形白晝入市𪓟龍高四尺四足身負鱗甲露長牙遇人嚙卽死旁海人畏之貢物有金母鶴頂白鹿

黑猿鎖服花縵黑小廝番鹽錫今其國爲佛郎機所據訛稱麻六甲或云卽古哥羅富沙往滿剌加入龍牙門蓋山門相對若龍牙中通船南有凉傘礁俗以擄掠爲豪遇番舶多擁小舟迎刧非順風罕有脫者

佛郎機

佛郎機在海西南近滿剌加向不通中國正德十三年其酋弑立遣使三十人入貢請封至廣東守臣以其國不列王會羈使以聞　詔給方物直遣

歸使者留東莞劫行旅至掠食嬰孩廣人苦之守
臣勒水兵攻勦乃遁會滿剌加愬佛郎機攻逐其
王御史丘道隆何鰲相繼疏請驅絕後諸番夷舶
并不之粵潛市漳州从之兵部議滿剌加諸國通
市不宜槩絕請禁漳而收之于粵報可嘉靖二年
佛郎機人別都盧等擁衆千餘破巴西國遂寇廣
東新會縣守臣勦擒之生得別都盧等四十二人
詔梟境上二十六年寇漳州私市浯嶼海道副使
柯喬禦之遁去四十四年有夷日啞喏唎歸氏者

浮海求貢初稱滿剌加國已復易辭稱蒲麗都家
兩廣鎮巡以聞下禮部議南番無所謂蒲麗都家
或佛郎機所託也行鎮巡詳覈爲謝絕相傳其國
頗富饒多畜犀角象牙珠貝胡椒身長七尺高鼻
白皙鶯嘴猫眼鬚捲而髮近赤亦多髡首薙鬚貴
者戴冠賤者頂笠見尊長撤去之着衫袴垂至脛
皮屐衣服用鎖袱西洋布瑣哈剌㲲華絜俗信佛
喜誦經每六日一禮佛先三日食魚爲齋至禮拜
日雞豕牛羊不忌手持紅杖而行飲食不用匙筯

富者食麪貧與奴僕食米婚娶論財責女奩貲數
倍無媒妁詣佛前相配以僧爲證謂之交印國有
大故亦多與僧謀人死貯布囊以葬所畜半入僧
室市儈互易搦指節示数累千金不立文字指天
爲約無敢負相會則交搯心誤搯首勃然忿争或
詈辱及子孫父祖家長輒以死鬬性兇狡嗜利善
大銃中人立死嘉靖初廣東巡簡何儒嘗招降佛
郎機人得其蜈蚣船并銃法以功陞上元簿蜈蚣
船底尖面平不畏風浪用板捍蔽矢石長十丈濶

三尺旁架櫓四十餘置銃三十四約每舟撑駕三
百人櫓多人衆雖無風可疾走銃發彈落如雨所
向無敵其銃用銅鑄大者千餘斤因名曰佛郎機
然唯夷人精用之中國不及也

呂宋

以產黃金故富庶人勤朴不喜爭訟交易不立契書身衣衫跨足穿皮履出入佩刀自衛亦持禮佛誦經洪武五年同瑣里諸國貢方物永樂三年遣使朝貢賜文綺命廣東布政司宴勞萬曆四年助討逋賊有功來貢道福建其地去漳近故多賈舶令附香山濠鏡澳貿易而中國通倭者率闌入呂宋以爲常初佛郎機從大西來自稱干系蠟國與呂宋互市因上黃金爲

王壽求地如牛皮大蓋屋王許之佛郎機乃剪牛皮相續爲圍圍求地稱是王重失信竟予地月徵稅因築城營室列銃置刀盾以之圍呂宋殺其王而地併於佛郎機矣其國王遣酋來鎮數歲一易華人販呂宋既夥留居澗內名壓冬寖至數萬萬曆二十一年八月酋郎雷氏敝裏系勝征美洛居以華人潘和五等二百五十人從夷偃臥船上令華人日夜駕船稍倦輒箠殺之潘和五等不勝荼苦謀夜半入臥内刺酋持其頭大呼夷驚起辟易悉赴水死和五等盡獲金寶兵器駕其船回失道走廣南爲交酋所掠竟被留獨郭惟太等三十二人得歸明年酋子郎雷猫吝從朔霧往代遣僧來閩訴時都御史許孚遠疏聞因以禮遣僧歸惟太等于理始夷故奴視華人至是釁益結而中朝采金之使四出妄一男子張嶷且詭稱呂宋機易山多生金豆也三十年詔閩遣海澄丞王時和往勘酋聞大駭華人流寓者爲游說結蓬爲廠如公署夷亦令僧散花道旁迎使者盛陳兵衛邀丞入爲

設食問丞華言開山山各有主安得開且金豆生何樹丞數目嶷嶷無以應夷大笑欲兵之華人曲解釋登舟丞悸死嶷坐誅傳首海外然夷益疑華人且啓疆決計殲諸流寓矣明年遂謬言將征他島凡華人寸鐵厚鬻之華人利其直無持寸鐵者乃刻期攻華人華人覺走屯菜園八月朔夷攻殺無算華人群聚大崙山饑甚夷復擊殺萬餘橫屍枕籍存者三百人耳是月漳亦大水頃之夷悔禍下令招撫藉華人貨移書閩當路俾戚屬往領貲

船復稍稍去三十三年　詔遣商諭呂宋無生事端其後留者復成聚云或曰呂宋相連曰吶嗶嘽在海畔稍紆入山曰沙瑤其俗椎髻跣足耳穿大孔垂金鍰衣錦綺多剪服之竄奉佛所至拜寺以兩手和南尤嚴男女之禁有與妻嘲笑即從以刃盜無大小論死其人願抵家別者聽及期妻子送詣酋登高棚自剖腹死孕婦以水灌之所生子置水中築版爲城覆茅爲屋又有班隘者即較罩山山頭火光不斷亦名火山奇險不可到人多扁頭

赤身不受佛郎機部署此皆呂宋鄰壤諸夷也佛郎機未據呂宋時先聚朔霧與其國人親好其破呂宋朔霧與有力焉今以一大酋權重兵守之且通婚媾亦居然一附庸矣

和蘭

紅夷自古不通中國與佛郎機接壤時駕大舶橫行爪哇大泥間及聞佛郎機據呂宋得互市香山澚心慕之萬曆二十九年忽揚帆濠鏡自稱和蘭國欲通貢澚夷共拒之乃走閩閩人李錦久客大泥與和蘭習說其酋麻韋郎曰若請市無以易漳漳海外故有彭湖嶼可壘而守也寀璫在閩若第謹事之計無不取如携者三十二年七月遂詐爲大泥國王書移閩當事及中貴人高寀而以巨艦尾至彭湖時海上汛兵俱撤夷伐木駕廠如屨無人之境而李錦徐㹊漁艇附入漳詭爲所擄脫歸當事繫錦及前所遣猾商潘秀令諭夷還自贖已併遣材官捧檄往乃多賫酒幣覲厚償海上奸堪又潛移華貨私與市夷益生心觀望而寀璫已饘

夷賄許以三萬金爲壽與尋盟會當事所遣往諭材官沈有容雅饒才略從容諭夷多中窾其酋麻韋郎頗心動衆露刃相挾沈厲聲折之爲語塞因僅以夷刃及玻瓈等器遺璫求市已而當事嚴禁兵民接濟疏請聲勦夷度坐困竟以十月宵遁勾引錦秀等論如法旋奉　旨傳諭大泥國移檄和蘭無爲細人所誤維時閩海幸復寧謐而本夷從此習華境曲折心不能無它覬兼之海上利夷金錢勾引實繁有徒四十五年更從呂宋港口迎擊

華商爾後遂大入彭湖據爲三窟矣其人深目碧瞳長鼻赤髮閩人因呼爲紅毛番又稱爲紅夷云舟長可三十丈横廣五六丈樹五桅凡三層旁鑿小牕置銅銃以俟桅下大銃長二丈餘中虛如四尺車輪云發此可洞石城震數十里非敵迫亦不輕施也舵後銅盤大徑數尺往來海道不迷稱照海鏡奉事天主甚謹每役使烏鬼行巨濤中如平地或云紅夷富金錢遇華人貨當意輒厚償不甚較直海上貨爲紅夷售則價驟涌其來領國母錢

巨萬求開市不習戰已因中國驅逐始募倭衝鋒所恃獨銅銃其舟既大亦不便回旋可以計破今紅夷銃法盛傳中國佛郎機又爲常技矣

美洛居

美洛居國於東海中稍稱蕃富酋出盛威儀所部合掌伏道旁男子視髮女椎結腦後多市中國酒器豪飲席間設二大盆盛酒人手一器飲之長大者起爲夷舞年少環視遜不敢登場也初佛郎機來攻願歲輸丁香請降遂赦使自爲守紅夷既鴟張海外忽以舟師直擣城下虜其酋語曰若改事吾殊勝白頸以佛郎機人頸皆白故云酋袖手聽紅夷唯謹佛郎機聞而急治兵討違命者會紅夷去國內空因誅紅夷所立酋更立素所親信已而紅夷繼至復逐之去歲相攻殺遞爲雄長華人流寓者辨有口因爲游說中分兩國相界處一高山以山北屬和蘭山南屬佛郎機遂各罷兵然自是其國苦兩屬貢舶亦饒舌矣所産多丁香夷人用以辟邪東洋獨此地多有之

蘇門答剌

蘇門答剌一云即須文達那國東南大山西北距海龍涎嶼西去一晝夜程乃西洋要會或曰漢條支唐波斯大食即其地也自滿剌加西南行順風五晝夜至答魯蠻村舍舟陸行十餘里至其國無城郭有大溪入海海口濤惡善溺舟洪武中遣使奉金葉表貢馬及方物永樂三年其酋宰奴里阿必丁遣使朝貢　詔給印誥封爲蘇門答剌國王五年使來貢頃之王與花面王戰中矢死子弱其妻號于國曰能復讎者我以爲夫與共國事有漁翁率衆殺花面王王妻遂從焉亾何故王假子攻殺漁翁王子蘇幹剌奔峭山永樂十一年中使鄭和擒假王送京伏法諸番震服宣德中貢使數至用金葉表十年封其子嗣王成化二十二年番商馬力麻詐稱蘇門答剌使臣私販易廣東右布政使陳選發其奸抵罪是後間一朝貢貢物有犀牛龍涎水晶石青回回青或曰今其王再易姓大治宮室凡六門門不得闌出入王出乘象鹵薄傳呼

甚盛法嚴於他國俗頗淳椎髻裸體腰圍色布剡獨木爲舟漁海上土產類滿剌加田瘠穀少熟胡椒蔓生番舶往來貨克牣市用金錫錢酋長好殺輒取人血浴釀茭樟子爲酒其國一名啞齊有山連阿魯那孤兒黎代三國花面王者即那孤兒王也國小僅比大村可千餘家以墨刺面爲花獸狀故名花面風俗大類蘇門答剌山產硫黃

阿魯

阿魯國在西南海中一名啞魯自滿剌加順風三晝夜至風俗氣候大同蘇門答剌土瘠產薄種芭蕉椰子爲食男子裸體圍梢布常駕獨木舟入海捕魚或山行採米腦香物售商舶防身以藥鏃弩永樂五年其王速魯唐忽先遣使附古里諸國朝貢令中使往賜王文綺貢物象牙熟腦或曰淡洋與阿魯山接山圍繞有港通大溪千里奔流出海味甘淡舟人往來汲之名淡洋田肥禾盛米粒小而香東西竺歲仰食焉

黎代

黎伐小國南連大山北際海西距南泥里東南連
那孤兒居民千家推一人爲首領隷蘸門答剌言
語服用皆同山多野犀

賓童龍

賓童龍國與占城接按宋史爲賓同朧國至道三
年嘗偕大食國使來朝其國北接蘸門答剌有雙
澗水清徹佛書所云舍衞乞食即其地也目蓮居
址尚存風土大類占城編茅覆屋酋首出入乘象
馬親喪持孝服擇僻地以葬產伽南香象牙

錫蘭山

錫蘭山與柯枝國對峙以別羅里爲界自蘸門答
剌順風十二晝夜至占城極西可望見焉番語高
山爲錫蘭因名或曰即古狼牙須國梁天監中嘗
奉表修貢表稱大吉天子足下其國去廣州二萬
四千里在南海中海中有翠藍山最高循山東南
乘風三日至赤卯塢人宂居裸形網魚蝦種芭蕉
椰子爲食又西循海行十日至佛堂山泊舟有大
磐石印足跡三尺許水不涸相傳先世釋迦佛從
翠藍嶼來登躡跡尚存山麓有卧佛寺稱爲釋迦
涅槃真身佛榻華飾有舍利子又西北陸行五十
里抵王居王尚釋重象及牛煆牛糞塗體飲牛乳
不食其肉有殺牛者罪死地廣人稠空稻聚百物
富饒亞爪哇山產水晶青紅寶石黃鴉鶻石每大
雨衝流沙中拾取之海旁有珠簾沙光浮動射日
間歲淘珠諸番賈爭來市市用金錢國人去鬚留
髮纏首穿長衫圍單布梁書稱狼牙王先奔天竺
俗袒而被髮以吉貝爲干縵王及貴臣加雲霞布

覆胛金縄爲絡帶金環貫耳女子被布瓔珞繞身
王出乘象益近天竺教云永樂九年中使鄭和賫
詔諭西洋諸國歸經錫蘭山其王亞烈苦奈兒負
固謀發兵絕歸塗和先發銜枚襲擊虜其王獻俘
闕下釋之擇立其屬賢者十年封耶巴乃那爲王
正統十年遣使貢珠寶石天順二年復來貢貢物
有珊瑚硫黃乳香沒藥藤竭硫石

覽邦

覽邦國地多沙磧麻麥外無它穀山坦迤無峯巒
水亦淺濁俗好佛喜賽祀有駝馬牛羊市亦用錢
洪武九年國王昔里馬哈剌札的剌札遣使奉表
來貢永樂宣德中附鄰境貢方物有胡椒蘇木檀
降香孔雀或曰其國好食人故覽邦港口舶無維
纜者外有小嶼名奴沙牙近嶼打水用丁午針六
更望錫蘭山不遠

溜山

溜山亦名溜山洋國自錫蘭山別羅里南去順風
七晝夜至其山四面濱海如洲在西海中有石門

三遙望如城闕中可過船八溜稍大餘小溜無慮
三千土人曰此弱水三千也舟行遇風入溜即溺
人率依山巢居穴處或網溜洋大魚曬以代糧拳
髮穿短衫圍梢布亦多裸形紉樹葉蔽前後產龍
涎香貨用金銀段帛磁器米穀溜山傍有牒幹國
皆回回人俗淳業漁好種椰樹其椰皮結繩可貫
板成舟塗瀝青堅如鐵釘鮫魚一名溜魚織絲帨
甚工緻亦有織金帨永樂中國王亦速福遣使來
朝貢

柯枝

柯枝一名阿枝古槃槃國東連大山西南北皆海自錫蘭山西北舟行一晝夜至通古里國界永樂二年國王可亦里遣使朝貢十年復至請封其國大山　詔賜王印誥并封山曰鎮國上親製碑文其銘曰截彼南山作鎮海邦吐烟出雲爲下國洪龐時其雨暘肅其煩熇作彼豐穰祛彼氛妖庇于斯民靡災靡沴室家胥慶優游卒歲山之整兮海之深矣勒此銘詩相爲終始會中使

鄭和使至其國王首纏黃白布下縈絲帨束綵壓腰瑣里人也國人椎髻短衫圍以單布族有五種南毘最貴祝髮線懸脛與王同類次回回人次富有財曰哲地次牙儈曰革全其最卑賤曰木瓜木瓜居瀕海業漁樵屋簷不得過三尺衣不蔽膝或裸體遮以草遇南毘哲地蒲伏俟其過乃起王尚浮屠範金爲佛每旦鳴鐘鼓汲泉灌佛頂數四乃禮之兼敬象牛有曰濁肌者胎髮縷縷垂後塗體以牛糞灰行吹大螺妻隨之乞錢益優婆夷云氣候常暖多雨土瘠俗淳產胡椒貯以倉轉售商販市用小金錢名吧喃銀錢十五當金錢一

小葛蘭

小葛蘭國其東大山連赤土與柯枝國接境西南北皆海自錫蘭山別那里西北海行六晝夜至候熱土瘠仰倚葛剌國米爲食風俗小淳多回回喃吡人尚浮屠重牛象飯和酥酪婚喪巾服大類錫蘭山地產胡椒市用金錢大者名儻伽重八分小者名吧喃小錢四十准大錢一永樂五年附蘇門

答剌等國朝貢貢物珍珠傘白綿布胡椒尋中使鄭和至其國王瑣里人復遣使入貢又有大葛蘭國與都欄樵相近土黑墳宜穀麥居民懶事耕作歲賴烏爹之米爲食

木骨都束

木骨都束國瀕海自小葛蘭順風二十晝夜至地曠田瘠或數年無雨穿井極深絞車以羊皮袋水俗囂習射富者附船遠賈貧民網海魚爲食男子拳髮四垂腰圍梢布女人髮盤於腦黃漆光頂耳

掛絡索項帶銀圏纓絡垂胷出則單布兜遮青紗蔽面足履皮鞋永樂中嘗朝貢產乳香龍涎金錢豹

卜剌哇

卜剌哇國與木骨都束國接自錫蘭山別羅南去二十一晝夜至居傍海壘石爲城業漁無田耕藝稀草木瓜茄廣斥鹵有鹽池但投樹枝良久撈起凝白鹽其上拳髮穿短衫圍梢布婦女耳帶金錢項掛纓絡產馬哈獸狀如麝獐花福祿狀如花驢

永樂中嘗遣使朝貢

古里

古里綰西洋諸番之會西瀕海南距柯枝自柯枝海行可三日至或曰從錫蘭山取道順風十晝夜至亦海中一大國也去中國十萬里土瘠然宜麥穀俗麗厚以石灰畫地爲禁傍海爲市通諸番貨用金銀錢好馬自西番來匹價金錢千百胡椒多貯倉廩以待商販男子長衫首纏白布婦女短衫圍色布兩耳懸金牌絡索項掛纓絡臂腕足脛用金銀鐲以葫蘆爲樂器紅銅絲爲絃歌聲相協鏗鏘可聽王好浮屠敬象牛老不傳子傳外孫否則傳弟無外孫弟傳善行人永樂三年其酋沙米的

遣使朝貢　勑封爲古里國王給印誥五年七年並朝貢貢物有琉璃瓶梳珊瑚珠拂郎雙刃刀番花人馬象物手巾嘗貢金絲寶帶金絲細如髮結花綴八寶珍珠鴉鶻石於上鄰有坎夷巴國出搭黎布五色帨皆濶四五尺鬻于古里　又古里班卒國在海中永樂三年遣使來朝貢俗質朴男女被短髮假錦纏頭紅紬布繫身土瘠少穀氣候不

齋夏多雨雨即寒產甚薄

忽魯謨斯

忽魯謨斯在西南海中東連大山自古里國十晝夜至土沃民饒廣麥少穀壘石爲城屋山五色皆鹽鑿爲盤碟因以爲男子偉貌拳髮穿長衫善騎射女子編髮四垂漆頂出則布幔兜頭用青紅紗布蔽面兩耳輪掛絡索金錢數枚以青石磨水點眼眶唇臉花紋爲美飾市用金銀錢產珍珠寶石金珀龍涎香撒哈剌𦈡毯或曰產大馬西洋布駝

雞福祿靈羊喜作佛事歌舞俗頗淳直永樂三年遣使來朝貢方物及駝雞

上命侍臣金幼孜爲之賦駝雞如鶴長三四尺脚二指毛如駝行亦如之其國又云忽魯母恩或曰忽魯母恩國小土瘠產薄在東南海中皆莫攷

祖法兒

祖法兒國又名左法兒自古里西北海行十晝夜可至東南皆海西北重山壘石爲城屋高三四層亦石砌狀如塔田廣而磽土黃赤不生草木民漁海爲生氣候常如秋俗頗淳尚回回教王白布纏首衣青花絲帨或金錦袍靴履乘轎跨馬前後列象駝吹篳篥女人出以布蒙頭面市用金銅錢文如人形永樂中王亞里遣人來朝貢宣德中復至產西馬鶴頂駝雞福鹿片腦沉香乳香乳香即樹脂以易中國磁器紵絲駝單峯雙峯皆可乘或云其國無城郭產金錢豹

阿丹

阿丹國近古里瀕海可舟行或曰自古里國順風

二十晝夜至土沃豐粟麥壘石爲城有馬步勝兵數千俗拳髮穿長衫婦女出不露形用青紗蔽面布帽兜頭兩耳垂金錢數枚項掛瓔珞產千里駱駝黑色花驢羚羊自胷至尾垂九塊名九尾羊永樂九年遣中使鄭和往　賜命互市古南荒有丹丹國疑即此或曰其國善推算歲無閏月市易有赤金紅銅諸錢嘉靖時造方丘及朝日壇玉爵購紅黃玉於天方哈密諸夷不得通事撤文秀言二玉產在阿丹去土魯番西南二千里其地兩山對

峙自爲雌雄或時自鳴請依宣德下番例賚重賄
往購
上竟從部議已之　又阿哇國永樂中王昌吉利
嘗遣使朝貢

古麻剌

古麻剌國在東南海中永樂十八年國王幹剌義亦敦奔率妻子及陪臣來朝貢方物請封給印誥令仍舊號次福州卒　賜諡康靖勑葬閩縣有司歲時祭焉或曰麻剌國有州百餘佛宇至四千區向未通中華其南有層拔國在大海中西接大山其人大食種纏青布躡皮鞋地多巖谷少寒產象牙生金

西洋瑣里

西洋瑣里國瀕海近瑣里泝爲差大洪武三年其王別里提奉金葉表貢方物賚予甚厚永樂元年復遣使朝貢
上諭海外遠夷附載番貨其勿征二十一年西洋十六國遣使千二百人貢方物西洋瑣里貢物獨著其貢有黃黑虎兕羅綿被

瑣里

瑣里西海中小國洪武五年其王卜納的遣使奉金葉表貢方物并圖上其土地山川　賜大統曆

金幣永樂元年復遣使朝貢貢物有紅撒哈剌諸異布

淡巴

淡巴國在西南海中或曰即古狼牙脩國非也洪武十年國王佛喝思囉遣使奉表朝貢　賜金幣其國土廣景秀泉甘水清饒草木孳畜石城瓦屋市肆綦置輿馬威儀甚都國人勤治生稀寇盜耕維各有常業居然樂土貢物蕊布兜羅綿被沉速諸香胡椒

甘巴里

甘巴里又名甘把里國在南海中大島上人多織錦粒食亦鮮食永樂十二年國王兜哇剌查遣使朝貢或曰甘巴里小國介西南海中不通鄰境交易產薄用窘然奉佛亦不求積聚

討來思

討來思在海中周徑不百里城近山山下有水赤色望之如火俗尚佛土家事以婦人市多駝羊馬牛亦有布縷毛褐交易用錢土宜麥穄無稻穀宣德六年朝貢

勿斯里

勿斯里國所轄州一十六村落三百六十每村供國用一日王白皙纏首着衫出入乘馬儀從甚都導馬三百匹金鞍寶轡虎十頭縻以鐵索臂鷹挾劍以從多至千百人有大塔高二百丈國被兵則據塔拒敵可容二萬衆蓋亦勁國云或云其國百年不一雨有天江水極甘每溢可浸田水過而耕莫知其源也江上有鏡它國盜兵來輒先照之

木蘭皮

木蘭皮國在西海中自大食國舟行正西涉海百餘日方至一舟容萬人中有酒肆機杼舟之大無過木蘭者物產亦異粒長三寸瓜圍六尺香櫞桃榴並巨胡羊高数尺尾大如扇春割腹取脂縫合仍活秋風忽起人獸急就水飲稍遲渴死

打回

打回海外小國永樂三年遣使朝貢其國数苦鄰境侵逼已乃治兵與戰獲勝稍得自立

咭呤

咭呤小國居海島中白布纏首身穿小袖長衫食以手忌豕肉見華人食輒厭其穢與順哈並不通朝貢附舶香山濠鏡澳貿易產胡椒蘇木荳蔻象牙

順哈

順哈亦海島小國也人醜而黑衣布帛飲食生熟相半婚姻不論貴賤意合則從產胡椒象牙丁香荳蔻

會典載永樂中朝貢又有

急蘭丹國　奇剌尼國

夏剌比國　窟察尼國

烏涉剌踢國　魯密國

彭加那國　捨剌齊國

八可意國　坎巴夷替國

剌撒　喃渤利

千里達　沙里灣泥

論曰海上諸國占城暹羅爲大　明典並受職貢而占城助征安南暹羅協攻緬悉索敝賦以從師無忝外臣矣浡泥蘇祿其王入覲闕庭竟以身殞而　天朝寵以埊謚至今奉祀不絶有以夫四夷慕義梯航踵接也自佛郎機紅夷薦食外洋而滿剌加呂宋並爲易社鯨波時沸牛耳俾主而賈舶往來直趨死地如鶩且勾引內訌罔惜啓疆小人贖利亦何異藏珠而剖腹者哉余讀東西洋考至機易金豆彭湖尋盟爲低回太息

皇明象胥錄六

歸安茅瑞徵伯符撰

哈密

哈密古伊吾盧地自秦攘郤戎狄西不過臨洮至漢武始築令居以西置酒泉及武威張掖燉煌四郡開玉門通西域斷匈奴右臂隔絕南羌月氏由是單于失援遠遁而幕南無王庭王莽後西域復役屬匈奴明帝取伊吾盧地置宜禾都尉屯田再通西域自建武至延光三絕三通從燉煌西出玉

門陽關涉鄯善北通伊吾千餘里從伊吾北通車師前部高昌壁千二百里爲西域門戸伊吾地宜五穀桑麻蒲萄其北栁中並膏腴漢常與匈奴爭車師伊吾制西域焉晉爲凉州牧張實竊據歴後魏西域復通隋煬帝因裴矩進圖記躬度玉門關置伊吾且末鎮唐初名西伊州貞觀六年更號伊州伊吾郡隷隴右道安氏之亂盡没吐蕃大中後張義潮以瓜沙伊肅等十一州來歸五代曰胡盧磧小月支遺種仲雲居之史稱即漢屯田處地無水而常寒多雪毎天煖雪銷乃得水在沙州西元封其孽忽納失里爲威武王頃之改封肅王卒弟安克帖木兒嗣　國初於張掖置甘州五衛酒泉置肅州衛武威置凉州衛湟中置西寧衛別置衛四爲山丹永昌鎮番莊浪千戸所三爲高臺鎮夷古浪自陜西蘭州渡河千五百里至肅州肅州西七十里爲嘉峪關永樂二年以安克帖木兒貢馬詔封爲忠順王併即其地建哈密衛先後畫關以西置衛七曰哈密曰安定曰阿端曰赤斤蒙古曰

曲先曰罕東曰罕東左而哈密最西東去肅州西去土魯番各千五百里北數百里抵瓦剌以天山爲界授夷目馬哈麻火只等指揮等官分居苦峪城三年王卒無子兄子脫脫俘蠻夷邸命護歸嗣王賜金印誥命以地當西域咽喉天方等三十八國入貢必取道哈密令譯上諸番貢表偵察向背用華人爲長史紀善稍賑內藩而部夷雜居有回回畏兀兒哈剌灰三種各立都督佐之四年賜王脫脫及其祖母速哥失里母妃等綺幣是歲王爲

祖母所逐勅復立爲王六年王脫脫及祖母各遣使朝貢而脫脫以沉湎衆不附九年卒勅都指揮哈納爲都督僉事守哈密是歲封脫脫從弟免力帖木兒爲忠義王賜印誥玉帶十二年行在驗封員外郎陳誠使西域還言哈密城在平川可三四里東北二門王稱速檀有衆數百戶多蒙古回回種人城北大山餘三面並曠衍地鹻鹵宜種麥豌豆耕用糞壤産馬駝玉石鑌鐵大尾羊陰牙角俗獷悍好利西域貢使經哈密輒索道路錢乃聽出

入洪熙元年貢硫黄

上諭虜中既有火藥臨敵宜謹備因勅宜大總兵知之宣德初遣使祭哈密故王免力帖木兒命其侄卜答失里嗣封忠順王三年以卜答失里孱弱復立免力帖木兒之子脫歡帖木兒嗣忠義王共理國正統四年貢玉求紵絲予四表裏是時瓦剌强數侵哈密哈密懼稍持兩端璽書諭毋背德終不悛至拘留漢人轉鬻使至多暴横或毆死防護軍較邊臣請絕貢詔曲貸天順元年賜王朝服母

妻駋冠四年賜紙金箔薑桂茶碧而忠順王再傳爲孛羅帖木兒天順末見弑于其酋者林無子王母努溫答失力署國事遭虜亂加思蘭殘破國人奔潰來貢動以千百意邀宴賞郵傳頗疲供給成化元年從禮部尚書姚夔等議令哈密歲一貢以八月初旬驗放入關多不過三百人内起送三十人赴京其土魯番亦力把力等或三年五年入貢經哈密者及期偕來無過十人勅哈密王母撫緝流亾稱朝廷厚意二年兵部奏王母以虜亂加

思蘭侵掠避居赤斤苦峪今虜退宜勅復還哈密報可三年以把塔木兒爲右都督守哈密把塔木兒本畏兀族故忠義王脫歡帖木兒外孫也八年把塔木兒死子罕愼赴京嗣都督貢駝馬加賞而土魯番時强盛控弦可五萬其速檀阿力尤雄黠九年挾哈密掠赤斤諸夷王母不從遂見虜及刼金印去罕愼寓苦峪城甘肅撫臣婁良以聞兵部尚書白圭言哈密爲我西藩土魯番無故凌奪不救則赤斤諸衛盡爲蠶食嘉峪外皆敵疆而禍中

甘肅寖深請集廷議恢復會昌侯孫繼宗等議遣
使諭諸衛以脣齒輔車及乘速檀阿力入貢　賜
勑令自新因舉高陽伯李文右通政劉文習夷情
勑往甘肅規復哈密文等至則調罕東赤斤畨兵
數千駐苦峪不敢進謬言阿力欲乘虛擣二衛宼
還兵自為守而弛擔入朝阿力始輕中國益侵内
屬諸夷十二年遣使赤兒米郎等來貢且致書鎮
廵飾罪稱王母已死須朝使至即歸金印城池然
特謾語枝梧殊無還意其冬更鑄哈密衛印賜罕

慎明年於苦峪立衛居之給土田及牛具穀種十
四年阿力死子阿黑麻稱速檀年尚穉甘肅撫臣
王濬請乘間納罕慎十八年罕慎入哈密嗣忠順
王罕慎貪殘國人觖望西域諸貢使苦要索亦有
違言二十三年乜刺酋阿沙赤等相讐殺西走據
哈密尋引去弘治元年奸回誘阿黑麻攻哈密阿
黑麻亦壯乃曰罕慎非脫脫族安得王王故應我
佯好語罕慎聯姻至哈密城下頂經盟誘殺之亦
未敢頓言據哈密遣使入貢請代領西域職貢且

乞大通事往和畨兵部尚書馬文升議阿黑麻與
哈密各有分地安得相併以北虜之强我屢卻欵
何小酋輙與我媾且憪然王也姑許照例入貢請
勑阿黑麻還王母及金印歸我哈密四年遣哈密
夷目寫亦虎仙齎勑諭阿黑麻特王母已死阿黑
麻亦悔懼上金印及所據城　詔褒予金幣陞寫
亦虎仙為都督僉事文升謂夷俗重種類且服元
久哈密同城有回回等三種而北山又有小列秃
野乜克力强虜數枝侵逼必得元孽嗣封可懾諸

畨乃行求忠順近屬得曲先安定王侄陝巴五年
取據哈密三種夷目奄克孛剌等合詞奏保使嗣
王輔以奄克孛剌阿木郎未給冠服諸畨索賞陝
巴不得阿木郎更勾引哈剌灰夷掠土魯畨牛馬
阿黑麻怒六年復以兵入哈密支解阿木郎虜陝
巴及金印去事聞命兵部侍郎張海都督僉事緱
謙經理之會阿黑麻前遣夷目寫亦滿速兒等四
十餘人修貢至京事下廷議通事王英言罕東及
野乜克力諸夷怨土魯畨次骨撫而用之皆吾兵

也西域使者方扣關倚互市爲利我聲阿黑麻罪
謝勿與通令彼窮而歸怨皆吾間也而廷議皆欲
命海以檄往如土魯番歸陝巴聽予貢否即留前
使勿遣而絕其後使
上從之海等至甘州遣哈密夷齎勅往諭阿黑麻
歸陝巴不報乃修嘉峪關捕哈密奸回通阿黑麻
者二十餘人戍廣西請絕西域貢七年春海等不
俟命輒還
上怒其無功且不進圖本並逮下獄海降山西參

政謙閒住文升請安置前使寫亦滿速兒等於閩
廣稍用王英策閉嘉峪關令西域諸夷歸怨阿黑
麻以孤其勢而阿黑麻復入哈密自稱可汗大掠
罕東諸夷諜言用雲梯攻肅州且躪甘州文升曰
是直以虛聲恐喝耳土魯番至哈密十數程中經
黑風川哈密至苦峪又數程皆絕水草貢使往返
馱水行我第整師旅謹斥堠俟彼至肅州出奇縱
擊以逸待勞虜殆可盡殄之阿黑麻西去令夷目
牙蘭以四百騎據哈密文升曰是可襲而執也召

肅州撫夷指揮楊翥至討事撫其背曰汝習夷情
悉西域道里今欲擒斬牙蘭策安出翥言罕東有
間道可進兵不旬日達哈密文升曰如若言以罕
東兵三千爲鋒我師三千後繼各持數日熟食兼
程襲之若何翥稱善文升即屬甘肅巡撫許進如
前策調兵食遣副總兵彭清統銳卒由南山馳至
罕東悉令罕東諸番兵乘夜倍道襲牙蘭八年冬
進及總兵劉寧抵肅州駐師嘉峪關外遲罕東兵
不至乃偕彭清循大路行以水草乏絕不得馳牙

蘭詗知宵遁惟餘番夷八百登臺自保師入哈密
得陝巴妻女并牛羊三千斬級六十而還我士馬
乏糧多物故文升以出師違節制徒取空城大失
望議牙蘭不獲功無可錄獨軍士遠征勞苦宜陞
賞
上念邊臣冒險出塞特陞進左副都御史加寧左
都督清都督僉事而西域亦自是頗憚中國九年
阿黑麻破哈密令夷目撒他兒及奄克孛剌住剌
木城奄克孛剌結苑剌小列禿襲斬撒他兒還

守哈密阿黑麻偏師合圍舉火示小列秃來援乃卻走而奄克孛剌使來貢多請乞至許憩曹郎禮部尚書徐瓊疏逐之十年秋阿黑麻以絕貢失互市窘甚令其兄馬黑上書言西域諸國不得貢且歸怨今悔過願還陝巴及金印易前四十餘使予貢如故文升言虜挾詐俟陝巴金印至甘州始取寫亦滿速等於閩廣是冬起前左都御史王越加太子太保總制甘凉等處邊務經略哈密十一年越出河西而陝巴至甘州令三種都督回回則寫

亦虎仙畏兀兒則奄克孛剌哈剌灰則拜迭力迷失共佐陝巴奄克孛剌以罕慎弟與陝巴不協乃妻陝巴以罕慎女結好是秋賜陝巴蟒玉大帽復封爲忠順王釋寫亦滿速兒等西歸亾何越卒哈密三種人久厭兵而哈剌灰以射獵爲生不願還哈密文升請許留家之半肅州十二年春以兵護陝巴歸哈密而土魯番諸夷許復入京朝貢勞賜良厚陝巴嗜酒掊尅諸部阿孛剌等咸貳十七年春更陰搆阿黑麻迎其次子真帖木兒來王哈密

陝巴棄城走沙州守臣遣指揮董傑及奄克孛剌往諭夷衆迎陝巴還阿孛剌不從傑等遂擒斬阿孛剌并其黨六人餘怖服乃別令都指揮朱瑄勒兵送陝巴復王而以真帖木兒還土魯番真帖木兒時年十三其母亦罕慎女也會阿黑麻死諸兒讐殺眞帖木兒懼不敢還願依奄克孛剌守臣恐與陝巴嫌使居甘州而其兄滿速兒尋定國亂自立矣正德元年陝巴死子拜牙即嗣真帖木兒尚留未遣三年滿速兒稱速檀朝貢上書求真帖木

兒兵部議質所愛不予五年走出城追獲之七年冬令哈密三都督送真帖木兒西還八年春至哈密獨奄克孛剌止不行寫亦虎仙滿剌哈三護至土魯番以國情輸滿速兒潛誘拜牙即叛中國拜牙即淫暴心怵屬夷謀害欲挾奄克孛剌往不從奄克孛剌遂奔肅州拜牙即竟弃城走土魯番滿速兒令夷目火者他只丁及寫亦虎仙滿剌哈三取金印守哈密九年正月滿速兒率衆至分據剌木等城而河西大饑窘真帖木兒且謂甘州城南

黑河可引灌城日夜聚謀侵甘肅遣番文鎮巡索金幣萬贖哈密城印總制都御史鄧璋等以聞會四川都御史彭澤甫平群盜　詔移總督甘肅統延寧固原諸鎮兵經略土魯番夷給事中王江等言甘肅既有總制宜罷遣不聽十年春澤至甘州而土魯番寇赤斤苦峪恣殺掠復遺書索金幣澤度滿速兒强未易兵定乃以綵綺二千白金器遣通事火信同寫亦虎仙入土魯番說令和好滿速兒喜許增幣歸金印城池澤不俟報輒上言事定

乞歸即召還掌院事滿速兒諜知兵罷益驕四出侵掠關外諸衛及結尾剌寇我河西且遣使索所許增幣歸印十一年甘肅巡撫李昆以雜幣二百滿速兒令送拜牙即還國質留來使虎都六撒者兒察其意滿速兒聞質二夷怒令火者他只丁牙木蘭復占守哈密而身引萬騎犯肅州遊擊芮寧禦之敗没亾七百騎虜迫城下哈密回夷[illegible]肅州城頗爲內應兵備副使陳九疇廉得其情收繫諸奸回及都督失拜煙答等凡褁甲者捶殺之嬰城守調屬夷兵刼其老營而潛遣使結尾剌擣巢穴破其三城滿速兒狼狽走副總兵鄭廉及奄克孛剌尾擊再敗之瓜州九疇遂盡發寫亦虎仙傾陷哈密狀滿速兒復請和巡撫李昆以聞時方命彭澤及中使張永視師疏至罷遣而滿速兒實無意和九疇與昆異議兵部尚書王瓊脩郤澤雅右昆且心害九疇能日媒孽西北事奸夷覘知本兵指而失拜煙答子米兒馬黑麻方入貢在京巧賄權幸突入長安左門訟冤下錦衣衛會兵部三法

司奏行河西訊報瓊因發澤欺罔辱國及陳九疇輕率激變罪十三年逮昆九疇至請廷鞫幾殺澤九疇大學士楊廷和善澤得與九疇並削籍昆謫浙江副使十四年刑部會訊并脫寫亦虎仙死

上幸會同館寫亦虎仙以秘術干進得賜國姓隨

上南征嘉靖改元復論斬死獄中而臺省交章劾王瓊挾私忌功廷和陰主其中起彭澤爲兵部尚書九疇亦以僉都御史巡撫甘肅瓊坐謫戍榆林三年滿速兒大舉入寇以二萬騎入甘州九疇率

衆先登力戰解甘州圍乘夜倍道間抵肅州夾擊破之殺火者他只丁衆譁滿速兒中流矢死矣遂聞上河西危急

上方遣兵部尚書金獻民都督杭雄濟師至蘭州聞提用九疇議遷發夷使閉關絕貢擢賞有差而滿速兒故無恙也四年牙木蘭復據哈密使肅州又入沙州起原任大學士楊一清督陜西軍務初哈密二種避仇内徙一居肅州東關一居金塔寺諸處九疇議移肅州北境棄地以杜後患一清以

各夷一旦外徙不北合死刺必西連察台徒足召釁議遂寢尋一清召入盡出平凉所羈夷使往諭土魯番令悔罪歸我哈密而楊廷和坐議禮罷彭澤亦去職諸新貴人張璁桂蕚等用事方讐廷和知王瓊故怨之言哈密不靖由彭澤澤以廷和曲庇惟急用瓊西鄙乃可寧也七年春起瓊兵部尚書兼右都御史代王憲總督瓊上書辨澤九疇事言滿速兒實不死按驗當九疇誣罔璁蕚擬坐斬并罪廷和刑部尚書胡世寧力爭九疇雖上首功

失實然其人忠勇可任有功河西最爲土魯番所忌得謫戍邊勒澤及金獻民歸里時哈密當殘破後餘衆千餘丞入塞守臣撫存之歲給耕種以請乞煩兵備副使趙載稍裁額而滿速兒敗歸亦數使牙木蘭請款其年牙木蘭率衆內附牙木蘭者本曲先夷幼爲土魯番所掠黠而善兵滿速兒倚之與爲亦虎仙等專伺我虛實且數盗邊至是滿速兒令牙木蘭據沙州索羈留貢使且率帖木哥土巴攻肅州以遲回欲殺之牙木蘭懼率帳房二

千老稚萬人乞白城山金塔寺住牧未報土魯番酋虎力納咱兒糾死刺侵肅州遊擊彭濬禦卻之八年土魯番貢獅子願歸哈密城及所掠求牙木蘭瓊奏哈密既歸乞令失拜煙答子米兒馬黑木守哈密貢使二十四人遣入京放所羈各番男婦凡千人安插沙州土巴帖木哥部夷五千四百人于白城山哈密都督乩吉孛剌部夷在肅州東關赤斤都督掌卜達兒子鎖南束在肅州北山金塔寺罕東都指揮枝丹在甘州南山下兵部議廷臣

頗言哈密難守詹事霍韜力言置哈密者離戎虜
之交以藩屏內郡或難其守遂欲棄之將甘肅難
守亦弃不守乎
太宗之立哈密因元遺孽力能自立借虛名以享
實利今嗣三絕矣天之所廢誰能興之唯於諸夷
中求雄傑能守城印戢夷落者即因而立之無規
規忠順後爲也胡世寧時爲兵部尚書言先朝不
惜棄大寧交趾何有于哈密況初封忠順爲我外
藩而自罕慎以來三爲土魯番所虜遂狎與戎比

而疲我中國士馬耗財老師轉令戎得挾以邀索
國初封元孽和寧王順寧王安定王正與此等耳
安定又在哈密之內近我甘肅今存亾不可知我
一切不問而獨戀戀哈密者何也臣愚謂宜專守
河西謝哈密無煩中國便又言牙木蘭本屬夷歸
正安得索之土魯番所仗寫亦虎仙火者他只丁
今並斃而牙木蘭復來歸是無佘我何璁等力主
瓊議安插諸夷肅州境內獨留牙木蘭不遣如世
寧言瓊爲滿速兒風諭朝廷威德九年滿速兒遣
虎力奶翁及天方諸夷使貢方物復索牙木蘭諜
言俟奶翁歸即約諸番侵肅州會虎力奶翁歸道
病死疋剌又攻其鄙我稍息肩來降人言番酋欲
以哈密城與失拜煙答妻管理兵部因許通貢著
令三年或五年爲期夷使十二入京餘留塞上是
後名存哈密而金印遂失忠順王拜牙即終不可
復亾何哈密竟爲土魯番所據安插諸衛夷皆爲
鷹食失故土住牧河西塞而北虜竊西海疋剌巢
北山河西三面並苦寇盜哈密殘夷虎爾的等迫

求內附督撫王夢弼等疏請分發甘肅寄住哈密
都督拜言孛剌等各部下鈴東選克夷軍通事食
糧隨操守臣頻歲謹備羌胡無暇及關外事矣

赤斤蒙古

赤斤蒙古周西戎戰國月氏秦漢屬匈奴武帝取
爲酒泉燉煌二郡晉屬郡曰晉昌唐初屬瓜州廣
德後沒於吐蕃宋入西夏元仍瓜州屬沙州路其
地有白山饒草木禽獸産金駝馬肉蓯蓉胡桐律
國朝永樂二年故韃靼丞相苦术子塔力尼率所

部五百人來歸置赤斤蒙古千戶所以塔力尼爲千戶賜誥印尋陞衛進塔力尼指揮僉事十年叛寇老的罕走匿赤斤命右庶子楊榮同豐城侯李彬往討以道險艱轉餉罷制諭塔力尼明年遂擒老的罕來獻

上悅厚勞之進指揮同知以何卒子且加失旺嗣

宣德七年命居所部韃人祖失加卜等于平凉正統五年且加失旺累陞都督僉事明年朝使往哈密不護出疆而都指揮革古者西略沙州勅諭改

圖以偪瓦刺乞內遷肅州白城山不許已請建寺其地守臣謂寺不已且寺巢卻之且加失旺卒子阿速嗣始瓦刺也先自阿速父時求婚至是要往受聘阿速以聞復請避地內徙　詔朕向許爾父自擇便往且見許赤斤世守地奈何棄之爾第保險自備無滋悔是時瓦刺強赤斤蒙古與沙州罕東諸衛名內屬然陰與虜市至受平章等秩累詰責不能禁十一年指揮同知鎖合者赴闕求携部歸命

上遣還下其事總兵任禮先是苦术要于西番生塔力尼又要于韃靼生瑣合者及革古者乃分所部爲三帳自領中帳而令塔力尼領左隸以西番人瑣合者領右隸以韃靼人至且加失旺父子相繼長赤斤部衆強欲併右帳因讐殺瑣合者以窘自歸瑣之死子切塔兒嗣而哈密使者道赤斤爲部酋刦掠阿速不能戢我兵捕首惡械送京師景泰中阿速歷陞左都督五年瓦刺也先以書誘脅赤斤諸衛阿速白其書諭勿與通成化二年卒子

瓦撒塔兒嗣會哈密王母避居赤斤苦峪諭還故地六年從夷族請以瓦撒塔兒叔乞巴失加卜丁二人爲指揮僉事佐之明年瓦撒塔兒卒子賞卜達兒嗣十四年以幼懦衆推指揮加定晉秩代視事是後土魯番陷哈密恣掠赤斤其酋挈印并部落東徙肅州南山卯來河泉及迤北金塔寺正德十年土魯番侵甘州鹵赤斤人畜千計奪嗣印去以都御史彭澤撫賞送歸而種人散走塞下衛遂虛嘉靖七年兵部尚書王瓊議撫屬夷查赤斤部

可千餘人以賞卜達兒子鎖南朿襲父職朝貢

安定　阿端

安定韃靼別部也地廣袤千里東爲罕東北抵古沙州產駝馬玉石俗以馬乳釀酒飲之亦醉廬用氈帳無城郭洪武七年撒里畏兀兒安定王卜煙帖木兒遣使來朝貢鎧甲刀劍　賜金綺分其酋長爲四部曰阿端阿眞苦先帖里各　賜印而卜煙帖木兒　賜銀印仍稱安定王明年獻元所授金銀字牌因置安定阿端二衛分統四部永樂二

年表貢馬五百匹令河州衛指揮康壽往受之壽言令甲諸番貢馬償以茶官爲轉輸今安定遠請給布絹報可亡何王爲曲先攻殺部落潰散十一年其孫亦攀丹復故封　賜印誥遣使諭祭前王二十二年中使往西域道死于賊都指揮李英率兵至罕東問故言賊中使者安定曲先酋也英進擊安定俘斬千餘獲駝馬牛羊巳萬曲先遁去宣德二年以安定僧賞竹領眞爲國師給誥命銀印是後王與國師並入貢而國師外復有禪師自永樂後留西寧正統時都指揮汪清疏其窺伺內地詔歸安定輔其王九年安定酋那南奔等掠曲先勅亦攀丹約束部落十一年辛子領占幹些兒嗣王尚幼以其叔輟思朶巳爲都指揮僉事佐之成化中爲土魯番殘破弘治初安定王千奔嗣王遣使入貢會議求哈密忠順王近裔詭稱安定同系以任陝巴承襲尋見虜土魯番而千奔終弘治貢使相望正德七年北虜亦卜剌據西海破安定奪其誥印種人汪纏爾加等寄跡河州歸德十年

安撫西寧嘉靖中尚書王瓊行訪求原守墳塔國師藏卜哈巴及汪纏等令住牧迤北沙糖川部酋襲指揮職領其衆而安定王苗裔無傳阿端久沒莫知其處

曲先

曲先東抵安定北距肅州爲古西戎部落或云亦月氏地也元置曲先荅林元帥府洪武四年設衛以土酋散西思爲指揮同知頃之爲朶兒只巴所攻并入安定居阿眞地永樂四年徙曲先衛治藥

王淮其後指揮散即思及安定酋刼殺中使洪熙
改元命都指揮李英窮追踰崑崙西數百里乃還
宣德二年復掠西域貢使都督史昭率安定罕東
兵討之進馬贖罪還其俘令居故部指揮那那罕
夷言部落五百餘爲安定所虜餘衆潰居西番江
不敢歸　詔安定王遣還復業其後屢入貢正統
二年夷目黑麻乩遣指揮火丁貢方物成化後以
土魯番及亦不剌侵掠部落走匿烏思藏而衛人
牙木蘭刼於土魯番率衆蹂哈密其兄脫踵聚帖

木哥女弟收衛印部衆二百餘依帖木哥等於沙
州嘉靖七年以疑貳擁帳三千與罕東衛帖木哥
土巴等來歸　詔安插牙木蘭於湖廣江夏遂竄
田宅爲大賈胡而曲先故地盡失矣其俗服色尚
白喪易以青產珊瑚珠名馬硃砂

罕東

罕東在赤斤蒙古南亦西戎部落洪武二十五年
涼國公藍玉追逋寇至罕東將佐諫勿深入不從
縱兵阿眞川土酋哈昝等皆遁去不見虜而還三
十年酋長鎖南吉剌思遣使入貢立罕東衛以鎖
南吉剌思爲指揮僉事永樂二年與其兄荅力襲
等十六人貢馬進指揮使以荅力襲爲指揮同知
夷目奴奴爲指揮僉事各賜冠帶鈔幣歲脩貢不
絕洪熙元年指揮那那奏部夷負内供馬逃赤斤
而官兵方討曲先相驚欲爲亂令守臣招撫之曲
先之役夷目班麻思結率所部從得首虜駝馬獻
宣德七年以功授指揮使九年罕東別部劄兒加
邀刼使者命都督劉廣史昭討之劄兒加自歸還

所掠貢馬謝正統五年赤斤蒙古言指揮鎖合者
殺人逃罕東且誘其部落哈密亦言罕東擅相攻
鹵人畜兩詔諭之十四年班麻思結言哈密來侵
上念諸夷數告言搆怨而哈密又累誘瓦剌盜邊
詔都御史馬昂約忠順王無仇罕東且令偵虜成
化九年土魯番刼哈密城印高陽伯李文等調罕
東赤斤兵數千往苦峪關無功歸時罕東諸夷皆
困土魯番而夷酋奄章先與諸族讐殺遁居沙州
部落日蕃班麻思結即奄章子也至是其孫只克

以沙州衛既廢請即其地立罕東左衛詔從之以只克嗣祖秩領衛尋晉都督僉事弘治八年土魯番掠沙州只克請救尚書馬文升議發罕東兵往襲以失期功不就自是土魯番每入寇假道罕東令給食而亦不剌安定數掠其貲罕東益微弘治時款肅州塞請鄉矣正德中兵備陳九疇擊卻土魯番沙州稍得生聚復歸耕牧比牙木蘭再入殘破其酋土巴等並叛附特只克卒孫日羔剌嗣爲都督嘉靖初與罕東它酋帖木哥土巴先叛附土

魯番者皆來歸尚書王瓊請分其衆半居肅州白城山半居威虜仍擇壯勇練習番上聽日羔剌約月餉累萬石而各夷以城堡未築環居肅州二十八年巡撫楊博始葺威虜金塔寺諸城堡給以耕爨安插番帳凡七百餘凡部落男婦三千四百餘人爲申約禁番漢交通惟朔望入城市易四十二年著令日羔剌等五年一貢沙州古燉煌地唐天寶末陷西戎張義潮以州歸順建歸義軍即以義潮爲節度使梁後曹姓代立迄宋朝貢永樂二年

置衛正統中都督喃哥以困乏剌率部屬戶二百餘來歸命居山東平山東昌二衛給糧及耕地有差衛遂廢或曰二罕東皆在沙州城嘉峪關外夷二罕東寖弱

論曰初置哈密本以縮轂西戎隔絕羌虜乃脫脫終鮮血胤而罕慎陝巴並以非類爰立貪酬不堪擔荷至拜牙即直從叛如流水而欲強之歸國爲我外藩庸可與乎揚旌萬里侈言興繼祇令小醜得以城印爲市靡敝中土甚無謂也余考前後規

畫獨馬端肅襲擊牙蘭寇爲得策惜以閫外違制迄無成功彭王兩經略並以材指聞彭躁而疎王怯而復適以疆事供陰陽報復之用而功罪翻局若反覆掌可心寒矣或欲縻西寧海虜西制土魯番北控乜剌乜屬左衽端肅有言西域賈胡規利不善騎射古未有能爲中國大患者如虜得志蠶食番族是爲開門延寇近事可鑒議者至以哈密不復埒鄧隲棄涼州則光武之閉玉門曾不足法歟

皇明象胥録七

歸安茅瑞徵伯符撰

西域

西域諸國並在匈奴西度玉門陽關率土著有城郭田畜初並役屬匈奴匈奴日逐王轄西邊置僮僕都尉領西域賦稅取給焉至漢武帝時張騫始開其跡通漢及貳師將軍伐大宛西域震恐遣使貢獻而日逐王畔單于來降漢益置都護督察諸國以屯田校尉屬都護元帝增置戊巳校尉屯田

車師前王庭西域服從本三十六國哀平間相分割爲五十五王莽篡後更屬匈奴歷六十五載至明帝復通永元中班超定西域并擊破焉耆於是五十餘國悉納質內屬越海外四萬里皆重譯至超遣椽甘英窮西海即前世山經所未詳靡不備傳弥怪安帝復棄西域屬北匈奴延光二年以班超子勇爲長史西屯柳中因破平車師降焉耆于是龜兹疏勒于闐莎車等十七國並附而烏孫葱嶺以西遂絕魏晉後互吞滅至後魏太延中存十六國龜兹疏勒烏孫悅般渴槃陀鄯善焉耆車師粟特等九國並遣使來獻太武令散騎侍郎董琬等多齎金帛出鄯善招撫厚賜之十六國相繼至隋煬帝時遣侍御史韋節等使西蕃諸國至罽賓得瑪瑙盃王舍城得佛經史國得十舞女師子皮火鼠毛而還復令聞喜公裴矩於武威張掖間轉相風諭大業中相率來朝者四十餘國爲置西戎校尉而天竺拂菻獨不至唐太宗執焉耆拔龜兹遂平西域遣使分行諸國詔許敬宗與史官譔西

域國志而諸國萬里修貢蓋百餘中朝報贈册弔東至高麗南至眞臘西至波斯吐蕃堅昆北至突厥契丹靺鞨號曰八蕃其外爲絕域可謂全盛亘古所未有也宋世不遑遠略史載西域通中國者天竺于闐高昌回鶻大食層檀龜兹沙州拂菻九國餘無聞焉　明興四夷賓服

高皇帝西畫玉門關爲界永樂初封哈密領西域職貢有天方等三十八國十二年命吏部員外郎陳誠使西域經十七國還上使西域記而關外諸

國風土習俗益犂然矣是後貢獻或至或否今備錄之以志卽叙之盛若乃西南海夷不取道嘉峪及哈密吐番重煩經略者別有傳

土魯番

土魯番一曰土爾番在火州西百里漢車師前王地車師前王居交河城以河水分流繞城因名焉唐置西州交河郡旦析以爲縣有安樂城方一二里地曠衍四面皆山城西二十里崖兒城可二里居民百餘家相傳故交河縣治也永樂十一年遣

吏部員外郎陳誠使西域十三年土魯番遣使隨誠入貢授酋長都督都指揮等官宣德五年都督僉事尹吉兒察及指揮僉事猛哥帖木兒等率其犂來朝請留京師　賜居弟什器歷正統天順土魯番朝貢不絕成化初速檀阿力寖强速檀華言王也數引兵掠哈密九年遂入其城虜王母及金印去阿力死子阿黑麻嗣阿黑麻死子滿速兒嗣相繼擾哈密及赤斤諸衛是時夷酋所親信牙木蘭娶哈密人火辛哈卽女與寫亦虎仙妻爲女兄

弟陰相搆結正統八年至誘忠順王拜牙卽走匿而以火者他只丁入哈密居守巡撫都御史趙鑑謬謂番夷信義可使犒以金繒明年土魯番遂索萬幣贖城印嬲肅州嘉靖初兵部尚書王瓊招撫稍戢語具哈密傳十一年土魯番速壇滿速兒天方國速壇札剌丁撒馬兒罕速壇阿卜寫亦哈密都督米兒馬黑木及額卽虬哈辛等各遣使入貢共四千人禮部言哈密貢期同朶顏三衛　祖制三衛皆許入京哈密則十人起送二人今西域諸

夷遠在萬里素非屬國而夷使過倍番文二百餘通皆以索牙木蘭爲辭且求賞不貲似借端窺伺邊臣違例起送非法至額卽虬哈辛乃韃靼叵夷向未入貢今亦遣五十餘人疑並土魯番部落所託請下督撫分別存留以尊國體

上可其奏明年土魯番使虎力奶翁等以甘肅內臣縱僕橫恣愬部　勅遣大理寺少卿蔡經同科臣錦衣各一員詣甘肅會督按官查勘降罰有差久之滿速兒死子沙速檀嗣次子馬黑麻復據哈

密占種沙州二十四年遣使求貢并給地住牧總督都御史張珩以聞兵部議土魯番世濟兇惡今馬黑麻結婚乜刺潛耕屬衛意在蹂躪內訌以謀泄求欵恐爲窺伺甘涼之漸宜諭以華夷界限無妄乞無盜種無殘哈密無苛貢夷乃許通使如其執迷請即閉關聲討明年馬黑麻赴關納欵而土魯番貢使火者阿力克等凡八百七十四人扣嘉峪關巡撫都御史傅鳳翔總兵仇鸞居之甘州先是土魯番撒馬兒罕哈密諸夷每假進貢留京商

販延至三四年有旨禁諸夷私出館貿易勒期遣還仍詔土魯番五年一貢貢使除量准赴京半留肅州半留甘州其後諸夷貢不如期且併居稠雜屬楊博代鳳翔疏請

上裁命量准百名存留甘肅聽減半給賞餘諭出關仍奪鳳翔等俸有差嘉靖末沙速檀潛掠北虜中流矢死弟馬速嗣請貢許之隆慶時馬速死馬黑麻嗣其弟瑣非等並遣使來貢禮部言一姓四使非令甲所載姑各附一使於馬黑麻使中示羈

縻無拂遠人嚮順意報可始甘肅無北虜患專防西夷土魯番最奸狡自阿力以來皆挾哈密邀利隆慶後不復言哈密事土魯番頗息肩而海虜轉熾甘涼間其俗候煖鮮雨雪宜麻麥饒瓜果羊馬室居奉佛多僧寺往陳誠使至其國還言城西北百里有靈山最大夷人言此十萬羅漢涅槃處也近山有高臺旁寺攤石泉林木從此入山行二十里至一峽南有小土屋從屋南登山坡得石屋奉小佛像五前有池池東山石青黑遠望紛如毛髮

夷人言此十萬羅漢洗頭削髮處也緣峽東南行六七里登高崖崖下小山纍纍峯巒秀削其下白石成堆似玉輕脆不可握堆中有若人骨狀堅如石色澤明潤夷人言此十萬羅漢靈骨也又東下石崖得石笋迸出如手足稍南至山坡石復瑩潔如玉夷人言此辟支佛涅槃處也周行羣山約二十餘里悉五色砂石光焰灼人四面峻壑窮崖天巧奇絕然寡草木亦鮮鳥獸自誠使後土魯番漸張旁嚙諸國及關外七衛地廣人庶賦昔懸絕矣

弘治中經略嘗罷其貢嘉靖二年後貢期以五年有駝馬玉石鑌鐵金剛鑽梧桐鹻梤青撒哈剌襌衣諸物萬曆中並來貢計土魯番去哈密凡千里其鄰近爲火州柳城黑婁

火州

火州漢車師前後王地也自元帝置戊巳二校尉屯田車師前王庭和帝時班超定西域復置校尉領兵五百人居車師前部高昌壁以地勢高敞得名後魏初闞伯周自稱高昌王併於麴嘉唐貞觀

中平其國置西州及都督府而西突厥據車師後王地尋以來降置庭州領蒲類等縣其後西州陷吐蕃有回鶻雜居亦稱西州回鶻宋時屢遣使貢獻太宗遣供奉官王延德等使高昌經望鄉嶺歷伊州乃至地極熱產五穀惟無蕎麥出貂鼠白氎繡文花蕊布赤白鹽蒲桃酒樂多琵琶箜篌俗好騎射婦人戴油帽謂之蘇幕遮用開元七年曆以三月九日爲寒食激水交潑爲戲佛寺皆唐賜額其國師子王避暑北庭山中出硇砂嘗有煙氣涌起至夕光焰若炬火照見禽鼠皆赤疑所繇稱火州者也元號畏兀兒隸馬哈木八　國朝號火州城方十餘里東七十里距柳陳城西百里爲土魯番永樂七年嘗遣使朝貢十二年吏部員外郎陳誠使至言其國風土蕭條民居僧堂參半皆零落東有荒城故址即古高昌國治漢西域長史戊巳校尉所居處宣德五年火州王哈散偕土魯番萬戶賽因帖木兒柳東城萬戶尭赤剌並貢馬及玉璞爾後朝貢止稱土魯番云其域東距哈密西連亦力把力南接于闐北抵瓦剌東南至肅州一月

程

柳陳

柳陳一名魯陳亦曰柳城漢名柳中延光二年以班勇爲西域長史將弛刑士五百人西屯柳中遂破車師即其地也唐平高昌置柳中縣屬西州交河郡去哈密千里中經大川砂磧無水草馬牛過此輙死大風倏起人馬相失道傍堆骸骨白日鬼魅迷行人夷中謂之旱海出川西行至流沙河上

有小岡云風捲浮沙所積道北火焰山色如火城方二三里四面多田園流水環繞灌木莽蔚候煖俗醇宜穄麥麻豆有小蒲萄甘甜無核名鎖子蒲萄人二種囘囘男子削髮戴小罩剌婦女白衣裹頭畏兀兒男子椎髻婦人蒙皁布垂髻於額大抵皆胡服

黑婁

黑婁在嘉峪關西近土魯番世締好黑婁夷貢從土魯番入其地男女山水草木禽獸並黑宣德七

年始遣使朝貢

于闐

于闐國東西五千里南北千里在沙州西南去葱嶺二百里大略葱嶺以南其國撒馬兒罕最大以北于闐最大于闐有河北流與葱嶺河合東注蒲昌海所名鹽澤南出積石爲河源者也其西水皆西流注西海國人每歲秋取玉於河曰撈玉夜眎月光盛處索美玉必得馬河分爲三有白玉綠玉黑玉之別土宜五穀桑麻釀蒲萄酒甚美俗機巧事妖神西五百里有比摩寺云是老子化胡成佛

之所自高昌以西國人深目高鼻惟于闐貌不甚類胡亦稍知禮節相見輒跪得問遺書戴于首乃發之自漢武帝以來中國詔書符節傳以相授工紡織喜歌舞善鑄銅器以木爲筆玉爲印漢建武末莎車王賢攻幷于闐徙其王俞林爲驪歸王後于闐將休莫霸自立傳兄子廣德遂滅莎車轉强盛順帝永建六年于闐王遣侍子詣闕貢獻梁天監九年始通江左十三年獻波羅婆步障隋大業中頻朝貢其王以王爲氏唐貞觀六年遣使貢獻

王姓尉遲阿史那社爾既平龜茲勸于闐王伏闍信入朝上元初以其地爲毗沙都督府安史亂後不復至石晉天福中其王李聖天自稱唐宗屬遣使來貢紅鹽鬱金諸物冊爲大寶于闐國王宋建隆二年貢圭一以玉爲柙乾德三年僧善名善法來朝賜紫衣四年王言破疏勒國得舞象一欲以爲貢詔許之天聖三年貢玉帶胡錦獨峰橐駝詔給還其直嘉祐八年以其國王爲特進歸忠保順斫鱗黑韓王從所請也于闐謂金翅烏爲斫鱗黑

韓蓋可汗之訛云訖宣和數朝貢永樂六年其酋打魯哇亦不剌金遣使貢玉璞十二年吏部員外郎陳誠至其國見偪隣境頗單弱人民僅萬計皆避居山谷間惟火州魯陳哈失哈力阿力稍有城邑永樂後西戎修貢不敢相攻始獲休息行賈諸番國益饒富始于闐貢使每來必攜一寶璫往反晾之鐵璫耳云其來道流沙踰三月程無薪水獨挐水行是璫投以水即沸故寶之或曰其域東抵曲先衛北連亦力把力東北至肅州六千三百里

亦力把力

亦力把力或曰焉耆或曰龜茲在沙漠間東距古沙州西抵撒馬兒罕南接于闐北連瓦剌東南至嘉峪關三千七百里元將封馬哈木于此名別失八里世祖立宣慰司以萬戶綦公直爲宣慰使後置元帥府領屯田洪武二十四年國王黑的兒火者遣使貢馬命主事寬徹等報諭以書永樂四年王沙迷查干貢玉璞且言哈密忠順王安克帖木兒爲北虜鬼力赤毒死願率兵討之

上喜特賜綵幣十二年陳誠使其國十六年夷目速哥克剌滿剌來朝言歪思弒其從兄納黑失只罕自立爲王徙其國東去更號亦力把力正統二年其王也先不花遣人貢玉璞駝馬景泰天順後入貢不絕其國逐水草住牧以氈罽爲帳寒暑坐臥於地無城郭宮室近蔥嶺有熱海然氣候常寒深山大谷六月飛雪平原夏秋稍暖王戴小罩剌髻鵝翎衣禿袖衫削髮貫耳甘肉酪或食䅘麥俗獷而獷言語類畏兀兒產銅鐵鉛雄黃胡粉氍毹

阿魏白氎布叉哈失哈力宣德間遣十四人來朝
貢或曰即阿力馬力

撒馬兒罕

撒馬兒罕古罽賓國在懸度山西史稱地平温和
有苜蓿梓竹漆蒲萄諸果下濕生稻其民雕文刻
鏤治宮室織罽刺文繡市以金銀爲錢出封牛沐
猴孔雀珠璣珊瑚琥珀亦西域都會也其先匈奴
破大月氏大月氏西君大夏而塞王南君罽賓自
漢武帝始通中國更立其王成帝時遣使來獻漢
欲往報杜欽說大將軍王鳳以罽賓更不屬漢之
國四五又歷頭痛之山身熱之阪繩索相引乃抵

縣度涉危路以事無用非久長計卒罷遣如欽言
隋爲漕國大業中貢方物其王姓昭武戴金牛頭
冠俗乘象治浮屠法唐貞觀中罽賓獻名馬王居
脩鮮城顯慶三年以其地爲脩鮮都督府拜其王
都督開元七年遣使獻天文及秘方奇藥元駙馬
帖木兒主其國東有養夷沙鹿海牙賽蘭達失干
西有渴石迭里迷諸城並隸焉洪武二十年國主
帖木兒遣貢駝馬厚賜之二十二年復貢馬二十
四年貢海青　賜勑加賚二十四年遣使迭力必

失表貢馬二百匹表畧云　皇帝膺運爲億兆主
光明廣大昭然天鏡今又施恩遠國凡商賈之入
中國者使觀覽都邑城池雄壯如出昏暗之中忽
覩白日又承敕書恩撫勞問欽仰　聖心如照世
之杯使臣心中豁然光明臣國中部落惟知歡舞
感戴祝頌　聖壽永永無極照世杯者其國舊傳
有杯朗徹照之可知世事初撒馬兒罕人商於漠
北自捕魚兒海見執
上疑奸細留中國久得其情遣歸國其王因貢謝

及之二十八年遣兵科給事中傅安郭驥等使西
域留撒馬兒罕永樂五年還夷目哈里遣使隨貢
方物安等言帖木兒卒孫哈里應嗣
上賜哈里璽書銀幣且諭祭帖木兒賜安等衣顈
之兀魯伯貢馬復遣安報使或曰兀魯伯即哈里
是歲北平按察使陳德文亦自撒馬兒罕歸德文
洪武末使西域遍歷諸境采山川風俗作詩歌一
帙進呈
上嘉之賜馬擢僉都御史洪熙元年傅安始還國

請勑命吏部言安歷年雖久未經考覈例不得授
上曰安留遠夷二十餘年良苦何例爲命特與之
正統二年貢馬玉石四年貢良馬色玄蹄額皆白
詔圖像賜名瑞鵝十三年又貢方物命宴其使陝
西布政司成化十七年進二獅至嘉峪關夷使奏
遣大臣往迎職方郎陸容言獅子無用之物在郊
廟不可爲犧牲在乘輿不可備驂服宜却勿受禮
部尚書周洪謨亦言往迎非體
上卒遣中使迎之獅日食生羊二醋酣蜜酪各二

瓶豢獅人光祿日給酒飯二十二年夷使泊六灣
還國迂塗至廣東將往滿剌加市狻猊入貢市舶
中使韋眷佐之所在震駭布政使陳選抗言此西
域賈胡恣爲奸利願無墮其謀開海道貽諸番笑
部覆得寢而番禺縣民黃肆等賄結韋眷交通撒
馬兒罕等國夷商滋擾知縣高瑶搜没番貨鉅萬
選具奏竟爲眷誣逮獄道歿南昌聞者惜焉弘治
二年撒馬兒罕遣使貢獅所過繹騷禮科給事中
韓鼎言猙獰之獸狎玩非宜且供費不貲宜罷遣

三年又由南海貢獅及鸚鵡禮部尚書倪岳言南海非西域貢道請却之自後貢皆從嘉峪關入嘉靖改元撒馬兒罕等夷各進貢陝西行都司俟送至甘州驗放入關各夷留西安真定貿易踰年始赴京禮部尚書汪俊疏稱各夷在途遷延今後給賞即促起程仍行陜直河南各夷還日延住馹遞一日以上住支廩給

上從其議二年始定五年一貢會土魯番冦掠羈留撒馬兒罕天方國各夷于平凉七年總督尚書

王瓊疏放出關并令傳諭土魯番歸哈密城印十一年額即虬哈辛求貢行總制都御史唐龍查譯來使火者皮列稱哈辛王在撒馬兒罕北山額即虬地面住牧禮部尚書夏言疏請暫許給賞爾後令附撒馬兒罕進貢無得別稱王爵從之是歲西域貢使二百九十人稱王者至七十五人夏言請國稱一人王大學士張孚敬言西域先年入貢稱王亦有三四十人者答勑並稱王今槩裁恐夷情觖望下禮兵二部議言復奏西域諸國稱王者惟土魯番天方撒馬兒罕三國如日落諸國名甚多朝貢絕少且與土魯番諸國不相統土魯番弘正間十三入貢天方正德間四入貢稱王者率一人或二人三人餘稱頭目親屬嘉靖二年八年稱王者天方至六七人土魯番至十一二人此兩年間撒馬兒罕至二十七人內閣言先年亦有稱王至三四十人者併數三國耳乃今土魯番十五王天方二十七王撒馬兒罕五十三王併數則百五六十王前此所未有況所稱王號原非舊文即有同

者地面又異弘治時回勑書國稱一王若循撒馬兒罕往歲故事類答王號人與一勑恐非所以尊中國嚴外夷也自後各虬賜勑任意往來驛傳勞煩宴賜頻數竭財力以役遠夷計亦左矣

上可言奏十六年甘肅都御史趙載言西域土魯番各國稱王者百五十餘皆非本朝封爵宜改正貢使限以名數至通使胥以色目人為之宜易以漢人無交通生夷心部覆報可萬曆中並來貢其國東西相距千里在哈烈東北三千里東去嘉峪

關九千九百里山川鐵門峽阿术河寵大王白帽婦人以白繒纏首尚回回教有拜天屋青石雕鏤寵精巧經文裹以羊皮書以泥金城市稠密西南番賈多聚焉禁酒以手取食貢物有番梳矮納鎖服腦砂賽蘭珠梧桐鹻銀鼠皮珊瑚樹枝阿思馬亦花珠道哈密南史述鬱金香獨出罽賓國華色正黃而細大似芙蓉又北戶錄稱唐初罽賓國獻俱佛頭花爲中國所無今不聞入貢

沙鹿海牙

沙鹿海牙在撒馬兒罕東五百里城據小岡西北臨山河河名水站勢衝急有浮梁其地南近山三面皆平川居人依崖谷頗繁庶西有大沙洲可二百餘里無水即有水不可飲牛馬飲輒死有臭草根株獨立高尺許枝葉如蓋春生秋死穢氣逼人取生汁熬膏即阿魏也亦有細草以熬膏味如蜜

賽蘭

賽蘭一作賽藍去撒馬兒罕千里在達失干東城周三里有浮圖爲所拜之所四面平原流水環繞草木豐茂五穀蕃殖夏秋間草生黑蜘蛛甚小毒甚嚙人遍體作痛號呼動地土人誦呪禳解以薄荷枝拂毒處又以鮮羊肝遍擦經一晝夜痛息膚如蛻牛馬被傷輒死行人宿必近水避焉元史序薛塔剌海從征賽蘭諸國並以徵立功考會典西夷貢物有賽蘭珠石

達失干

達失干在賽蘭西去撒馬兒罕七百里城據平原甚狹小四面平岡溪流蜿蜒多林木土宜五穀居

民稠密俗朴而饒

渴石

渴石在撒馬兒罕西南二百六十里城據大村周十餘里四面水田東南近山中有園林頗宏麗故酋帖木兒駙馬居也墻壁牕櫺飾以金碧琉璃堂四隅白石柱如玉西行十餘里多奇樹又西三百里大山屹立中有石峽兩壁懸崖如斧劈行二三里出硤口有門石色如鐵夷人指云此鐵門關也元太祖至東印度駐鐵門關有一角獸形如鹿而

馬尾其色綠作人言以問耶律楚材對曰此瑞獸名角端能言四方語好生惡殺帝爲班師葢其地近東印度矣

迭里迷

迭里迷去哈烈二千餘里在撒馬兒罕西南新舊二城相去十餘里王居新城東距阿术河河廣非舟不可渡多魚城内外居民僅数百家孳畜蕃息河東地隷撒馬兒罕河西有蘆林多獅子

卜花兒

卜花兒在撒馬兒罕西七百里城居平川周十餘里市里華庶戶口以萬計地曠衍宜五穀桑麻天氣温和冬不附火蔬菜不絕産布帛絲綿六畜大類中國

養夷

養夷在賽蘭撒馬兒罕亦力把力蒙古諸部落間数相侵掠無寧居惟数百人戍孤城四面皆亂山東北有大溪西流長数百里溪旁頹垣雜榛莽

亦思把罕

亦思把罕廣袤近千里於西南海中爲大國四面皆海西北多山東南皆平沙王居宏麗城亦堅壯産饒俗朴食惟麥穄麥粒巍而甘美少布帛稻黍多馬駝珠珀亦有中國人流寓時貿撒馬兒罕以取給永樂中遣使四十四人來朝貢一云亦思弗罕

荅兒密

荅兒密國在海中不百里人不滿千家板屋有墻壘無城郭産馬駝羊牛布褐交易兼銀錢亦用牛

耕刑以箠朴服屬撒馬兒罕永樂中遣使十八人來朝貢方物　賜大統曆文綺藥茶

失剌思

失剌思永樂間遣使朝貢時遣官以綺幣磁器市馬於迤西撒馬兒罕失剌思諸國宣德中貢使凡八人

納失者罕

納失者罕東去失剌思数日程皆舟行海中其國有山林川澤魚蟲城東平原饒水草可牧馬馬有

數種㲄小者高不過三尺俗重僧所至飲食之頋
尚氣健鬥以不勝爲嗤鄙永樂中遣使十人朝貢

哈烈

哈烈一名黑魯去嘉峪關萬三千里撒馬兒罕西南元駙馬帖木兒之子沙哈魯居焉國人稱速魯檀華言君王也東有俺都准八剌黒諸城並隸其國王石城方十里居平川川廣百里四面大山王並山東北壘石爲屋屋若高臺無棟梁並金碧雕飾牕垣栔如窗列帳重茵錯以綺繡上下相接直呼名王亦然謁見微屈躬道撒力馬力一語握手或相抱爲禮人善走日行可三百里候常燠少雨

市中流水不斷無正朔時日月亦無斗斛用權衡爲量貿易以銀錢三等税十二國用仰給少炊爨飲食無匕箸不祀鬼神祭先於墓所男髡首衣尚白喪易青黒亦無棺槨産巴旦杏鎖服花𣰆金銀銅珊瑚琥珀珠翠馬獅黒白文獸白鹽堅潤如水晶琢磨爲器沃以水和肉食田美多穫農不甚勞每歲更休以完地力宜桑與蚕爲紈綺細密踰中國甆器尤精巧贈予宴會豐厚大抵西域城郭諸國哈烈㝡潰亂無恥然有學舍聚生徒講習經義

省刑薄歛寡訟好施兼務農桑則諸國不建云洪武二十五年遣使詔諭酋長　賜金綺永樂七年夷目麼賚等朝貢十五年吏部員外郎陳誠使其國正統二年指揮哈只等貢馬

俺都淮

俺都淮西南去哈烈千三百里東北去撒馬兒罕如之城在大村中村廣百里城居十一曠衍無險峻土沃人稠稱樂土永樂中嘗遣使朝貢

八剌黑

八剌黑一名八黑在俺都淮東北城居平川周十餘里南近山無險地廣物豐饒西南諸番賈聚焉又八荅黑商其國奉佛浮圖壯麗如王宮永樂間朝貢方物織皮絨罽香木疑即八剌黑

魯迷

魯迷不詳所始或云地屬哈烈嘉靖三年其王遣使自甘肅入貢獅子二西牛一都御史陳九疇以聞給事中鄭一鵬言所獻皆非土性乞就彼犒遣以光聖德杜窺伺不報明年禮部尚書席書奏魯迷不載王會真贋莫辨頃土魯番數侵甘肅而甘州撫夷官于魯迷數内查有夾帶土魯番夷衆其詐甚明請善遣出塞仍治所獲姦諜　詔鎮巡體覈五年復貢命畜獅牛内府仍留熟夷五人飼之貢使頗索加賞云往買瓦剌費且二萬金詔定五年一貢每貢起送十餘人貢物有玉石珊瑚珠金剛鑽花帳子捨列孫皮花瓷湯壺羚羊角瑣服二十三年北虜寇甘州總兵楊信以土官百戶馬能言令魯迷諸國貢夷九十餘人前禦虜寫亦阿力

等九人死焉都御史詹榮以聞
上從兵部議褫信職逮能于理以寫亦阿力死事給棺歛費送歸本國仍諭國王以優卹意

麻林

麻林國未詳永樂十三年獻麒麟禮部尚書呂震請至日率羣臣上表賀
上不許曰往翰林院修五經四書性理大全成欲上表進賀朕則許焉麒麟有何損益其罷賀厚賜遣之

拂菻

拂菻國在嘉峪關外萬餘里按唐史云古大秦也大秦國一名犂鞬居西海西亦云海西國漢時以安息遮　不得達都護班超遣掾甘英使大秦抵條支臨海欲渡安息西界舟人以入海皆齎三歲糧善令人戀慕多死亾英聞亦止桓帝延熹九年大秦王安敦遣使自日南徼外獻犀角象牙瑇瑁始一通焉晉太康中使來貢唐貞觀十七年拂菻王波多力遣使獻赤玻瓈綠金精下詔荅賚其後

臣屬大食開元七年因吐火羅大酋獻獅子羚羊宋元豐四年始通貢鞍馬真珠刀劍元祐六年再至　國朝洪武四年遣其國故民揑古倫賫詔諭之尋遣使朝貢其國地寒土屋無瓦王服紅黃衣以金線織絲布纏首不尚戰鬬州罰罪重者盛以毛囊投諸海鑄金銀爲錢無穿孔面鑿彌勒佛背爲王名禁私造產金銀珠西錦千年棗獨峰駝巴欖然自漢後言大秦宮室皆以水精爲柱珊瑚爲梲琉璃爲墻其土多出明珠大貝駭雞犀夜光璧及火浣布王宮三襲門飾異寶中門有金巨稱作金人立其端屬十二丸率時改一丸落有眩人能發火于顏手爲江湖足墮珠玉有善醫能開腦出蟲愈目眚或織水羊毳野蠶繭爲海西布及氍毹毾㲪罽帳之屬道多猛虎獅子羊種土而生臍屬地介馬擊鼓驚之乃絕乚語多不經或云國西有弱水流沙近西王母所居幾於日所入從條支西渡海曲一萬里葱嶺以西國寬大循海而南與交趾外夷接又水道通益州永昌故永昌出異物

天竺

天竺國一名身毒漢史稱西通大秦在月氏東南數千里臨恒水卑濕暑熱乘象戰脩浮屠道別國數十王並以身毒爲名張騫使大夏見邛竹蜀布云市之身毒武帝遣使十餘輩間出西南指求爲昆明所閉不得通至明帝夢金人以問羣臣或曰西方有神名曰佛長丈六尺而黃金色乃遣使天竺問佛道法併圖像其教始入中國桓帝延熹中頻從日南徼外來獻梁天監初王屈多遣長史竺

羅達奉表獻琉璃唾壺雜香吉貝南史作中天竺其外復有天竺迦毗黎國後魏宣武時南天竺國王婆羅化獻駿馬凡去代三萬一千五百里隋煬帝銳通西域惟天竺拂菻不至唐武德中王尸羅逸多討四天竺皆臣之貞觀十五年遣使獻火珠鬱金菩提樹自稱摩伽陀王後朝貢相繼乾封中五天竺王並來朝獻五天竺其傳在海西南距中國甚遠或曰南天竺瀕海北天竺距雪山東天竺際海與扶南林邑接西天竺與罽賓波斯接中天竺居其會並直葱嶺南有別國數十置王曰舍衛開戶東向開元時南天竺獻五色能言鳥乾元末河隴陷遂絕周廣順三年西天竺僧薩滿多等十六族來貢馬而滄州僧道圓自晉天福中詣西域歷乾德三年還得佛舍利一水晶器貝葉梵經四十夾來獻凡在塗十年住五印度六年五印度即天竺也明年僧行勤等百五十七人詣闕言願至西域求佛書許之開寶後天竺僧數持梵夾來八年東印度王子穰結說囉朝貢天竺法王死太子

襲位餘子皆出家爲僧不復居本國有王子曼殊室利隨中國僧至館於相國寺善持律後附賈人船歸不知所適雍熙中胡僧密坦羅奉北印度王及金剛坐王那爛陀書來自云東行六月至大食國又二月至西州又三月至夏州天聖二年西印度僧獻梵經賜紫方袍大略其國土沃民淳不茹葷宗瞿曇學戒貪嗔婬妷七日一禮拜天每食輒誦經坐臥置天主爲惺惺法王與大臣服錦罽頂爲螺髻剪餘髮下垂鐃鈸鈴螺雜奏爲梵樂男子

髟首穿耳懸瑠跣足服色尚白製如袈裟致詞以
砥足摩踵展敬工天文星曆产犀象貂鼲瑇瑁金
罽火齊金剛鑽與大秦諸國交市火齊如雲母作
紫金色有光耀裂之薄如蟬翼積之則如沙穀重
沓金剛鑽似紫石英可切玉或云以肉投大澗底
飛鳥食肉遺糞得之恒水源出崑崙甘美下有真
鹽色正白如水精始嶺南香山有澳曰濠鏡爲諸
番互市地夷商雜處珍貨充牣易交閩天竺僧渡
海來歷三年達濠鏡諸夷信其法遂奉約束戒行
亦足重云　國朝通貢有榜葛剌

榜葛剌

自蘇門答剌順風二十晝夜至榜葛剌在海西南
或曰西天有五印度國榜葛剌即東印度也從翠
藍島入察地港更小舟行五百里至鎖納兒港有
城池市聚始遵陸抵國可三十五里西通金剛寶
座國曰沼納樸兒乃釋迦得道之所永樂二年國
王靄牙思丁遣使朝貢六年上金葉表九年至太
倉命行人往宴勞之十二年王賽弗丁奉金葉表

來貢麒麟等物正統三年復至其國地廣人稠沃
饒甲於它境王及酋長皆回回人祝髮白布纏首
圓領長衣絲帨皮屨風俗朴厚人好耕殖一歲二
熟賦十二刑笞杖徒流官有印軍有糧陰陽醫卜
百工技藝略備市用銀錢海貝價定打手雖萬金
不改悔別有一種印度不食牛肉飲食男女異處
夫死不改嫁妻亾不再娶孤寡衆輪贍之五嶺山
窊高大氣候恒熱如夏曆有十二月無閏產鑌鐵
翠羽瑠璃桑漆尤廣絲綿製鎗剪絕巧布數種有

濶四五尺者兜羅綿背面皆毳絨厚可五分白樹
皮布膩潤與鹿皮等椰茭爲酒檳榔爲茶波羅蜜
味甘大如斗優人衣黑白花衫縈帨佩珊瑚琥珀
纓絡歌舞侑觴能作百戲以鐵索繫虎行市中入
門解索裸而搏虎交撲數回就繫如故人争以肉
啖虎永樂間使至禮甚厚禁用酒以薔薇露和香
蜜水飲之貢物有織金瑠璃器皿撒哈剌兜羅綿
烏爹泥蘇蝎糖霜之屬

沼納樸兒

沼撲納兒國在印度中郎古佛國也永樂十八年國王亦不剌金数侵榜葛刺遣使齎勑諭之因來
朝貢

黒葛達

黒葛達國小而貧平川廣野多草木禽獸稀少市肆牛羊蕃育用錢鈔交易俗尚佛畏刑宣德中嘗遣使十人朝貢又有白葛達在西海中小國土瘠亦尚佛宣德七年國王遣使朝貢

天方

天方古筠沖地舊名天堂一稱西域自忽魯謨斯四十晝夜至其國乃西海盡處或云從陸路抵中國凡匝歲永樂七年因中使鄭和往使以獅子麒麟來貢宣德中遣其臣沙獻貢方物正德十二年再至嘉靖四年禮部言天方等番國入貢陝西都司稽留半年以上方爲具奏發冊所進玉石多疵惡而夷所私貨皆良請行巡按御史查覈自今無得多帶玉石以擾驛路其方物印封案驗不堪治

都司官罪明年火者馬黒木等入貢禮部主客郎陳九川驗玉稍苛夷有後言鴻臚通事胡士紳修郤訐稱九川索受玉璞
上令逮訊會大學士費宏製玉帶邏騎執舍中兒去宏疏辯係尚書鄧璋酬答與天方前失玉璞輕重不倫温旨慰之而九川竟謫戍十七年天方貢使請遊覽中國禮部奏非例疑有狡心詔絶之初定五年一貢有駝馬鐵角皮黐班兒香諸物萬曆中復至俗辮髪穿白長衫用回回曆較中國前後

差三日風景融和四時皆如春田沃稻饒以馬乳拌飯日落聚爲夜市建寺層次高上如塔月初生拜天號呼稱揚以爲禮有馬高八尺名天馬按杜環經行記大食國士女偉壯閒麗衣裳鮮絜一日五時必禮天堂可容数萬人市開輻凑萬貨豐賤大約與天方國相類成都楊慎謂天方即大食名號攺移海外諸國皆然殆近之矣

默德那

默德那即回回祖國地接天方有城池宮室田園

市肆五穀繁滋大類江淮間初國王謨罕驀德生而神靈西域諸國並臣伏馬尊爲别諳拔爾華言天使也其教以事天爲本而無像日每西向拜天有佛經三十藏凡三千六百餘卷書兼篆草楷西洋諸國皆用之隋開皇中始傳入中國尤精星曆亦鮮醫藥音樂織文雕縷器具精巧洪武元年攺太史院爲司天監又置回回司天監二年詔徵元回回曆官鄭阿黒等十一人赴京議曆法占天象給廩賜服有差宣德中國王遣使隨天方國朝貢

正德中回回人于永進秘方得幸拜錦衣衛都指揮同知而御馬監西海子設養虎回夷三名嘉靖登極以給事中鄭一鵬疏屏之并歸甘州所簡進回回女你兒干等奸夷于永竟庾死籍其家今國人多附舶香山濠鏡澳貿易其人善鑒識每於賈胡海市中廉得奇琛故稱識寶曰回回而種類散處南北爲色目人甚夥並窅目胡鼻用白布纏首寄居哈密者尤勁悍俗以密爲酒以牛爲菜好歌舞夫婦配合必取水淋沐親死用布囊屍入棺鼓

樂導至墓去棺底掩以土妻子至以水潑之祈速朽爲孝蓋近墨氏之流非同類殺不食禁食豕肉相傳其始驢豕交媾而生不敢破戒奉其教者行賫居送千里不持糧云

阿速

阿速在西海中爲大國城倚山面川川南流入海凉暄適節有魚鹽耕牧之利俗尊鬼好施惡爭鬭亦饒物産鮮饑寒寇盜聚落多撒馬兒罕天方諸國人永樂中嘗遣使百十二人來朝貢

沙哈魯

沙哈魯在阿速西南海島中山川環抱居民旅處村落畜産孳息王及酋長城居瓦屋佉佛趾閩俗號淳直西域賈胡來市海中得奇貨不惜酬数倍沙哈魯人不識也永樂間遣使朝貢凡七十七人或曰即古投和國唐貞觀中嘗入貢

火剌札

火剌札國頗微弱四圍皆山鮮草木水流曲折亦無魚蝦城僅里許多板屋俗尚佛喜中國磁器針

線永樂十四年嘗朝貢

吃力麻兒

吃力麻兒山甲水淺西南傍海東北林莽多毒蟲猛獸得中國雄黃麝香磁器甚喜不事耕農好射獵有逵巷無市肆交易無期用銅錢永樂中嘗使十一人來朝貢方物惟獸皮鳥羽罽褐之屬或曰即俺力麻國

敏真誠

敏真誠國亦大多高山深水縛木爲渡以日中市諸賈畢集見中國磁漆器爭欲得之産駝馬異香永樂中國王遣四十人來朝貢

白松虎兒

白松虎兒舊名速麻里兒國中無大山亦鮮林木無猛獸毒蟲之害先是嘗有白虎出松林中不傷人畜旬月後不復見國人以爲神虎父老曰此西方白虎降精因更其國號白松虎兒永樂中使十六人來貢

加異勒

加異勒西戎小種居人不及千家貧窶常傭食鄰國永樂中王者麻里奈那遣使貢方物宣德間再朝貢

會典載西域朝貢經略者三十八國

哈烈　哈三

哈烈兒沙的蠻　哈失哈兒

哈的蘭　賽蘭

掃蘭　亦力把力（又云別失八里）

也克力　把丹砂

把力黒　俺力麻

脫忽麻　察力失

斡失　卜哈剌

怕剌　失剌思

你沙兀兒　克失迭兒

帖必力思　果撒思

火壇　火占

苦先　沙六海牙

牙昔　牙兒干

戎　白

兀倫　阿速

阿端　耶思成

坤城　捨黒

擺音　克癿

右諸國貢期或三年或五年起送不過三十五人今國俗多不可攷又永樂中遣使朝貢有日落國

論曰西域遠在天末自可存而不論而叩關來王匪干戈是尋而共球是飭亦可覘　國家威賓之盛矣唯是賈胡借端漁利所在繹騷不無詡虛名而受重困而夷德無厭如土魯番之吞噬哈密作盟乍寒玩我股掌寖假不可復問所貴謹華夷之界而縻以戎索無使生心窺隙治以不治乃王者駕馭戎狄之畧也

皇明象胥錄八

歸安茅瑞徵伯符撰

西番

西番古吐蕃地本羌屬按漢史西羌出自三苗國近南岳及舜徙之三危河關以西濱於賜支至乎河首綿地千里賜支者禹貢所謂析支也南接蜀漢徼外蠻夷西北鄯善車師諸國逐水草產牧氏族無定以父名母姓爲種號强則分種稱酋豪其兵長在山谷果於觸突以戰死爲吉耐寒苦得西方金行之氣焉自商武丁征西戎鬼方三年乃克詩稱自彼氐羌莫敢不來王周武王伐商羌髳率師會牧野而平王末戎逼諸夏其後陸渾稱子大荔義渠稱王秦滅義渠置隴西北地上郡而蒙恬築長城西逐諸戎自是羌不復南度漢初羌中研種留何率種人求守隴西塞武帝北卻匈奴度河湟築令居始開河西列置四郡通道玉關隔絕羌胡亭障出長城外數千里置護羌校尉羌乃去湟中依西海鹽池漢因河爲塞稍徙人實河西而先零種於宣帝時遂度湟水至冦金城後將軍趙充國以威信招降罕幵罷騎兵屯田卒破定之研十三世孫燒當最豪健和帝時隃麋相曹鳳上言建武以來犯法常從燒當種起以居大小榆谷地肥美又近塞內諸種易以爲非寇及其衰困遠依發羌建復西海郡縣規固二榆廣設屯田隔塞羌胡交關之路於是拜鳳金城西部都尉列屯夾河其功垂立安帝永初元年發金城隴西漢陽羌征西域羌懼遠屯奔潰西出塞斷隴道前役亦罷而當煎勒姐種至攻沒破羌縣入冦河內十餘年間軍旅之費二百四十餘億幷涼二州遂至虛耗羌屬支分凡百有五十餘種散處河湟洮岷間而發羌唐旄等絕遠未始通中國至吐蕃祖鶻提勃悉野居析支水西稍幷諸羌或曰南凉禿髮利鹿孤後有樊尼者西濟河逾積石居跋布川或邏娑川以禿髮爲國號訛曰吐蕃其俗謂彊雄曰贊丈夫曰普同號君長曰贊普及弄贊益强西域諸國共臣之唐貞觀中得請婚公主襲華風稱甥舅國咸亨

元年遂滅吐谷渾有其地東接松茂南極婆羅門西取四鎮北抵突厥幅員餘萬里安祿山叛吐蕃閒邊候空虛盡取隴右蘭河鄯洮等州入奉天長安陷北庭都護府宣宗後其國内亂河湟復歸而吐蕃族種分散大者數千家小者百十家無復統一自儀渭涇原環慶及鎮戎秦州暨于靈夏各有首領内屬曰熟戶餘謂之生戶太平興國九年秦州蕃部以羊馬獻用茶絹荅其直咸平四年西凉府六合都首領潘羅支願討李繼遷頃之貢馬五

千匹詔厚給馬價別賜綵百匹茶百斤以羅支爲朔方軍節度六年繼遷攻西凉府羅支僞降集諸豪及者龍族合擊繼遷中流矢死來獻捷會修洪元大雲寺賜金箔物綵而羅支尋遇害宅種唃厮囉寖强以奇計破元昊併羅支舊部居鄯州西仁宗時累加恩兼保順河西節度使子董氈進封武威郡王而瞎氈子木征據河州王韶進破訶諾木藏城穿露骨山力戰破之熙寧七年征舉洮河二州降賜姓名趙思忠宕洮疊三州羌皆以城附自

唃厮囉既衰諸砦羌族納質者凡七百五十六帳元始郡縣其地於河州置土蕃宣慰司都元帥府又於四川徼外置碉門魚通黎雅長河西等處宣撫司而朶甘思烏思藏各設官有差已又尊番僧八思巴大寶法王帝師弟子號司空司徒國公佩金玉印者相望洪武二年　詔諭吐蕃未至復遣陝西行省員外郎許允德諭降會番衆寇臨洮守將韋正禦之以河氷未合師不得濟正祝天有頃河氷如巨屋自上流下風隨之氷合渡河擣擊番

衆大驚降附六年令各族酋長舉故官授職因俗爲治以元攝帝師喃加巴藏卜爲熾盛佛寶國師給玉印置烏思藏朶甘二指揮使司及宣慰司招討司元帥府萬戶府官元國公南哥思丹八亦監藏等爲都指揮同知宣慰使元帥招討等官領之七年陞烏思藏朶甘爲都指揮使司置西安行都指揮使司于河州以韋正爲使統二番司復封烏思藏番僧爲闡敎王闡化王輔敎王贊善王統化番民及封護敎王大乘法王大寶法王先後凡七

王給銀印令比歲或間歲朝貢是秋西番獻葡萄酒
上謂中書省臣曰元造此酒勞民豈宜効之且朕性不善飲中國亦自有秫米供釀卻弗復進仍賜酋長文綺襲衣八年以西番地産馬而所用泉貨與中國異自更錢幣馬至者少命中使趙成以羅綺綾帛并巴茶往河州市之諭守將善撫循通互市番酋感悦山後歸德等州諸部落並以馬赴市十年川藏族殺使者韃哥瑣南等命衛國公鄧愈

爲征西將軍別以沐英討川藏師分三道覆其巢窮追至崑崙山俘男女萬餘馬牛羊十三萬有奇十一年以西番屢寇邊命西平侯沐英充征西將軍將京衛及河南山陝官軍討之十二年命曹國公李文忠往河州岷州臨洮鞏昌等處整理城隍洮州十八族番酋三副使汪舒朶兒癭嗉子阿卜商等叛據納降七站以征西將軍移兵往擊敕文忠英等曰四月庚申日交暈在參分主戰鬭巳未太白見東方至於甲子順行而西西征大利宜順天時追擊番寇英等兵至洮州賊皆遁斬叛逆土官阿昌失納等遂於東籠山南川築城戍守疏聞
上曰洮州爲西番門戶今城守扼其喉矣命置洮州衛英等兵進擊擒三副使鹵獲人畜甚衆十五年敕松州衛指揮耿忠令番人計戶出馬充賦二十年禁番使闌出麻鐵二十五年建昌衛指揮使月魯帖木兒等叛命凉國公藍玉往討誘執之送京師伏誅玉因奏四川地曠山險控扼西番頃歲蠻夷梗化由軍衛少而備禦寡也宜增置屯衛於

順慶府鎮巴梁大竹諸縣其保寧千戶所北通連雲棧宜改爲衛漢州漢縣西連松茂碉黎當西番出入地眉州控制馬瑚建昌嘉定接山都長九寨俱爲要害皆宜增置軍衛長河西朶甘百夷地連屬恃其險遠久不入貢請兵致討
上報百姓供輸煩擾又藉壯者爲兵其何以堪戍守有成規無增益重困吾民長河西諸夷徐議大舉遂班師三十年於陝西洮河二州立茶馬司聽吐番納馬易茶令茶戶私鬻者藉其茶私茶出境

及開監不覺察罪皆死又以邊吏或假朝旨横索
番馬製金牌信符命曹國公李景信賫往求吐番
令各番族認辦馬課别置一牌藏大内每三年遣
使賫出比驗相合收馬給茶以杜奸欺是歲景隆
用茶五千餘斤得馬一萬三千五百餘匹分給京
衛騎士又令禮部檄長河西打煎爐番酋責以納
馬脩貢諸番稽首奉約茶法大行永樂元年　賜
番酋及國師金幣定來朝賞格三年四川布政司
言諸番以馬易茶例禁夾帶今番商往往易茶及

以它物易布帛
上謂互市以資國用來遠人其聽之又諭兵部榜
示西番馬至必與佳茶有謬欺者巡按御史以聞
四年迎番僧尚師哈立麻至京師封大寶法王宴
賜甚厚五年遣指揮劉昭等往西番置驛通使撫
諭軍民昭還遇番賊刼掠率衆攻敗之洪熙時曲
先安定二衛酋邀殺中使指揮朱英聲討以番兵
從諭功進國師死卜格剌思巴等秩給誥命銀印
宣德元年遣中使侯顯等使諸番歴三歲始歸六

年都督陳懷等討松藩番冦平之九年闡化王貢
使乩藏等以賜物易茶至臨洮没入留乩藏請命
上給茶釋還初諸番脩貢輒阻于生番正統四年
松藩守將趙得遣諭因相率來貢凡八百二十九
寨而指揮趙諒脩郄番僧商巴誘執之掠其貲其
弟率衆入犯都御史王翶廉其枉出商巴獄中具
以聞諒伏誅復命商巴爲國師十四年　詔停西
番金牌歳遣行人四員視茶政景泰間西番三十
一處並朝貢求服獨董卜韓胡都指揮使克羅俄

監粲稍黠悖　詔譲之天順五年番冦凉州圍都
督毛忠勢鋭甚總兵宜城伯衛穎戰郤之八年西
寧番酋把沙作亂頴與巡撫都御史吳琛將中軍
督甘凉蘭肇諸衛所官軍三萬五千人分五路進
擊追至駱駝山俘斬千七百餘先是番僧入貢不
過三四十人景泰以後遞增賜予不貲所至煩費
成化初禮臣以爲言令烏思藏番僧三歳一貢亾
何番僧劄實巴等以秘密法進
天子愛幸之法王封號至累數十字道從用執金

吾伎寵錫番濯其徒玉食錦衣無慮數千人矣五年彗星見給事中魏元等請革去法王等號給事中丘弘亦劾其妄乞寺田佃戶命戶部覈實予民七年兵部請收茶易馬如巡撫都御史馬文升議令陝西布政司將庫貯茶課等銀遣官領送河南湖廣市茶運赴西寧等茶馬司收貯移文所司市易番馬俵給甘凉固原靖虜慶陽等衛缺馬官軍騎操報可九年岷州番入寇十七年始定例闡化闡教輔教三王從四川贊善王從陝西各布政司

比照勘合并齋印信番文咨本方許入貢貢各百人多無過百五十大乘大寶二法王止許十人隨四王貢使入京十九年以都御史阮勤言歲運四川茶十萬斤至陝給賜番僧是歲西番滿松族反侵內地都御史馬文升討之斬八十三級二十四年罷行人巡茶以御史一員領　勅專理西番茶馬事自景泰後茶政寖弛番馬多不至弘治十七年命巡撫都御史楊一清督理茶馬一清請復金牌信符舊制疏曰臣考前代自唐世回紇入貢已

以馬易茶至宋熙寧間行之所謂摘山之產易廐之良無害而有利我朝納馬謂之差發如田之有賦身之有庸彼既納馬而酬以茶則我體既尊彼欲亦遂較之前代互市交易得失較然蓋西番爲中國籓籬久矣漢武帝表河西列四郡斷匈奴右臂今金城之西綿亘數千里北有狄南有羌狄終不敢越羌而南以羌爲世讐恐議其後也夫羌夷本非孝子順孫徒以資茶于我絕之則病且死以是羈縻之此制西番以控北虜之上策前代略焉

而我朝獨得者自金牌制廢私販盛行雖有巡茶之官卒莫能禁坐失重利垂六十年豈惟邊方乏騎乘遠夷無復仰給意外之憂或從此啟沓得洮河西寧三衛番族應金牌四十一面差發馬一萬四千五十一匹內府收貯每三年一次遣廷臣賫收馬給茶後因邊方多事停止歷年滋久如曲先阿端諸衛邈不相通誠恐數十年後雖近番不復知有茶馬矣伏乞申明舊制昭示番族使知朝廷脩復信符各供差發其番官指揮千百戶鎮撫驛

丞等官久不襲替亦令查出奏請就彼各襲原職
以為統領有願將馬易茶者聽敢有不受約束量
調番漢官兵誅勦以警其餘奏上　詔議行之時
番部中董卜韓胡雅慕文教奏請中朝書籍兵部
尚書余子俊疏稱成都府志方輿勝覽二書並載
扼塞不可與餘量加頒賜正德初烏思藏僧綽吉
我些兒以術得幸出入禁中請授其徒二人為國
師還居烏思藏如大乘法王例入貢禮部言烏思
藏遠在西方性極頑獷雖設四王撫化其來貢必

為之節制令無患邊而已今無故遣僧往萬一詐
誘羌胡妄有求請反生事端不聽頃之遣中使入
番迎佛尚書毛紀及臺省連章諫止亦不允是時
北虜亦不剌逋居西海蠶食諸番識者慮其勾結
深入如前代吐蕃吐谷渾言官請屯兵青海絕羌
虜連和徵輸調發幾無寧歲而
上方好佛自名大慶法王番僧奏討腴田百頃為
大慶法王下院書並　聖旨禮部尚書傅珪佯不
知執奏執為大慶法王者敢並至尊大不敬　詔

勿問而亦竟止十年調朔方勁兵勦海虜避走松
潘旋歸故巢費以萬計迄無成功嘉靖元年西番
反鎮守都督鄭卿討之不能克自是歲恣入境四
年建昌鹽井寧番等處各番縱劫兵備副使胡東
皐進兵撫勦各降附八年洮岷屬番頻入鞏昌隴
右騷動總督尚書王瓊討候彼入即引大兵搗巢
羌人頗畏及秋防套虜赴花馬池番遂乘虛深入
臨洮鞏昌兵部尚書李承勛言西番為冦皆因茶
禁久弛處置失宜故相挺而起且問番衆為海虜

亦不剌所侵日益內徙將來羌狄交通何以善後
昔漢趙充國不戰而服羌段熲殺羌百萬而軍與
煩費內地虛耗兩者相去懸矣乞廣宣帝之明專
充國之任制馭方略悉聽瓊便宜區處從之瓊集
衆議且撫且勦先遣都督劉文遊擊彭械分布明
年二月自固原進兵至洮岷開諭諸番禍福洮州
東路木舍等三十一族西路答祿失等十三族岷
州西寧溝等十五族皆聽撫給白旗犒賞遣歸唯
岷州東路若籠族西路板爾等十一族岷州刺郎

等五族恃險不聽三月分兵攻若籠板爾二族蕩其巢剌卿等族震慴聽命凡撫定七十四族斬級三百六十餘諸蕃復定十四年岷州番僧劄失祿竹據董卜韓胡例量請自買食茶十五年烏思藏輔教等王入貢番僧多至三千餘人長河西等宣慰司多至千餘人

上以起送太濫令廵按御史查糾正罪十九年雜谷安撫司剌麻僧都綱定日藏等違例入四川求貢

上以故事空道嘉峪諭行查覈是時金牌爲海虜所掠並散失二十年海虜卜兒孩獻金牌馬匹納欵兵部尚書張瓚等請命本鎮偵察情實兼令廵茶御史覈金牌所自以聞二十三年甘肅廵邊番夷攻刼莊寨督撫疏撫剿互異下兵部議尚書毛伯温言番夷梗化宜陳兵固守宣布威德令知悔禍獻首惡以贖如其怙終法宜追勦無與同悞事

上從之明年始設岷州二十五年四川白草番攻陷平番堡明年廵撫都御史張時徹及副總兵何卿會勦定其亂并討平馬玀番鑾賜金幣二十八年總督尚書王以旂及御史劉崙請復金牌勘合兵部議自諸番困於海虜漸徙内地不復貢符比號番族多詐虜掠無已給而復失　國體反傷惟嚴禁茶闌出雖無金牌馬將自集請給勘合如成化例報可初威州保縣金川等番僧三歲一貢漸至五百五十人三十六年禮部據會典裁百五十至四十年來貢該寺演化禪師遣都綱郎哈等執稱永樂間勅本寺貢方物百五十分其都綱恭葛剌等寨各認守山隘請如前額守臣以聞令郎哈

等百五十人赴京餘留境上胥命部議百五十人照會典給全賞餘衆旣各認守分地亦准給各綵絹二疋許之是歲以岷州建治後民逬俗散番夷狎習世官仍屬岷州衛經歷司兼理添設鞏昌府判一員蒞焉其冬以闡化王方物粗惡不以國師領貢招討司宣慰部落不附貢並裁賞申諭邊臣爾後番貢違式者無輒驗入四十一年增設茶馬司於甘州招番易馬明年烏思藏闡化諸王請封

上以故事遣京寺番僧達丹班麻等二十二人爲
正副使通事序班朱廷對監之班麻等在塗騷擾
廷對歸白其狀禮部議自後請封即以誥勑付來
使或下附近藩司選僧賫賜從之諸藏不遣番僧
自此始王璦巳定諸番亦卜剌㝷爲虜收復西鄙
稍寧隆慶末虜俺答旣受欵詭以迎佛爲名留丙
兎等十五部駐牧西海呑噬日甚總督尚書王崇
古遣番官馬你卜剌赴虜傳教戒紀諭河西各酋
無搶番虜益萶寺焚脩萬曆二年丙兎台吉圖嚙

河州歸德以千餘騎入掠黒占亦番族數馳西石
硤紅帽各番陰附虜從奎西來嘉峪日衆而下沙
麻生番及洮州列咂族恣掠臨洮衛明年總督侍
郎石茂華檄總兵孫國臣掩勦焚其穴六年始改
洮岷叅將爲副總兵虜俺答西赴海上謁烏思藏
僧瑣南堅叅與其徒星吉藏卜而丙兎掠甘藏等
族越黃河移牧莽剌川求茶市洮西固原洮河始
苦虜八年丙兎糾永邵卜等再掠楊咎族以俺答
譙責歸海上而虜掄番得志東套諸酋積逐爭利

無虛歲火落赤遂據牧水塘湖十年虜連掠日羔
河東把力諸番族十三年松茂諸番構亂突犯平
夷堡明年圍蒲江關都御史徐元太調土司兵擊
定之而火落赤從沙塘川入內地傷屬番五百餘
十五年遂來西寧收紅帽番族撲搶南川會歹言
黃台吉威正恰以搶番中流矢死鋒稍挫十六年
遂同永邵卜南掠歸德番族而海虜尾剌他卜囊
往掠擺羊絨生番副總兵李魁追至南川創死十
八年火落赤糾威正等掠番至舊洮州會虜王揹

力克西收丙兎部誘渡緯遜河張其勢副總兵李
聯芳等並陣歿西陲震動
上特命尚書鄭洛以右都御史經畧兼制七鎮火
落赤再移莽剌川明年洛屯蘭州首諭招番驅虜
揹力克因移帳東歸火落赤旣失援而西寧肅州
各道調集瞿曇等四十八族幷國師禪師播告
朝廷威德共招番八萬三百有奇虜勢益孤十月
發兵出青海焚仰華寺總兵尤繼先統洮河延固
兵直抵莽捏西川搜勦不見一虜洛乃歸報終始

以招番爲完策二十二年火落赤復掠歸德番族逼河州明年始設臨洮總兵九月海虜永邵卜等攻剌卜爾族叅將達雲遮擊大破之昝市申中各族出精兵三千協助因追叙經略鄭洛招番功二十六年臨階副總兵孫尚賢討遭屬番香藏族入虜營招番族脫脫胡班麻爾卜等來降認中馬二十八年海虜三千餘從紅崖掠番族番走匿林薄遊擊柴國柱追至雪打班迤南多奪獲三十二年火落赤從山後透擺羊絨掠生番三十九年隆卜

雙善二番族各投番文請復中馬額四十一年火落赤以黃番紅宛卜等爲導入白石崖四十三年烏思藏以比歲旱饑願六年并貢與女直併援永樂時賜長河西經藏例請賜經弘化寺部覆許之長河西宣慰司亦請如闡教等王量給茶價　詔不許按今西番地爲都指揮使司二曰烏思藏曰朶甘爲指揮使司一曰隴答爲宣慰使司三曰朶甘曰董卜韓胡曰長河西魚通寧遠爲招討司六曰朶甘思曰朶甘隴答曰朶甘丹曰朶甘倉溏曰

朶甘川曰磨兒勘爲萬戸府四曰沙兒可曰乃竹曰羅思端曰別思麻爲千戸所十七曰朶甘思曰剌宗曰孛里加曰長河西曰多八三孫曰加八曰兆日曰納竹曰倫答曰果由曰沙里可哈忽的曰孛里加思曰撒里土兒曰參卜郎曰剌錯牙曰泄里壩曰潤則魯孫並洪武初置其後增設招討司有曰直管安撫司有曰別思寨曰雜谷曰長寧長官司有曰雜道曰達思蠻又有加渴瓦寺金川寺韓胡碉怯列寺番僧有封灌頂國師者自洮岷階

文西固南達松茂族種甚繁在階文者名武都羌在洮者吐谷渾羌而松茂間東西阻河列砦四十有八殆不勝紀焉始生番出歿如風雨而屬番納馬中茶頗馴服後寖通生番剽刼自虜據西海起松山及莽剌彌望皆虜反出番南番不堪虜私饋皮幣曰手信歲時加送曰添巴至充部落嚮導番虜一家藩籬盡撤亦大煩經制矣風俗大抵朴魯君臣爲友上下一心食酪衣氊居毳帳間用板屋或壘石巢居如浮屠以梯上下人居其中上貨下

畜高十餘丈謂之碉房甲者二三丈名雞籠音樂尚琴瑟好狠鬬務耕牧貴壯賤弱尊釋信詛重利懷恩喜啖生物能耐饑寒亦天性也喈文番據層崖深箐食稗豆跳躍如獮猴相傳番人無腓易奔以憑險不畜騎洮番甲馬頗整即面中一二鎗挺立不撓衣多用氆氌紅綠緣飾戰屍以埋奴爲大誓鑿阬露其首居恒據險發冷箭擂石截軍餉日就關堡索飲見煙燬起即蟻聚攢食日和番每執堡軍爲質山川大者崑崙山可跋海黃河折支湟

水物產珎異有犛牛名馬羱羊天鼠皮獨峰駝而仰給中國茶麝香爲命無茶則發腫病且死無麝香則苦蛇蠱殘麥禾故自昔以閉關絕貢可制西番貢物多畫佛銅佛銅塔舍利足力麻鐵力麻氆氌珊瑚犀角左髻毛纓酥油刀劍遮甲麻衣道川陝其長河西朶甘思等並由雅州入境每渝約多人且不如期隆慶三年著令各三年一貢赴京多者八人以次遞減至四人餘各留邊候賞而賞額每處多者千餘人少不下百人所費不貲率奸商積猾冒誥勑混索金繒且往來互販以漁利所貢獻亦殊不成享廟堂雅知其敝卒不能禁而別種

在雲南鐵橋北名古宗一云細腰番

高皇帝既下雲南裂吐蕃爲二十三支分屬郡邑轄以土官府則麗江永寧州則北勝蒗蕖等各控制之皆効順惟我順指永寧所轄外有所謂野西番者稍不易制古宗種鴂舌辮髮短裳用氂牛或羊毛撚線爲之婦人用青白磁珠與硨磲相間懸于項或以松膏澤髮成縷下垂俗大近西番云

論曰羌部散處其强不能當虜而與虜合則彼遂得借以樹敵撤我藩籬故招番以扞虜自隆萬後始煩規畫洮河間每苦脊脊多事而虜猶不得遽收爲用以　中朝先後經制尚足以縻其心也虜搶番之徑既開而轉與羌習吾曾不能制羌死命而聽虜挾羌爲市蠶食日深將鴟張日甚策莫若嚴假道之禁以携羌虜之交是在邊臣早爲綢繆地耳若乃法王佛子藉口壤奠厚往薄來無惜小費而妨大計則廟堂久有成模矣

兀良哈

兀良哈本東胡遺種其地西連開平在烏龍江南漁陽塞北春秋時屬山戎秦爲遼西郡北境漢初匈奴冒頓滅東胡走保烏桓山至武帝因徙烏桓於上谷漁陽左北平遼東五郡塞外伺察匈奴置護烏桓校尉監領之而東胡支姓别依鮮卑亦因以爲號曹操北征烏桓繇盧龍越白檀涉鮮卑庭俘降者十餘萬後東部鮮卑宇文别族破於慕容晃竄匿松漠間元魏時復居鮮卑故地號庫莫奚

歲致名馬文皮俗同突厥好寇刦至隋去庫莫曰奚唐貞觀中奚長可度內附置饒樂都督府尋叛服不常安祿山節度范陽盛飾俘詭邊功咸通後契丹方強奚畢部役屬其酋去諸以數千帳保嬀州北山自别爲西奚而東奚駐琵琶州及石晉割幽州雁門以北入契丹東西奚遂併隷焉遼城故奚王牙帳地實以漢戶號中京大定府金因之元初爲北京路總管府至元中改大寧路　國初割錦義建利諸州隷遼東置都司於古惠州領營興等衛所二十餘所謂北平行都司也洪武十四年封子權於大寧爲寧王時宋國公馮勝征納哈出上諭據大寧塞列戍控制遂築大寧寬河會州富峪四城每出師留重兵居守卒破降納哈出二十年設行都司明年故元宗室遼王阿扎失里及朶顔諸酋願內附二十二年詔於潢水北兀良哈地分三衛居之自錦義度遼河至白雲山曰泰寧衛以阿扎失里爲指揮使塔賓帖木兒爲同知自黃泥窪踰瀋陽鐵嶺至開原曰福餘衛以海撒男答

爲指揮同知自廣寧前屯歷喜峰近宣府曰朶顔衛以脫魯忽察兒爲指揮同知並給印俾鈴束部落爲東北外藩靖難兵起從劉家口襲大寧盡挾諸軍召兀良哈諸酋長以三衛胡騎挾寧王入松亭關事平詔三衛奉職偵虜如
高皇帝時官其酋爲都督都指揮餘以次授秩賜勑歷襲令歲再貢駝馬由喜峰口驗勑入衛無過百人會徙寧王南昌改北平行都司爲大寧都司移保定大寧地虛三衛因頗竊據出没塞下永

樂三年福餘衛請鬻馬令於廣寧開原互市九年
以三衛爲本雅失里所脅掠我邊卒又遣苦列兒
等給云市馬行窺伺命指揮木答哈等諭還所掠
仍納馬三千匹贖罪比馬至償以布又許以馬易
糧上馬至十五石絹三疋後以邊困議裁馬直得
布絹半給而三衛名雖就中國且陰導虜二十年
上北征阿魯台旋師夜召諸將諭曰虜敢爲悖逆
以兀良哈羽翼也當分兵翦之遂簡步騎五萬分
五道往而身率大軍邀其西師次屈裂兒河虜數

萬驅牛馬西奔陷澤中麾騎兵前擊斬級數百虜
自相蹂藉死無算
上垂高瞭虜復聚遂張左右翼嚴陣夾攻令甲士
持神機弩伏深林戒冦至乃發須虜突而左左師
馳之悉林中中伏驚潰死傷略盡追奔三十餘里
蕩其巢還以勦兀良哈捷頒詔天下自是三衛稍
創自戢宣德元年朶顔衛指揮哈剌哈孫等朝貢
不至武進伯朱榮鎮遼東請掩擊之勑榮整兵愼
防無乚　較三年秋

上親歷諸關駐蹕石門驛守將奏兀良哈萬衆盜
邊已入大寧經會州將及寬河諸將請益徵兵
上曰孽虜無能爲也朕以鐵騎三千出其不意成
擒必矣遂決策親征簡士三千人人二騎持十日
粮夜銜枚出喜峰口馳四十里昧爽至寬河距虜
營二十里虜望見以爲乘障卒悉衆前
上麾鐵騎分兩翼進親射其前鋒殪三人飛矢雨
集神機銃叠發虜潰走睹黃龍旗大驚羅拜請降
並生縛之斬其酋命諸將窮搜虜穴忠勇王金忠

以故韃靼名王子及其甥都督把台請自效或寄
言　上虜其類也往必不反
上竟遣之忠與把台果大獲來歸
上飲以金爵遂輟賜顧謂侍臣王者室推誠待人
漢用金日磾庸不足法耶初
高皇帝克元上都設開平衛戍守東接大寧古北
口西接獨石各置驛四自大寧既棄開平勢孤五
年城獨石并徙開平衛凡棄地三百里自是盡失
龍岡灤河之險邊陲斗絕益騷然矣六年詔蠲三

衛罪予自新以泰寧衛印奪于虜明年更給是歲阿魯台敗兀良哈遂徙牧遼東塞九年乇剌脫懽攻殺阿魯台併諸部勢寖强因通兀良哈正統元年福餘失印更給如泰寧例而脫懽遣使貢通兀良哈及女直潛伺屢諭不悛三年春其酋阿魯歹等以五百騎掠薊州獨石守將楊洪邀擊西凉亭生擒百戶乞麻里等奪所掠命集兀良哈使臣僇之市因諭都指揮安出等縛首惡獻明年夏三衛酋歹都等怨賞薄互市失利非

文皇帝故事因陛辭敕諭之其秋楊洪復破其騎五百于白塔兒　璽書褒賞五年貢使易農具歸見阻關吏爲言

上聽給予明年福餘部脫火赤完哈等佯射獵掠邊被獲明年復掠遼東守將曹義擒其酋孛台並磔之是時以都御史王翱督遼東軍務自山海抵開元斥堠相望謹備虜及三衛八年兀良哈諸部侵東北開索鹽米始於喜峯密雲設都督及都指揮鎮守驗貢然多不過百餘騎九年以三衛聚犯

詔發兵二十萬分四道成國公朱勇出喜峯口左都督馬諒出界嶺口興安伯徐亨出劉家口左都督陳懷出古北口踰灤江渡柳河經大小興州過神樹破福餘於全寧復破泰寧朶顏於虎頭山鹵獲萬計而都督同知楊洪出黑山俘斬安出部各論功加秩三衛從是寖衰然怨我遂刺骨因糾脫懽子也先入寇爲之鄉導矣十二年春都御史王翱同總兵曹義廵塞外抵廣寧兀良哈伏林中義擊敗之十四年三月福餘泰寧共潛結也先入寇

朶顏獨扼險不從也先至不能入大掠二衛人畜去其秋旋與虜合土木北狩命都御史鄒來學經略京東并設叅將總兵罷朶顏三衛互市景泰二年復議予貢當關驗放伴入然三衛常竄名北虜使中窺我過北使厚不無心望且結婚逓北挾爲重稍用侵軼盡沒遼河東西三坌河北故地薊遼多事自此始也四年兵部尚書于謙言三衛使疊至頗爲虜間宜令邊臣嚴備因條上防禦諸事

詔是後使至伴二三人入京餘不得輙入關五年

泰寧衛都督僉事革干帖木兒乞大寧廢城及甲
盾尚書謙持不可
帝重絕三衛懽遣譯者語大寧城逼近塞不便馳
獵又炎暑多生疫其甲盾須寇至乃給六年及朶
顏諸酋朝乞耕地及犂鏵種糧　詔予糧三十石
亡何入邊參政葉盛督師卻之天順三年虜酋孛
來謀掠三衛諭革干帖木兒申儆進左都督明年
死以其子脫脫孛羅襲父都督僉事時三衛多與
孛來通貢使浮額自景泰末業從獨石萬全右衛

闌入至是隨孛來使者走雲中成化元年孛來爲
請賞勑諭四方貢使賞有成額三衛曩朝貢從東
路喜峰口今朶顏都督朶羅干等擅易貢道希混
賞　朝廷照例分別又何誅焉是歲寇邊遣都督
李鐸往諭至泰寧還兵部以奉使無狀請逮治
詔貸之泰寧衛酋請市牛及農具塞下并乞賜蟒
上諭蟒衣勿與宅聽與民交易朶顏三衛各酋因
請職事兵部覆未有成勞例無陞授不許二年迤
北瓦剌遣使貢馬挾三衛從喜峰口入　詔待以

三衛禮勑其酋阿失帖木兒無糾朶顏妄更貢道
三年海西女直偵報北虜毛里孩逼朶顏三衛聲
搶遼東勑遼薊宣大守臣嚴備四年及毛里孩侵
天城遣都督李譯詰之五年諭三衛常貢外無進
海東青兎鶻十二年勾虜亂加思蘭謀寇十四年
三衛酋乘巨璫汪直與兵部侍郎馬文升爭女直
異同請開市二十年三衛酋復請改貢道從開原
兵部援例議格先是自天順後虜酋潛結三衛蹂
躪中朝因羈縻不絕誘致之亦不敢大爲寇弘治

二年兵部尚書馬文升奏往歲三衛盜虜馬經大
同宣府報虜老營令兩鎮經年不報疑彼此相通
乞於團營選馬步三千赴永平再三千赴密雲防
禦及會兩鎮巡撫三年秋喜峰口出哨軍士撲殺
夷人十年燒荒出塞掩殺邊釁遂啓十一年冬朶
顏入寇兵部尚書馬文升議檄守臣分據要害相
機勦殺其貢夷令通事傳語利害歸與酋長約束
仍請勑三道切責三衛酋長並從之十七年朶顏
勾小王子入寇

上御煖閣召大學士劉健等議遏虜大學士李東陽言虜與朶顔通潮河川古北口距 京師一日而近宜固根本無遠出師自疲

上深然之時朶顔部落益蕃屢侵盜而諸部獨花當以完者帖木兒裔種寖貴花當次子把兒孫驍勇敢深入兼結婚小王子爲中國患滋甚正德四年泰寧衛酋滿蠻率部落二萬餘欲附居近塞避北虜令居故鎮安堡戒無旁嚙其後花當部屢挾增貢詔暫增一年不爲額花當部堅請不從乃益

勾小王子部虜十年把兒孫自鮎魚關毀垣入馬蘭谷殺叅將陳乾等命都督桂勇征之把兒孫遣扯秃等來請入貢且獻馬贖殺乾罪兵部尚書王瓊持議必以把兒孫償乾乃罷兵予貢把兒孫輒謾言呼扯秃等去我亦幸無事竟予把兒孫貢班師亡何復入寇叅將魏祥全軍歿終正德世不能聲討嘉靖初都督馬永師薊有威信三衛頗親且畏不敢深犯始花當長子革列孛羅早歿其次把兒孫兒孫謀奪嫡以種人不附不得嗣花當爲都督至是把兒孫死革列孛羅子革蘭台貢馬請嗣兵部令轉譯部落方許貢革蘭台乃寇漁陽諸小關堡率殘破十一年巡撫都御史王大用欲厚賂朶顔城其霧靈山不果會酋阿堆哈利赤頻入建昌喜峰太平諸塞恣殺掠革蘭台又請陞秩兵部以御史連疏詆大用請以毛伯温代大用既去虜益盜邊邊人皆廢耕牧而朶顔諸部日益横十八年花當宅子打哈脅求職事聲阻貢薊鎮請徵遼兵會剿

上令姑申諭之二十年革蘭台挾北虜求添貢衛三百人不許請二百人亦不許時剽掠塞下聲結小王子且晩入寇會俺答吉囊自雲中深入太原邊臣恐謬曰頃山海關諸邊無儆亦朶顔諸酋功也 詔補前貢失期者衛二百人明年復導虜犯青山口內批以侍郎胡守中兼憲職勑撫守中儉險嗜利多乾沒內帑金又擅出塞盡伐遼金以來松木百萬自撤藩籬且偏索富人及舊弁金錢言官論死西市巡撫徐嵩以阿附守中削籍尋坐贓

謫戍明年薊鎮出塞襲朶顔别部李家莊斬四十級李家庄零夷居近獨石不通大虜慣盗馬狡而善射虜追輒走險亦頗爲我扞邊是役藉怨轉與虜合而遼東塞亦以朶顔故連中虜二十六年兀良哈益結海西建州夷出沒遼東西塞明年華蘭台死子影克襲故事三衛以貢時身受職至華蘭台父子始遣人代請而影克剽悍踰于父益誘俺答大入塞二十九年遂導虜逼都城方虜急數言遼陽軍遼陽軍者虜所呼朶顔也自庚戌後始設

薊遼總督調邊兵入衛及移戍薊無寧歲咸寧侯仇鸞既拜大將軍主開馬市誘俺答執送叛人蕭芹等受款調知三衛虛弱朶顔酋影克實首禍欲發兵出擣以爲功兵部尚書趙錦及總督薊遼侍郎何棟持不可三十年冬棟計擒叛酋哈舟兒陳通事舟兒通事皆邊民降朶顔夷工爲虜諜至是就擒伏法傳首邊塞三十三年朶顔寇桃林關總督侍郎楊博復搆得首惡通漢請繫獄俟諸夷入貢械赴喜峰口宣示國威諸夷並竦三十六年虜

酋打來孫始收三衛導犯冷口三十八年虜酋把都兒辛愛挾朶顔酋影克勒數萬騎薄塞盡殺偵諜度灤水由潘家口入大掠薊總督侍郎王忬遣總兵馬芳等以輕兵八千出虜後牽制虜不敢深入三日引去　詔逮繫總兵歐陽安等并忬論死移總督宣大尚書楊博代博以朶顔等夷通虜不爲用乃申約舉燧自居庸抵山海千里聯絡虜聞震疊終歲不敢近塞明年影克復勾把都兒辛愛等犯一片石叅將佟登等禦郤之四十二年虜數

萬騎破墻子嶺進掠通州　詔宣大總兵馬芳等馳援總督侍郎楊選逮繫棄市其冬三衛入貢禮部尚書李春芳請宣示諸夷哨報以時有反覆即閉關誅勦　詔所司豐廩賚稱朝廷柔遠意隆慶元年朶顔酋董忽力勾土蠻數萬騎大入界嶺口勢甚熾以援師四集走捧捶崖迷路墜崖枕藉死董忽力亦華蘭台子也爲影克親弟是時影克出義院口爲我師火鎗擊死而子長昻與忽力顛頡

明年

上念山陵急薊以譚綸爲總督拜戚繼光爲大將軍專理練兵浚隍增陴會俺答諸虜各奉款迄隆慶三衛修職謹邊鄙稍息而長昂得襲職爲都督一名專難爲西虜青把都婿萬曆元年董忽力索賞喜峰口啓釁總兵戚繼光勒兵青山圍勦忽力以身免明年縛首惡獻予欵始改喜峰口守備爲叅將彈壓之而長昂與叔長禿擾寧前工三年春總兵戚繼光追逐昂墜馬幾獲得躍上它騎去生縛長禿覊董家口昂納馬鑽刀盟已復合董忽力

縱掠四年朶顏它部酋炒蠻乘夜入我鴉鶻安叅將苑宗儒等死之六年昂勒賞阻諸夷進馬遣弟蟒金率精騎窺喜峰西掠前屯薄山海一片石九年西虜蟒古歹馳昂營謀大入遼十一年導虜以三萬騎長驅中後所直馳山海關是時三衛屬夷八十餘種而昂與董忽力大孌只馬答哈炒蠻小阿卜戶兵力寖盛號爲六兇然部落不踰萬十二年長禿董忽力犯前屯錦義總兵李成梁追奔與中遊西多斬獲其秋長昂亦大入劉家口且糾西

虜哈不慎等勒萬餘騎以打牲爲名圖盜邊會上視山陵昂往來瓦螺山射獵詗部夷東西馳甚悤也而忽力以犯遼罷賞頗窘十三年率枝屬三百餘叩關鑽刀長昂以遼鎮聲搗穴一夜數徙帳亦哀請欵及已得撫則愈驕十七年再入花場谷十七年昂遣弟獐兎擺計來調盟石門遊擊陳愚聞紿執通事張五烈等僇之其冬昂同弟蟒金犯董家口二十二年我哨騎生得伏諜郎打兒罕等七人郎打兒罕係昂心膂昂願革二年舊賞請贖

上幸許昂自是亦稍戢二十四年福餘酋伯牙兒挾賞羅文谷拒卻之明年以千餘騎突青山口及連犯扒頭崖三道嶺並失利二十九年叩關欵盟長昂亦以是歲聽復木市寧前頃之獐兎擺計修石門砦掠車廠庄總兵尤繼先出塞擊虜紅草溝擒斬八十有奇昂與蟒金代叩關三十四年擺計挾賞葦子谷昂與蟒金指減貢夷表裏亦勾西虜班不來世等謀聚兵侵薊明年昂圍獵墜馬死子賴暈歹踵昂轍同蟒金糾阿鎮等九夷挾賞擦崖

子關三十六年大入建昌河流口遼鎮總兵杜松襲拱兎部夷來告捷諸夷益閧因入大勝堡總督侍郎王象乾諭諸夷各聽撫專勦賴蟒賴蟒勢孤乃屬西虜啞拜台吉請欵四十年蟒金等酋以千餘騎縱掠曹庄明年滿旦孌只亦連犯掛甲嶺麻郎谷四十三年入寬𢫫房烽延燒黃花邊外山場四十六年奴兒哈赤𨈬撫順滿旦及男温布台吉等乘隙覘石塘而馬蘭亦報蟒金聲犯桃林界嶺薊鎮戒嚴明年石塘遊擊朱萬良調援遼滿旦母

子益恣以萬騎入攻白馬關及高家堡頃之尋盟而它酋駱駝那莫賽召里賓等時時傳調聲挾益隆萬來三衛稱梟桀者長董爲寇而長昂雄塞上垂四十年每勾西虜爲重其後黨耤冒賞衛糸蹂雜而土蠻部落亦報箭入市如虎墩炒花宰㛐輩並詭三衛加額濫觴不可復詰至滿旦以一夷婦躑躅曹石間居然勁敵尤可嘆也大抵三衛與韃䩭同俗專逐水草喜偷剽時入漠北盜馬率三四人驅千百匹虜尾追不敢則降事之爲導至約婚

詛誓常營遼河兩岸潛伺而貪中國賜予亦時以虜情輸我得先時設防向本仗爲藩籬及其叛猶不失爲耳目顧我善馭之如何迫則鋌而走虜耳目塗塞將爲憂滋大耳考三衛各分地住牧率以廣寧爲界福餘泰寧頗鄰遼陽開原而朵顏獨集寧遠迤西境外虹螺山盡有舊大寧地花當巢穴直古北口西北葫蘆峪故福餘泰寧恒與東虜合朵顏恒與西虜合衛制首泰寧次福餘次朵顏而朵顏於三衛地㝡險偪虜及二衛益衰朵顏獨強

盛今遂用爲首稱曰朵顏三衛云

論曰三衛地界宣遼爲薊門之肩背自大寧失而宣遼隔絶昔人有血脉壅滯肩背拘攣之恨豈不信哉世多以

文皇帝畀虜爲口實爰攷永樂宣德有勦捕之

詔有宣提之勑除惡務本曷嘗不屢門庭之誡乎

且

文皇帝嘗語大學士金幼孜曰今守開平興和大寧邊境可幸無事當日無棄大寧意甚明大寧棄

斯開平難守開平棄斯古北可虞胡馬雲擾誰階之厲初以三衛偵虜亦略倣漢倚烏桓伺匈奴或謂善處之可因以爲間雖藩籬失而耳目在計非全拙乃市賞無藝至爲東西虜攘臂掛藉譬養鷹而縱紲去手又如之何余攷兀良哈事至霧靈山不果城更以媒譛未嘗不嘆邊臣之難爲任也

跋

右皇明象胥錄八卷。明茅瑞徵撰。瑞徵字伯符。浙江歸安人。坤從孫。萬曆二十九年進士。知泗水縣。調黃岡。擢兵部職方主事。陞郎中。歷福建參政湖廣右布政。晉南京光祿寺卿。歷官有廉吏之目。壯年即解組歸田。自號苕上愚公。情耽吟咏。官職方時著有萬曆三大征考皇明象胥錄等書。三大征考近人亦爲重刊。是書不見四庫著錄。黃虞稷千頃堂書目史部作八卷。書刊於崇禎己巳。每半葉九行。行十九字。昔鄭端簡公曉編有吾學編。所次四夷考。精核簡嚴。洵稱良史。惟根據多略。且編至嘉靖朝而止。瑞徵服官職方。間按歷代史牒及耳目近事。用爲增定。以訖萬曆紀事。如佛郎機。魯迷等國。前考所缺者。併捃輯增訂。明代邊疆四裔諸國。羅列略備。觀其所述。雖不如嚴從簡殊域周咨錄之博洽。然實較明史外國傳爲詳覈。按明史外國傳說者謂出於尤侗之手。其所據諸書。當與嚴從簡茅瑞徵略同。惜明人於海外諸國疆域地理。多所未諳。且不免謬誤。如明史述外國地理者。首推佛郎機呂宋和蘭意大里亞四傳。然明史稱佛郎機近滿剌加。已於地望不合。蓋當時梯航諸國。由南洋羣島而來。稱曰相近。尚爲近理。至後人以佛郎機與法蘭西音近。雖稱爲佛郎機。尤爲大謬。蓋明史之佛郎機。卽泛指西班牙葡萄牙而言。昔丁謙撰明史外國傳考證。已辨其謬。又如撒馬兒罕。乃元裔察合台別支之帖木兒帝國。丁謙謂卽馬基頓王亞歷山大旣滅波斯。復取索克地河那國都之馬拉坎達城。在中國史書則始於魏書之悉萬斤。唐書之薩末鞬。元史之薛迷思干。而非明史所稱卽漢罽賓地。隋爲漕國之說。又云元太祖蕩平西域。盡以諸王駙馬爲之君長。元在西域封太祖長子朮赤。次子察合台及憲宗弟旭烈兀。爲察哈台伊兒汗等三大國。撒馬兒汗爲之長者帖木兒。乃察合台後王之婿。故稱駙馬。實無駙馬盡爲君長之事。此亦明史外國傳失察之處也。至如明史殊域周咨錄所稱「古有狼徐鬼國。分爲二洲。皆能食人。爪哇之先。鬼啖人肉。佛郞機國與相對。其人好食小兒云云」則尤

爲荒誕可笑。瑞徵是書。不免仍存其說。此當海禁未開以前。士大夫對於域外之想像。往往如是也。然明自永樂成化以還。遣鄭和張宣乘槎航海。經營南洋。其後若梁道明陳祖義之雄長舊港。使後之主政者。不主放任之策。則南洋羣島。或隸入吾國之版圖。至是書稱美洛居歲輸丁香。明史稱「美洛居有香山。雨後香墮沿流滿地」此與十六世紀歐洲人士尋覓香料羣島之事。可以相證。又是島後爲紅毛番佛郞機所分。此卽荷蘭與葡萄牙爭雄南洋羣島之事。是書言之確鑿可據。至書記海外風俗。如佛郞機人高鼻白晳。鶯嘴貓眼。鬚捲而髮近赤。亦多髡首薙鬚。貴者戴冠。賤者頂笠。見尊長撤去之。則其俗於今猶不相遠也。且是書所載各國事實。與明史略同。如是書云「賤者頂笠。見尊長撤去之」而明史則云「賤者笠見尊長輒去之」明史僅刪「頂」字「撤」改爲「輒」字。是明史與殊域周咨錄及是書所據史料。必出一源。但互有詳略之不同耳。

民國二十五年十一月二十六日風雪之夕國楨記

諸蕃類考不分卷（一）

〔清〕佚名纂

《諸蕃類考》不分卷，纂者不詳。分西洋、東洋、西域、内地苗蠻等類，抄録《星槎勝覽》、《瀛涯勝覽》、《東西洋考》、《獻徵録》、《象胥録》、《吾學編》、《名山藏》，及《明會典》、各朝實録等而成。末有「河源考」、「别失八里」、「欽察」等節，録自《元史·地理志》。以「東洋考」内「臺灣考」一節有「國朝順治十八年鄭成功攻克紅毛」語，知成書於清代。此書未刻，僅抄本存世。據天一閣博物院藏清抄本影印。

諸蕃類考目錄

卷

古里
剌哇
忽魯謨斯
甘巴里
古里班卒
麻林
阿撥把丹
沙里灣泥

木骨都束
阿丹
忽魯母思
甘把里
阿哇
比剌
千里達
失剌比

竹步
剌撒
祖法兒
加異勒
打回
孫剌
急蘭丹
夏剌比

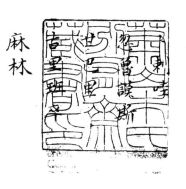

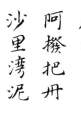

奇刺泥
窟察泥
捨刺齊
彭加那
魯密
八可意
烏沙刺踼
坎巴夷替
黑葛達
白葛達
勿斯里
木蘭皮
咭呤
順哈
佛朗機
歐邏巴

卷

琉球
呂宋
蘓祿
合猫里
沙瑤吶嗶嘽
美洛居
婆羅
雞籠淡水
古麻刺朗
馮嘉施蘭
和蘭

諸蕃類考 西洋

古里國

錫蘭山起程順風十晝夜可至其國當巨海之要嶼與僧迦密邇亦西洋諸國之馬頭也山廣地瘠麥穀頗足風俗甚厚行者讓路道不拾遺法無刑杖惟以石灰畫地乃為禁令其酋富民居深山傍海為市聚貨通商男子穿長衫頭纏白布婦女穿短衫圍色布兩耳懸帶金牌絡索數枚其項上真珠宝石珊瑚連掛纓絡臂腕足脛皆金銀鐲手足指皆金銀廂寶石戒指髮堆腦後容白黑髮其有一種裸身之人曰木瓜與柯技國同地產胡椒亞於下里俱有倉廩貯之以待商販有薔薇露波羅蜜孩

兜茶印花被面手巾其有珊瑚真珠乳香木香金珀之類皆由別國來其好馬自西番來匹價金錢千百貨用金銀色段青花白磁器燒珠麝香水銀樟腦之屬酋長感慕聖恩常遣使捧金葉表文貢獻方物（費信星槎勝覽）

西洋大國也西瀕海南距柯支國北距狠奴兒國海近山遠東七百里許距坎巴夷自柯支海行可三日至距中國十萬餘里永樂五年上命太監鄭和等賜王以誥命陞賞其將領有差皆冠帶勒石美之王尚浮屠敬象牛人有五等一回回一南昆一哲地一革全一木瓜王南昆人不食牛肉將領回回人不食豬肉昔王與回回誓互相禁食銅範佛象曰納兒佛殿以銅瓦壓

傍穿井汲泉浴佛而礼之取牛糞調水塗地及壁臣民大家晨起亦用牛糞塗地煨牛糞灰囊於身每旦水調灰抹額及股皆敬佛也傳云昔有聖人曰某些行教化人人俱服從其些遠適遣弟曰撒沒黎主之弟乃縱詆鑄金犢以諭國人曰此乃聖主敬之有驗人罔不從命牛日糞金人獲其利遂信之不疑某些歸恚其弟誣惑遂毀牛弟恐遂跨象而遁國人猶望其還故敬象牛者以此國事皆决於二將領乃回回人也國人半崇回回教礼拜寺有二三十餘七日一礼至日齋沐謝事午時男女拜天於寺未刻乃散始治他事俗尚信義中國舶貨至皆二將領主之遣馹儈議直言定再不易其筭法祇憑手指屈伸分毫不

謬市用六成金錢曰吧南重二分文二面小銀錢曰搭兒重三厘秤曰法剌二十兩為斤當中國一斤九兩六錢升曰覍戞黎當中國一升六合樂則葫蘆為樂器紅銅絲為絃歌樂自和協鏗鏘可聽婚娶礼各以類王老則不傳子而傳外甥無姊妹子則傳弟無弟則傳於有德者古今皆然刑無鞭笞輕則斷手足重則罰金珠戮甚則沒家夷族有罪繫輒承服不承服則寘其手指於沸油中半餉三日後驗之爛者伏辜全者免罪免罪者將領導以鼓樂還家親戚致賀飲酒西洋布曰擔黎出於隣邦坎巴夷之屬每疋濶四尺五寸長二丈五尺直金錢八文有色絲間花幌濶五尺長一丈二三尺直金錢百文厥產胡椒亦以園種

十月熟富家則多植椰子樹千株至二三千者有之嫩者有漿可釀酒老者可作油糖或飯殼可作杯煆枝灰可廂金枝幹可搆室葉可蓋屋蔬有薑芥蘿蔔胡荽蔥蒜胡蘆茄瓜東瓜四時有小瓜如指長一寸許味美果有芭蕉子波羅蜜木鼈子樹高十餘丈緑囊如柿三四十有米無麦有雞鴨無鵞羊高如騾灰色水牛不大黄牛則大有至三四百斤者不食其肉而取其乳酥不絶口牛死則埋之畜有孔雀烏雅鷹鷺鴛燕無餘鳥厥貢金絲宝带金絲如髮結花綴八宝珍珠（馬歡瀛涯勝覽）

古俚大國西洋諸番之會去中國十萬里西瀕海南距柯枝自柯枝海行可三日至永樂元年王馬那必加剌滿遣馬戍朝貢

五年遣太監鄭和賜王誥幣陞賞其將領有差王好浮屠敬象牛老不傳子傳外甥否則傳弟無外孫弟傳善行人族類分五種如柯枝王南昆人不食牛將領回回人不食猪大家晨起用牛糞塗地煅牛糞爲囊佩之每旦水調抹額及股國事皆決於二將領土宜麥多馬俗尚信義行者讓路道不拾遺海濱爲市通諸番用金銀錢以葫蘆爲樂器紅銅絲爲弦歌聲相協鏗鏘可聽刑無鞭笞輕斷手足重罰金誅戮沒産夷其族有西洋布曰檣黎本出隣國坎夷巴匹濶四尺五寸色絲間花帨濶五尺産孔雀白鳩馬無餘島諸香嘗金絲寶帶金絲細如髮結花綴八寶珍珠鴉鶻石 鄭曉吾學編

古里西洋大國自柯枝舟行三日可至永樂三年其酋沙米的遣使隨中使尹慶入貢詔封爲古里國王賜印誥衣幣其後屢入貢俗尚信義道不拾遺國人有五種與柯枝國同王死不傳子而傳外孫無外孫則傳弟産駿馬白鳩鴉鶻石諸香鄰有坎夷巴國出播黎布五色帨皆濶四五尺鬻於古里焦竑獻徵錄

古里國永樂元年酋長馬那必加剌滿遣使朝貢三年復貢詔封爲國王鄭和下番自古里始西洋諸番之會也二十一年西洋十二國遣使千二百人貢方物古里最其俗信義行者讓路道不拾遺王好浮屠族類分五種煅牛糞爲囊佩之或以塗肢體何喬遠名山藏

古里大國西洋諸番之會永樂三年其酋長沙米的遣使朝貢勑封為古里國王給印誥五年七年皆遣使朝貢　貢物　宝石珊瑚珠瑠璃瓶瑠璃枕宝鉄刀拂郎雙刃刀金繫腰阿思摸達塗兒氣龍涎蘓合油乳香檀香木香梔子花胡椒花氈單伯蘭布苾布紅絲花手巾番花人馬象物手巾線結花靠枕大明會典

木骨都束

自小葛蘭順風二十晝夜可至其國瀕海堆石為城壘石為屋四五層廚廁待客俱在其上男子拳髮四垂腰圍梢布女人髮盤於腦黃漆光頂兩耳掛絡索數枚項帶銀圈纓絡垂胸出則單布兜遮青沙蔽面足履皮鞋山連地曠黃赤土田瘠少收數

年無雨穿井甚深絞車以羊皮袋水風俗囂頑操兵習射其富民附舶遠通商貨貧民網捕海魚晒乾為食及餵養駝馬牛羊地產乳香金錢豹龍涎香貨用金銀色段檀香米穀磁器色絹之屬其酋長效礼進貢方物（費信星槎勝覽）

木骨都束俗强悍操兵習射地無草木牛羊駝馬皆食乾魚田瘠少收經年不雨鑿井絞車以羊皮貯水又有刺撒者土風與木骨都束同俱於永樂中入貢（焦竑獻徵録）

竹步

其處與木骨都束山地連接村居寥落壘石為城砌石為屋風俗亦淳男女拳髮男子圍布婦女出則以布兜頭不露身面山

地黄赤數年不雨艸木不生絞車汲井經魚爲業地産獅子金錢豹駝蹄雞有六七尺高者其足駝蹄龍涎香乳香金珀貨用土燒珠段絹金銀磁器胡椒米穀之屬酋長受賜感化奉貢方物費信星槎勝覽

卜剌哇

自錫蘭山别羅南去二十一晝夜可至其國與木骨都東國接連山地傍海而居壘石爲城砌石爲屋山地無艸木地廣斥鹵有鹽池但投樹枝於池良久撈起結成白鹽風俗頗淳無田耕種捕魚爲業男女拳髮穿短衫圍梢布婦女兩耳帶金錢項掛纓絡惟有葱蒜無瓜茄地地産馬哈獸狀如麝獐花福祿狀如花

驢豹麂犀牛沒藥乳香龍涎香象牙駱駝貨用金銀段絹米豆磁器之屬其酋長感慕恩賜進貢方物費信星槎勝覽

卜剌哇地斥鹵有鹽池投樹枝於池頃之鹽凝其上其人拳髮圍梢布以捕魚為業產諸獸沒藥乳香永樂中遣使朝貢焦竑獻徵錄

卜剌哇國與木骨都東國接自錫蘭山別羅南去二十一晝夜至居傍海壘石為城業魚無田耕蓺稀艸木瓜茄廣斥鹵有鹽池但投樹枝良久撈起凝白鹽其上拳髮穿短衫圍梢布婦女耳帶金錢項掛纓絡產馬哈獸狀如麝獐花福祿狀如花驢永樂中嘗遣使朝貢茅瑞徵象胥錄

阿丹

自古里國順風二十二晝夜可至其國傍海而居艸木不生田肥種植粟麥豐盛壘石爲城砌羅鼓石爲屋三四層高廚房卧室皆在其上風俗頗淳民不富饒男女拳髮穿長衫婦女出則用青紗蔽面布帽兜頭不露形貌兩耳垂金錢數枚項掛纓絡地產羚羊自胸中至尾垂九塊名爲九尾羊千里駱駝黑色花驢駝蹄雞金錢豹貨用金銀色段青白花磁器檀香胡椒之屬其酋長感慕恩賜躬以方物貢獻費信星槎勝覽

自古里國開船投正西兌位好風行一月可到其國邊海離山遠國富民饒國王國人皆奉回回教門說阿剌壁言語人性强

梗有馬步銃兵七八千所以國勢威重鄰邦畏之永樂十九年欽命正使太監李。等齎詔勅衣冠賜其王酋到蘓門荅剌國分䑸內官周。領駕寶船數隻到彼王聞其至即率大小頭目至海濵迎接詔賞至王府行禮甚恭謹感伏開讀畢國即諭其國人但有珍寶許令賣易在彼買得重二錢許猫睛石各色雅姑等異宝大顆珍珠珊瑚樹高二尺者數株又買珊瑚枝五櫃金珀薔薇麒麟獅子花猫鹿金錢豹駝雞白鳩之類國王之絆頭戴金冠身穿黃袍腰繫宝粧金帶至礼拜畢換細白番布纏頭上加金錦之頂身穿白袍坐車列隊而行其頭目冠服各有第等不同國人穿絆男子纏頭穿嗒喇梭幅錦繍紵絲壽衣足着靴鞋婦人之絆身穿長衣肩項佩宝石珍珠纓絡如觀音之絆耳帶金廂宝環四對臂纏金宝釧鐲手指又帶指環又用絲嵌手巾蓋於頂上止露其面凡國人打造鈒細金首飾等項生活絶勝天下又有市肆混堂并熟食綵帛書籍諸色什物鋪店皆有王用赤金鑄錢行使名甫嚕嚟每箇重官秤一錢底面有紋又用紅銅鑄錢名甫喃斯零使其地氣候温和常如八九月日月之定無閏月惟以十二箇月為一年月之大小若頭夜見新月明日即月一也四季不定自有陰陽人推筭其日為春首後果然花艸開榮其日是初秋果然木葉凋落及於日月交食風雨

潮汐無不准者人之飲食米麵諸品皆有多以乳酪酥油糖蜜制造而食米麦穀粟麻豆并諸色蔬菜俱有果子有萬年枣松子把簪乾葡萄椖桃花紅石榴桃杏之類象駝驢騾牛羊雞鴨猫犬皆有止無猪鵞棉羊白毛無角於角處有兩搭圓黑其頸下如牛袋一般其毛短如狗其尾大如盤民居房屋皆以石砌上以磚蓋或土蓋有石砌三層高四五者土産紫檀木薔薇露簷蔔花無椖白葡萄并花福鹿青花白駝雞大尾無角棉羊其福鹿如騾子様白身白面眉心細〻青條花起滿身至四蹄細條如間道如画青花白駝雞如福鹿一般麒麟前二足高九尺後二足約高六尺頭擡頸長一丈六

尺首昂後低人莫能騎頭生二短角在耳邊牛尾鹿身蹄有三路匾口食粟豆麵餅其獅子身形似虎黑黃無斑頭大口濶尾尖毛多黑長如纓聲吼如雷諸獸見之伏不敢起乃獸中之王也其國感荷聖恩特造金廂寶帶二條窟嵌珍珠寶石金冠一頂并雅姑等各樣寶石地角二枚金葉表文進貢中國馬歡瀛涯勝覽

阿丹近古里瀕海可舟行國中富饒有馬步勝兵七八千隣國畏之永樂九年詔中使鄭和賜命互市鄭曉吾學編

永樂十四年遣使朝貢十九年二十年二十一年並入貢宣德五年遣使以即位詔諭其國八年來貢正德元年復入貢見實錄

阿丹近古里壘石為屋市易有赤金錢紅銅歲無月善推算四序不差永樂九年中使至其國詔許互市王拜命甚恭以後屢入貢焦竑獻徵錄

阿丹國近古里瀕海可舟行或曰自古里國順風二十晝夜至土沃豐粟麥壘石為城有馬步兵數千俗拳髮穿短衫婦女出不露形用青紗蔽面布帽兜頭兩耳垂金錢數枚項掛纓絡產千里橐駝黑色花驢羚羊自胸至尾垂九塊名九尾羊永樂九年遣中使鄭和往賜命互市古南荒有丹丹國疑即此或曰其國善推算歲無閏月市易有赤金紅銅諸錢嘉靖時造方丘及朝日壇玉爵購紅黃玉於天方哈密諸夷不得通事撤文秀

言二玉産在阿丹去土魯番西南二千里其地兩山對峙自為雌雄或自鳴請依宣德下蕃例責重賄往購上竟從部議已之茅瑞徵象胥錄

剌撒國

自古里國順風二十晝夜可至其國傍海而居壘石為城連山曠地艸木不生牛羊駝馬皆以海魚乾啖之氣候常熱田瘠少收惟有麥耳數年無雨鑿井絞車羊皮袋水男女拳髮穿長衫婦女裝點兜頭與忽魯謨斯國同壘石築土為屋三四層者其上廚廁卧室待客其下奴僕居之地産龍涎香乳香千里駱駝民俗淳厚喪葬有礼有事禱於鬼神其酋長感慕聖恩遣使捧

金葉表文貢方物貨用金銀段絹磁器米穀胡椒檀香金銀之屬費信星槎勝覽

剌撒國永樂中遣使朝貢大明會典

忽魯謨斯

自古里國十晝夜可至其國傍海居聚民為市地無艸木牛羊駝馬皆食海魚乾或言溪山中亦有艸木風俗頗淳壘石為城酋長深居練兵畜馬田瘠麦廣穀少民富饒山連五色皆是鹽也鑿之鏇為盤碟碗器之類食物就用而不加鹽矣壘石為屋有三四層者其廚廁卧室待客之所俱在上男子拳髮穿長衫善弓矢騎射女子編髮四垂黃漆其頂出則布幔兜頭面用青

紅紗布以蔽之兩耳輪周掛絡索金錢數枚以青石磨水妝點眼眶唇臉花紋以為美飾項掛寶石真珠珊瑚紉為纓絡臂腕腿足皆金銀鐲此富人也行使金銀錢產有真珠宝石金珀龍涎香撒哈剌梭腹絨毯貨用金銀青花磁五色段絹木香胡椒之屬其酋長感恩賜躬獻方物費信星槎勝覽

自古里國開船投西北好風行二十五日可到其國邊海倚山各處番船并旱番客商都到此地趕集買賣所以國民皆富國王國人皆奉回回教門尊謹誠信每日五次礼拜沐浴齋戒風俗淳厚無貧苦之家若有一家遭禍致貧者衆皆贈以衣食錢本而救濟之人之體貌清白豐偉衣冠濟楚婚喪之禮悉遵回

回教規男子娶妻先以媒妁已通允許其女家請的的親者掌教門規矩之官也及主婚并媒人親族之長者兩家各通三代鄉貫來歷寫立婚書已定然後擇日成親否則官府如姦論罪如有人死者即用白番布為大殮小殮之衣用瓶盛淨水將屍從頭至足澆洗二三次既淨以麝香片腦薰屍口鼻纔服殮衣貯棺內當即便埋其墳以石砌穴下鋪淨沙五六寸擡棺止將屍放石穴內上以石板蓋定加以淨土厚築墳堆甚堅精也人之飲食務以酥油拌煑而食市有燒羊燒雞燒肉薄餅哈喇潵一應麵食皆有賣者二三四口之家多不舉火做飯止買熟食而吃王以銀鑄錢名那底兒徑官寸六分底面有紋重官秤四

分通行使用書記皆是回回字其市肆諸般鋪面百物皆有止
無酒館國法飲酒者棄市文武醫卜之人絶勝他處各色技藝
皆有其撮弄把戲皆不為奇惟有一樣羊上高竿最可嘆也其
羊用木一根長一丈許木竿頭上止可羊四蹄立於木將木立
豎於地扶定其人引一小白羝羊拍手念誦其羊依拍鼓舞來
近其竿先以前二足搭定其木又將後二足一縱立於竿上又
一人將木一根於羊脚前挨之其羊又將前足搭上木頂隨將
後二脚縱起人即扶其木於對中其羊立於二木之頂似舞之
狀又將木攢之連上五六段又高丈許其舞罷然後立於中
木人即推倒其竿以手接住其羊又令卧地作死之狀令舒前

脚則舒前令舒後脚則舒後又有將一大黑猴高三尺許演弄諸般本事了然後令一閒人將巾帕重重摺疊緊縛其猴兩眼別令一人潛打猴頭一下渓渓避之後解帕令尋打頭之人猴於千百人中徑取原人而出甚爲怪也其國氣候寒暑春開花秋落葉有霜無雪雨少露多有一大山四面出四樣之物一面如海邊出之鹽紅色人用鐵鏟如打石一般鑿起一塊有三四十斤者又不潮濕欲用食則搥碎爲末而用一面出紅土如銀硃之紅一面出白土如石可以粉墻壁一面出黃土如姜黃色之黃俱着頭目守管各處自有客商販賣爲用土産米麥不多皆是別處販來糶賣其價極賤果有棗桃把聃果松子石榴葡

萄乾桃乾花紅萬年棗西瓜菜瓜葱韭薤蒜蘿蔔等物其甜瓜
胡蘿蔔紅色如藕大至多甜瓜甚大有高二尺者其核桃殼薄
白色手捏即破松子長寸許葡萄干有三四樣一樣如棗干紫
色一樣如蓮子大無核結霜一樣圓顆如白豆大略白色把晒
果如杕桃樣尖長色白內有仁味勝核桃肉石榴如茶鍾大花紅
如拳大甚美香萬年棗亦有三樣一樣番名垜沙布每個如母
指大核小結霜如沙糖忒甜難吃一樣挼爛成二三十個大塊
如好柿餅軟棗之味一等如南棗樣略大味頗澁彼人將來喂
牲口此處各番宝貨皆有更有青紅黄雅姑剌石柦把碧祖母
剌猫睛金鋼鑽大顆珍珠如龍眼大重一錢三分珊瑚樹珠并

枝梗金珀珀珠神珠鑞珀黑珀番名撒白值各色美玉器皿十
樣錦剪絨花单其絨起一二分長二丈濶一丈各色梭幅撒哈
剌氈鏌羅氈紗各番青紅絲嵌手巾等類皆有賣者駝馬驢騾
牛羊廣有其羊有四樣一等大尾綿羊每個有七八十觔其尾
濶一尺餘拖着地重二十餘斤一等狗尾羊如山羊樣其尾長
二尺餘一等門羊高二尺七八寸前半截毛長拖地後半截皆
剪淨其頭面頸額似棉羊角彎轉向前上帶小鐵牌行動有聲
此地快閒好事之人喂養與人鬪賭錢物為戲又出一等獸名
艸上飛番名昔雅禍失如大猫大渾身儼似玳瑁斑猫樣兩耳尖
黑性純不惡若獅豹等項猛獸見他即俯伏于地乃獸中之王

也國王將獅子麒麟馬足珠子宝石等物并金葉表文跟同回洋宝船進貢中國（馬歡瀛涯勝覽）

忽魯謨斯在西南海中東達大山國中土厚宜耕種人質直狀貌偉碩喜作佛事常歌舞永樂三年國王遣馬剌足來朝貢產大馬西洋布獅子駝雞福鹿靈羊馬哈獸（鄭曉吾學編）

忽魯謨斯在西南海中東連大山土厚宜耕種喜作佛事常歌舞惡殺壘石為屋至三四層醫卜技藝之流絕勝他夷國中有山土皆成鹽永樂初遣使貢方物及駝雞上命侍臣金幼孜為之賦產胡椒諸香（焦竑獻徵錄）

忽魯謨斯又曰忽魯母思海中國也永樂七年遣鄭和往其國

酋恍來朝十八年進麒麟獅子天馬文豹紫象駝雞福鹿靈羊長角馬哈獸五色鸚鵡等物駝雞昂首高七尺福鹿似駝而花文可愛靈羊尾大者重三十餘斤兩則以車載其尾長角馬哈獸角長過身上喜命侍臣為賦其國居城石屋民富饒喜作佛事常歌舞惡殺產大馬其酋長練兵畜馬田瘠宜麥無艸木牛羊駝馬盡食魚腊文武醫卜技藝之人勝他國國中有大山四面異色紅如銀硃白如石灰黃如薑黃一面產鹽如紅礬鑿為盤皿盛食物不加鹽矣何喬遠名山藏

忽魯謨斯又云忽魯母思永樂三年遣使朝貢大明會典

忽魯母思

忽魯母思在東南海中或曰在西徼外國小土瘠物産薄永樂三年國王遣已即丁朝貢鄭曉吾學編

祖法兒

自古里國順風二十晝夜可至其國壘石爲城砌羅股石爲屋有高三四層若塔之狀厨厠卧室皆在其上田廣少收山地黄赤亦不生艸木民捕海魚晒乾大者人食小者餵養牛馬駝羊男女拳髮穿長衫女人出則以布兜頭面不令人見風俗頗淳地産祖刺法金錢豹駝蹄鳥乳香龍涎香貨用金銀檀香米穀胡椒叚絹磁器之屬其酋長感慕恩賜遣使奉貢方物費信星槎勝覽

自古里國開船投西北好風行十晝夜可到其國邊海倚山無

城郭東南大海西北重山國王國人皆奉回回教門人體長大貌豐偉語言朴實王者之絆以白細番布纏頭身穿青花如大指大細緑嵌盖頭或金錦衣袍足穿番靴或淺面皮鞋出入乘轎或騎馬前後擺列象駝馬隊牌手吹蕈篥鎖嗦簇擁而行民下所服衣冠纏頭長衣脚穿靴鞋如遇礼拜日上半日市絶交易男女長幼皆沐浴既畢即將薔薇露或沉香并油搽面并四體俱穿齊整新淨衣服又以小土爐燒沉檀俺八兒籌香立於爐上薫衣體纔往禮拜寺拜畢方回經過街市半晌薫衣不绝婚喪之禮素遵回回教規而行土産乳香其乳乃樹脂也其樹似榆而葉尖長彼人砟樹取香而賣中國宝船到彼開讀賞賜畢

王差頭目遍諭國人皆將乳香血竭蘆薈沒藥安息香蘓合油木別子之類來換易紵絲磁器等物此處氣候常如八九月不冷米麦豆粟黍稷麻穀及諸般蔬菜瓜茄牛羊馬驢猫犬雞鴨山中亦出駝雞土人捕來賣其身匾頸長如寉脚高三四尺每脚止有二指毛如駱駝食緑豆等物行似駱駝因此名駝雞其駱駝單峰人皆騎坐街市殺賣其肉其王鑄金錢名倘伽每個重官秤二分徑一寸五分一面有紋一面人形之紋又以紅銅鑄爲小錢徑四分零用進用乳香駝雞等物馬歡瀛涯勝覽

祖法兒亦名左法兒東南皆海西北重山自古俚西北海十晝夜可至無城郭俗尚回回教體幹修碩語言朴實王白布纏頭

衣青花絲帨或金錦袍靴履乘轎跨馬前後列象駝馬鼓吹氣俟常如秋市用金銅錢錢文人形永樂中王亞里遣人來朝貢宣德中又來朝貢產西馬駝雀頂駝雞福鹿片腦沉香乳香乳香即樹脂諸奇藥以易中國紵絲磁器駝雞如鶴長三四尺脚二指毛如駝行亦如駝之單峰或双峰亦可乘鄭曉吾學編

祖法兒亦名左法兒國西多山氣候常秋無城郭尚回回教其人質朴脩偉王白布纏頭青花絲帨或金錦袍靴履乘轎跨馬前後列象駝吹葦篋而行永樂中國王亞里遣人入貢宣德中再至產西馬雀頂駝雞福鹿片腦沉香乳香自古里西北舟行十晝夜可至焦竑獻徵錄

祖法兒國亦曰左法兒漢之大夏隋唐之吐火羅咸皆其國也東南皆海西北重山自古里西北海十晝夜可至永樂中王亞里遣人朝貢宣德中復至其地氣候常秋無城郭其人骵幹脩碩語言真質尚回回教王白布纏頭衣青花絲帨或金錦袍靴履出乘轎前後列象駝馬吹蓽蘆市用金銅錢錢文人形有家雞如雀腳二指毛如駝走如之何喬遠名山藏

祖法兒國又云左法兒永樂中遣使朝貢大明會典

祖法兒國又名左法兒自古里西北海行十晝夜可至東南皆海西北重山壘石為城屋高三四層亦石砌狀如塔田廣而饒土黃赤不生艸木民漁海為生氣候常如秋俗頗淳尚回回教

王白布纏首衣青花絲帨或金錦袍靴履乘轎跨馬前後列象駝吹蓽篥女人出以布蒙頭面市用金銅錢文如人形永樂中王亜里遣人来朝貢宣德中復至産西馬寉頂駝雞福鹿片腦沉香乳香乳香即樹脂以易中國磁罷紵絲駝單峰双峰皆可乘或云其國無城郭産金錢豹茅瑞徵象胥録

甘巴里

甘巴里在南海中大島上人多織錦粒食亦鮮食永樂十二年國王兜哇剌査遣得名公葛葛来朝貢鄭曉吾學編

甘巴里又名甘把里國在南海中大島上人多織錦粒食亦鮮食永樂十二年國王兜哇剌査遣使朝貢或曰甘巴里小國介

西南海中不通隣境交易產薄用寡然奉佛亦不求積聚茅瑞徵象胥録

永樂十三年九月遣使朝貢十九年正月入貢宣德五年遣中官鄭和以即位詔諭其國八年閏八月國王兜哇刺劄遣使入貢正統元年閏六月貢使還賜勑褒諭實録

甘把里

甘把里永樂間遣六人來朝貢自言其國小介其西南海中與諸隣國不通交易物產又薄山無長林田無宿麥以故國用常乏人民艱寡然奉物〔佛〕善不求積聚無乞丐者鄭曉吾學編

甘把里國又云甘巴里永樂十二年遣使朝貢大明會典

加異勒

加異勒西戎小種居人不及千家貧窶乏食常傭鄰國永樂中王者麻里奈那遣使別里呆不來貢方物宣德間遣使朝貢鄭曉吾學編

加異勒小國永樂中王者麻里奈那遣使入貢宣德正統間再至其國民不及千家又貧傭鄰國自給焦竑獻徵錄

加異勒國西戎小種居人寡少窶而傭鄰國永樂中王者麻里奈那遣使朝貢宣德正統間一再至何喬遠名山藏

加異勒西戎小種居人不及千家貧窶常傭食鄰國永樂中王者麻里奈那遣使貢方物宣德間再朝貢茅瑞徵象胥錄

古里班卒

古里班卒在海中永樂三年國王遣人馬的來朝貢其俗土瘠穀少登氣候不齊夏多雨〻即寒俗質朴男女被短髮假錦纏頭紅油布繫身物産甚薄鄭曉吾學編

古里班卒俗質朴土瘠産薄夏則多雨永樂三年遣使朝貢焦竑獻徵錄

古里班卒國在海中永樂三年國王遣人馬的來朝其俗質朴土瘠物薄夏天多雨〻候即寒何喬遠名山藏

古里班卒國在海中永樂三年遣使來朝貢俗質朴男女被短髮假錦纏頭紅紬布繫身土瘠少穀氣候不齊夏多雨雨即寒

産甚薄 茅瑞徵象胥録

阿哇

阿哇永樂中王昌吉剌遣人來朝貢 鄭曉吾學編

阿哇國永樂三年王昌吉剌遣人來朝貢 何喬遠名山藏

打回

打回海外小國數爲鄰國所苦已乃治兵器與隣國戰戰勝稍得自立永樂三年遣麻勿來朝貢 鄭曉吾學編

打回最小數爲鄰邦所困乃治兵器與鄰戰稍勝得自存永樂三年遣使麻勿來朝貢 焦竑獻徵録

打回國永樂三年遣麻勿來朝貢其國數爲隣國所苦已乃治

戰稍得自立（何喬遠名山藏）

麻林

麻林未詳其國所在永樂十三年進麒麟天馬神鹿羣臣稱賀上曰此皇考垂休卿等效力故遠人來歸若此尚益思盡心輔朕不逮毋侈異物而滋怠荒（焦竑獻徵錄）

麻林國未詳所在永樂十二年遣使朝貢進麒麟天馬神鹿群臣稱異上喜厚賜之（何喬遠名山藏）

永樂十二年遣使來朝貢麒麟等物（大明會典）

永樂十三年九月遣使入貢十一月庚子礼部尚書吕震言麻林國進麒麟將至請于至日率群臣表賀上曰往者翰林院言

修五經四書及性理大全書成欲上表進朕則許之蓋帝王修齊治平之道具此有益世教可以表進麒麟有無何所損益遂已壬子麻林國及諸番國進麒麟天馬神鹿等物上御奉天門受之文武群臣稽首稱賀曰陛下聖德廣大被及遠夷故致此嘉瑞上曰豈朕德所致此皆皇考深仁厚澤所被及亦卿等勤勞贊輔故遠人畢來繼今宜益盡心秉德進賢達能輔朕為理遠人來歸未足恃也十四年十一月入貢成祖實錄

比剌

永樂十年十一月遣內官賚勅往賜其國實錄

孫剌

永樂十年十一月遣内官賫勅往賜其國實録

阿撥把丹

永樂六年九月遣中官鄭和往使其國實録

千里達

永樂十六年四月遣使入貢實録

急蘭丹

永樂九年七月壬沙來的遣使入貢十年十一月遣内官賫勅往賜其國實録

沙里灣泥

永樂十四年十一月遣使入貢實録

失剌比
永樂十六年八月遣使入貢 實錄

夏剌比
永樂中遣使朝貢 會典

奇剌泥
永樂中遣使朝貢 會典

窟察泥
永樂中遣使朝貢 會典

捨剌齊
永樂中遣使朝貢 會典

彭加那
永樂中遣使朝貢會典
魯密
永樂中遣使朝貢會典
八可意
永樂中遣使朝貢會典
烏沙剌踢
永樂中遣使朝貢會典
坎巴夷替
永樂中遣使朝貢會典

黑葛達

黑葛達國小民貧平川廣野草木暢茂禽獸鮮小俗尚佛畏刑市肆多牛羊交易用鐵錢宣德中國人嘗遣使十人來朝貢方物鄭曉吾學編

黑葛達國小民貧平川廣野草木暢茂禽獸鮮少尚佛畏刑市肆多牛羊交易用鐵錢宣德中遣使十人來朝貢方物又有白葛達國宣德中至何喬遠名山藏

黑葛達國小而貧平川廣野多草木禽獸稀少市肆牛羊蕃商用鐵錢交易俗尚佛畏刑宣德中嘗遣使十人朝貢又有白葛達在西海中小國土瘠亦尚佛宣德七年國王遣使朝貢茅瑞徵象

賓録

白葛達

白葛達海中小國土瘠俗尚佛教宣德七年國王遣和者里一思等來朝貢鄭曉吾學編

白葛達國小民貧市易用鐵錢宣德元年遣使和者里一思等朝貢舟溺盡失其方物既至京言臣國自昔未通今慕義而來無以歸報惟陛下哀憐賜之冠服庶臣得藉以文命上勅使者歸諭而王朕嘉王誠耳安用物給冠帶遣歸又有黑葛達亦小國永樂中入貢焦竑獻徵録

宣德元年七月遣使入貢初和者里一思以其國王命來朝貢

方物遭風壞舟貢物盡溺和者里一思等既至京言臣國自昔未至中國今始奉貢遂遭淪溺國王惓惓忠敬之心無以自達此使臣之罪惟皇上大恩赦之賜以冠帶使歸見國王亦知臣等實造闕下庶幾免責上命礼部賜之冠帶俾附隣國貢舟還復進和者里一思等諭之曰倉猝風水豈人力所能制歸語爾王朕嘉王之誠貴不在物自今惟堅爾誠足矣辛亥貢使陛辭上謂尚書胡濙曰天氣漸寒海道遼遠正副使各加賜路費鈔三千貫及錦衣一襲頭目從人俱加賜鈔及衣服靴韈賓録

勿斯里

勿斯里國所轄州一十六村落三百六十每村供國用一日王

白皙纏首著衫出入乘馬儀從甚都導馬三百匹金鞍寶轡虎十頭縻以鐵索臂膺挾劍以從多至千百人有大塔高二百丈國被兵則據塔拒敵可容二萬衆蓋亦勁國云或云其國百年不一雨有天江水極甘每溢可浸田水過而耕莫知其源也江上有鏡它國盜兵來輒先照之茅瑞徵象胥錄

木蘭皮

木蘭皮國在西海中自大食國舟行正西涉海百餘日方至一舟容萬人中有酒肆機杼舟之大無過木蘭者物產亦異粒長三寸瓜圍六尺香櫞桃榴並巨胡羊高數尺尾大如扇春割腹如脂縫合仍活秋風忽起人獸急就水飲稍遲渴死茅瑞徵象胥錄

咭呤

咭呤小國居海島中白布纏首身穿小袖長衫食以手忌豕肉見華人食輒厭其穢與順哈並不通朝貢附舶香山濠鏡澳貿易産胡椒蘇木荳蔻象牙茅瑞徵象胥録

順哈

順哈亦海島小國也人醜而黑衣布帛飲食生熟相半婚姻不論貴賤意合則從産胡椒象牙丁香荳蔻茅瑞徵象胥録

佛朗機

佛朗機近滿剌加島夷之黠暴者前代及國初俱未通正德十三年其大酋弑國王遣必加丹末等三十人入貢請封至廣東

守臣以其國不列于王會羈其使以聞詔給方物直遣歸使者留不去劫奪行旅掠食小兒廣人苦之會滿剌加訴佛朗機攻逐其王御史丘道隆何鰲相繼疏言滿剌加受封天朝佛朗機乃擅奪之欲啗我以利求封爵無慕義向化心且駕大舶操凶器往來交易爭鬭殺傷南服之禍從此始矣昔祖宗時四夷來貢有常期毋敢闌入自吳廷舉建議弛禁于是夷心日啟射利如隼揚帆如馳其何厭之有此佛朗機之所以向隙而侮也爲宜驅絶其使毋留內地仍申曉諸夷來毋失期市毋弛禁庶幾萌杜而中外安矣詔從之嘉靖二年佛朗機人別都盧等寇廣東守臣擒之二十六年寇福建漳州官兵禦之遁去自道隆等

以佛朗機故議絶諸番後夷舶不之粵而潛之漳州爲市廣東督臣林富更言其不便兵部議滿剌加諸國令甲許通市不宜槩絶請禁之于漳而收之於粵制可佛朗機兵器最恃銃大者千餘斤次半之小亦不下百斤發可及百餘丈木石遇之俱靡今頗傳其法然惟夷人用之精中國不及也焦竑獻徵錄

佛朗機國在爪哇南向不通中國或云古徐狼兒國有東西二洲其西洲之境天竺僧憍陳如遥屬之今佛朗機與爪哇對跱疑即其地大約不可考正德十三年佛朗機大舶突入廣州澳口銃聲如雷以進貢請封爲名左布政兼副使吴廷舉聽之而臺議非例不許尋退泊東莞南頭徑造屋樹柵恃火銃以自固

數掠十歲以下小兒烹食之率一口金錢百文惡少緣以爲市廣人咸惴惴莫忍其命御史丘道隆疏其殘逆先年潛遣人者亞三附滿剌加使船至廣窺伺機便長蔓至今請並誅亞三毀其居驅逐出海禁私通者律從之督府已捕得亞三戮于市檄海道副使汪鋐帥兵往逐其船人輒鼓衆逆戰數發銃擊敗我軍尋有獻計者請乘其驕募善水人潛鑿其舟底遂沉溺有奮出者悉擒斬之餘皆遁去嘉靖間北虜吉囊大入遂請如佛朗機制爲銃頒諸邊鎮詔許之今衛鋒及火戰皆資焉顧佛朗機敗後其商船由是不能絶時與濠鏡諸夷赴廣貿易但不復如昔時虐焰云（廣東通志）

佛朗機在海西南近滿剌加向不通中國正德十三年其酋弑立遣使三十人入貢請封至廣東守臣以其國不列王會羈使以聞詔給方物直遣歸使者留東莞劫行旅至掠食嬰孩廣人苦之守臣勒水兵攻勦乃遁會滿剌加愬佛郎機攻逐其王御史丘道隆何鰲相繼疏請驅絕後諸番夷舶并不之粵潛市漳州久之兵部議滿剌加諸國通市不宜槩絕請禁漳而收之于粵報可嘉靖二年佛郎機人別都盧等擁衆千餘破巴西國遂寇廣東新會縣守臣勒擒之生得別都盧等四十二人詔梟境上二十六年寇漳州私市浯嶼海道副使柯喬禦之遁去四十四年有夷目啞喏唎歸氏者浮海求貢初稱滿剌加國已復易

辭稱蒲麗都家西廣鎮巡以聞下禮部議南番無所謂蒲麗都
家或佛郎機所託也行鎮巡詳覈為謝絶相傳其國頗富饒多
畜犀角象牙珠貝胡椒身長七尺高鼻白皙鶯嘴猫眼鬚捲而
髮近赤亦多髡首雜鬚貴者戴冠賤者頂笠見尊長撤去之著
衫袴垂至脛皮屨衣服用鎖袱西洋布瑣哈剌寂華潔俗信佛
喜誦經每六日一禮佛先三日食魚為齋至礼拜日雞豕牛羊
不忌手持紅杖而行飲食不用匙筯富者食麪貧與奴僕食米
婚娶論財責女奩貲數倍無媒妁詣佛前相配以僧為證謂之
交印國有大故亦多與僧謀人死貯布囊以瘞所畜畢入僧室
市儈互易搦指節示數累千金不立文字指天為約無敢負相

會則交捫心誤捫首勃然忿爭或詈辱及子孫父祖家長輒以死鬭性兇狡嗜利善大銃中人立死嘉靖初廣東巡簡何儒嘗招降佛郎機人得其蜈蚣船并銃法以功陞上元簿蜈蚣船底尖面平不畏風浪用板捍蔽矢石長十丈濶三尺旁架櫓四十餘置銃三十四約每舟撑駕三百人櫓多人衆雖無風可疾走銃發彈落如雨所向無敵其銃用銅鑄大者千餘斤因名曰佛郎機然惟夷人精用之中國不及也茅瑞徵象胥錄

歐邏巴

萬曆二十九年二月庚午朔天津督稅少監馬堂解進大西洋利瑪竇進貢土物并行李禮部題會典止有西洋瑣里國而無

大西洋其真偽不可知又寄住二十年方行進貢則與遠方慕義特來獻琛者不同且其所貢天主天主母圖既屬不經而随身行李有神仙骨等物夫既稱神仙自能飛昇安得有骨則唐韓愈所謂凶穢之餘不宜令入宫禁者也況此等方物未經臣部譯驗徑行賫給則該監混進之非與臣等溺職之罪俱有不容辭者又既奉旨送部乃不赴部譯而私寓僧舍臣等不知其何意也但查各貢夷必有回賜貢使必有宴賞利瑪竇以久住之夷自行貢献雖從無此例而其跋涉之勞芹曝之念似宜加賞賚以慰遠人乞比照暹羅國存畱廣東有進貢者賞例量給所進行李價直并照例給與利瑪竇冠帶回念勿令潛住兩京

與內監交往以致別生枝節不報　八月丙午禮部覆題利瑪竇涉遠貢琛乃其一念芹曝臣等議擬賞賜之外量給所進行李價直并給冠帶回還蓋亦叅酌事理上聽裁奪迄于今俟命不下者五閱月矣毋怪乎本夷之鬱病而思歸也察其情詞懇切真有不願上方錫予惟欲山棲野逸之意譬諸禽鹿久羈愈思長林豐草人情固然要宜体念乞准所請頒給遣回江西等處聽其深山邃谷寄跡怡老下達遠人物外之踪上彰聖明柔遠之政不報　四十四年七月戊子礼科給事中余懋孳疏請闢異教嚴海禁大畧謂自西洋利瑪竇入貢而中國復有天主之教不意留都王豐肅陽瑪諾等煽惑百姓不下萬人朔望朝

拜動以千計夫通夷　左道有禁使其處南中者夜聚曉散
教白蓮无為之尤乃左道之誅何可貸也使其資往偵來通濠
鏡奧夷之謀乃通番之戮何可後也故今日鮮散黨類嚴飭閩
津誡防微之大計不報　十二月壬寅命押發遠夷王豐肅等
于廣東聽歸本國先是遠夷利瑪竇偕其徒龎迪峩入京上嘉
其向化之誠予之餼廩瑪竇死復給以塟地而仍優其後嗣後
豐肅等在京生事故特遣歸本國云　四十六年十月乙亥西
洋國陪臣龎迪峩等奏臣與先臣利瑪竇等十餘人涉海九萬
里觀光上國叨食大官一十七載近見南北參奏要行驅逐念
臣等修學道尊奉聖主寧有邪媒甘墮惡業乞聖明憐察候風

有禁

便歸國若寄居嶼僉滋猜疑并南京等处諸陪臣一體寬假以

全天朝豢养之恩

諸蕃類考 東洋

琉球

琉球在海東南自福建梅花所開洋順颷利船七日可至漢魏至唐宋不通中國隋嘗遣兵虜其男女五千人元遣使招諭竟不從洪武初國分中山山南山北稱三王遣使朝貢十五年賜中山王察度山南王承察度鍍金銀印金幣使還言三王爭雄相攻賜詔諭之并諭山北王怕尼芝十六年賜山北王印文綺王妃姪相寨官各有差二十五年中山遣子姪及其陪臣子弟入國學上喜禮遇獨優賜閩人三十六姓善操舟者令往來朝貢永樂二年察度卒詔封其世子武寧嗣王是年山南王承察度

辛無子令其從弟汪應祖攝國事應祖使來請命加山北王故事諭蹇尚書遣使賜應祖冠服嗣山南王九年中山王思紹令坤宜堪彌貢馬及方物以其長史程復來見表言長史王茂輔尊有年乞陞國相兼長史事又言復本中國饒州人輔臣祖察度四十餘年不懈於職今年八十有一乞令致仕還其鄉上從之陞復琉球國相兼左長史致仕還饒茂國相兼右長史景泰元年中山王尚思達遣人朝貢三王嗣封皆請于朝已而山南山北爲中山所并中山遣使朝貢令三年一貢貢無過百五十人察度後五傳至尚圓嗣王卒子尚真嗣嘉靖十一年尚真卒子尚清請嗣遣左給事中陳侃行人高澄以太牢祀真封清嗣

王賜王妃冠服錦幣使臣疏言弘治正德時修撰羅倫等嘗使安南安南乞留詔勅爲鎮國之寶倫爲請得留即琉球請留如安南海外遠不得即請乞下禮官議〻請如安南使至國授封王拜曰天朝詔勅藏金匱者八葉於茲矣請留使許之比還遣其王親寧吉長史蔡瀚上表謝使上使琉球録言大明一統志中載琉球有落漈王居壁下聚髑髏非實事杜氏通典集事淵海瀛涯録星槎勝覽所述亦傳者妄也乞下史館從之其俗以盈虛爲晦朔以草木爲冬夏人皆去髭鬚手羽冠毛衣無禮節好剽掠既遣人學於國學吏習稍變奉正朔設官職被服冠裳陳奏章表著作篇什有華風焉今其國中王下有王親不與政

次法司官次察度官司刑名次那霸港官司錢穀次耳目官司訪問皆土官爲武職以上世及所轄地爲姓名其大夫長史通事官司朝貢有定員爲文職皆三十六姓人及學於國學者爲之王并日視朝旦中昃凡三朝群臣搓手膜拜尊且親者入殿坐飲酒卑跪者移時長跪階下歲元旦聖節長至君臣冠服拜龍亭祝慶子爲親喪數月不肉食人死以中元前後日浴尸溪水去腐肉取骨纏以布帛裹葦草埋土中王及諸臣家匣骨藏山穴斲木爲小牖歲時祭掃啟視之地無貨殖不通商賈朝貢乘大航海上漁鹽泛小艇無竹筏信鬼畏神神以婦人爲尸號女巫女巫之魁稱女君白日呼嘯聚輒數百人携枝戴草騎步

縱横時入王宮褻遊狎戲一唱百和音聲淒惨倏忽往來莫可蹤跡馮附淫昏矯誣禍福王及世子陪臣皆頓首拜跪王居山巔國門名歡會府門漏刻殿門奉神朴素無金碧之飾賦法畧如井田王臣民各分土為禄食上下無征歛有事一取諸民事已即已用刑甚嚴盜竊即剥劓家富貴者危屋不過二三楹餘皆茅土風雨飄揺以螺殼覆之無釜甑耕無鐵婦人嚼米為酒男子煑海為鹽市用日本錢十當一如宋季鵞眼綖貫人無貴賤皆驍健耐勞苦饑寒不知醫藥而無疾疫兵甲堅利射可至二百步進止有金鼓鄰國視為勍敵然好爭狠鬬輒刃殺人度不能脱即剖腹自斃其山川黿鼉嶼彭湖島為大或曰國西古

米山有礁甚險舟至輒敗即落漈也產馬海巴牛皮磨刀石硫黄銅錫扇山無猛獸以故多野馬牛豕鬭鏤木蘇木胡椒諸香非其産也又有小琉球近泉州閩人言霽日登鼓山可望而見入國朝未嘗朝貢或曰并入琉球琉球旁有毗舍那者島中小夷鳥語鬼形袒裸盱睢殆非人類不通中國鄭曉吾學編

琉球琉球海東南國也自福建梅花所開洋順風七日可至前代與中國絶隋煬帝時遣將討之俘男女五千人歸元招諭之不從高皇帝洪武五年遣行人楊載使其國時國分爲三察度王中山承察度王山南怕尼芝王山北先後遣使朝貢賜鈔幣有差中山山南給渡金銀印已聞三王相攻遣使諭之解其兵二十

五年中山遣從子及陪臣子入學上念夷來勞苦甚命給衣廩厚遇之間數歲聽歸又賜閩人善操舟者三十六姓昇往來朝貢文皇帝永樂元年察度卒詔封其世子武寧嗣王并封汪應祖為山南王汪應祖者承察度從弟也承察度無子遺命以應祖嗣來請于朝未幾武寧卒子思紹嗣進閣者數人却勿受遂遣使同其長史程復來表言復饒州人輔臣祖察度四十餘年今老矣願歸骨故鄉請以王茂為相國兼長史事從之思紹卒子尚巴志嗣尚巴志卒子尚忠嗣尚忠卒子尚思達嗣尚思達卒叔尚金福嗣尚金福卒其弟布里與其子志魯爭立相攻殺俱斃并失其印次弟尚泰久表陳其事上命泰久嗣王給以印時

景泰五年也先是山南王汪應祖者爲其兄達勃期所弒子他魯每嗣已復與山北皆爲山中所并貢遂絶尚泰久卒子尚德嗣尚德子尚圓嗣成化十一年貢使还至閩殺人掠其財物因詔閩歲一貢毋過百人著爲令尚圓卒子尚真嗣屢請歲一貢如舊制不許正德二年礼部乃覆從其請尚真卒子尚清嗣尚清卒子尚元嗣嘉靖之季日本數入寇蹂躪海上餘衆歸道琉球尚元邀之境盡殲之又屢歸我被虜人口上褒賞之自思紹以來嗣立皆請於朝故事以給事中行人爲正副使往封然使事無聞至尚清封則陳侃高澄往尚元封則郭汝霖李際春往乃論次其事爲使琉球録傳于世其俗故無文字晦朔視盈虛

四時視草木去髭鬚手羽冠毛衣自奉正朔後學者不絕吏習
遂變君長被服冠裳知禮節每使者歸詔勑皆請留其國表章
陳奏駸〻華風矣男子結髻用五色布纏頭女子上衣外加幅
布蔽面長裙細褶以覆足人皆驍健耐勞苦少病不知醫藥兵
甲犀利勍于隣國然好爭狠鬪輙刃殺人度不能脫隨割腹自
斃國無常賦有事則取諸民刑甚嚴盜竊即剕劓富貴家瓦屋
不過二三楹餘皆茅茨市用日本錢十當一如鵞眼綖環之類
國初使來言其國不貴紈綺貴磁鐵自是賜予及市馬多磁器
鐵釜王而下有王親不與政其次司刑法錢穀等官為武職以
土人為之文職則大夫長史通事官司朝貢以三十六姓人及

學士國學者爲之王日三視朝羣臣搓手膜拜親喪數月不食
肉浴屍溪中畀而瘞之信鬼事巫〻魁曰女君白日呼嘯輒數
百人携技戴草騎步縱横狎遊王宫一唱百和音聲悽慘王及
世子陪臣皆頓首拜跪相傳昔倭奴來侵神錮其舟凡巫之矯
言禍福多此類也王居山巔殿宇朴素無金碧之飾舊志言其
壁下多聚髑髏海中有落漈舟漂入不得反事皆非實語具侃
澄所爲録中其山川龜鼊嶼彭湖島爲大古米山有礁甚險易
敗舟產馬海巴銅錫闘鏤楙木皮布金剎搗入貢方物則硫黃
胡椒蘇木諸香多貿自他夷國旁有毗舍那國烏語裸形殆非
人類宋淳熙間曾一至泉州殺掠而去又有小琉球去閩稍近

皆不通中国焦竑獻徵錄

琉球國居東海唐宋皆不賓貢高皇帝使行人楊載持詔其國國凡三曰中山曰山南曰山北中山王名察度山南王名承察度山北王名帕尼芝皆以尚爲姓皆遣使入貢〻上嘉之使〻賜三王印與皮弁冠服至則三王治兵相攻上復使諭之使其息兵養民於是中山王遣世子及國相子來學又有女師生姑魯妹二人者亦來上賜之裘葛襲衣視中國儒生加一等居頃之世子國相子與雲南生非議詔書上怒皆治罪死久之中山王復遣使貢上賜之閩中舟工三十六户察度卒子武寧嗣武寧卒子思紹嗣思紹卒子巴志嗣而承察度卒無子其從弟能

撫其國人承察度意屬之永樂中封為山南王其後山北山南皆為中山所兼自巳志以後為尚巳為尚忠為思達為金福為泰久為德為圓為真為清為元為永莫不內奉唯謹薨必訃封必請其國磽瘠民儉僿少勤不知礼節文字入明以來乃慕尚華風革其舊俗從我聲教其國立法司官察度官司刑者也過闕官那霸港官司儲者也耳目官司訪者也三官者武臣也以上世及所豁地為姓名大夫官長史官通事官司貢者也文臣也以通中國書及閩三十六姓之後人為之王并日視朝日三朝羣臣搓手膜拜有慶則觴王王與之坐歡畢者跽侯檻陛外移時王所居甚高貫陶珠五色為簾出乘肩輿人二八前後

人百数左右擁武士蒙首如蒙俱以五色陶珠爲蓋又珠爲小團扇集大鳥羽爲大團扇其賦斂稍合中國古井田制上下有分土國有大事暫鳩而加征馬其法令簡嚴不責少文其文章亦能明佛而通經其武事刀劍弓矢皆嚴利削直射可至二百步禮尚跣敬則跣樂用絃歌童子擊柝舞親喪數月不肉食無釜甑用螺殼無絮織麻有布釜與絮者必白王不則罪用日本錢如宋季鵝眼錢也（何喬遠名山藏）

琉球國居海島中直福建泉州之東自長樂梅花所開洋風利可七晝夜至距福寧溫台亦頗近然貢道必由閩縣以達京師漢唐宋不通中國隋大業三年煬帝令羽騎尉朱寬入海訪異

俗遂抵流求語不通掠一人歸明年慰撫不從遣武賁郎將陳稜等率兵自義安浮海擊之至高華嶼又東行二日至鼅鼊嶼又一日至其都虜男女数千人而還其後遂絶元世祖遣使招諭不至元貞三年福建省平章高興檄别將禽百三十餘人史稱瑠球與彭湖諸島相對天氣清明望之隱約若烟霧其遠不知幾千里或云於古為流虬地界萬濤蜿蜒若虬浮水中因名後轉謂之琉球所轄有古米太平馬齒七島諸山並隔海外不相屬國朝洪武五年遣行人楊載齎詔往諭其國分為三並稱王中山王察度山南王承察度山北王帕尼芝皆遣使奉表箋貢馬及方物十五年賜中山王山南王渡金銀印文綺使還言

三王爭雄長詔令罷兵息民十六年賜山北王如前例二十一年以所獲元主次子地保奴發居琉球二十五年中山王遣子侄及其陪臣子弟入國學上禮遇特厚以其國往來朝貢賜閩人善操舟者三十六姓永樂二年中山王察度卒詔封世子武寧嗣王是後嗣封皆請於朝冊立弔祭礼如朝鮮其年山南王承察度亦卒無子從弟汪應祖攝國來請命如山北王故事賜冠帶嗣王武寧卒子思紹嗣九年遣使朝貢偕長史程復至表言長史王茂輔導久乞陞國相兼長史復本中國饒州人輔臣祖察度四十餘年不懈今年八十有一請致仕還其鄉從之思紹卒子尚巴志嗣巴志卒尚忠嗣正統十年琉球商船漂至廣

東香山港巡戍欲盡戮冒功海道副使章格不可爲辯奏還其貲十三年尚思達嗣父忠立遣使朝貢亡何思達卒叔尚金福嗣金福卒弟布里與子志魯爭立失其印次弟尚泰久馳奏命給泰久印嗣王時景泰五年也先是山南王汪應祖爲其兄達勃期所弒尋與山北併於中山其王世稱尚氏天順七年尚德嗣父泰久立卒成化七年子尚圓嗣十一年貢使還至閩恣殺掠詔著令間歲一貢貢無過百五十人十五年尚真嗣父圓立二十二年中山王尚真以官生蔡賓等五人肄業南雍經五年咨礼部乞放回省覲以聞上報可嘉靖二年福州府盤獲琉球夷人三十二名譯稱往暹羅置貢儀抵漳州外洋遭風會倭使

宋素卿等於寧紹讐殺上恐墮奸計命併發浙江查勘三年琉球貢使金良等言本國先遣正議大夫鄭繩等貢方物渡海風漂未至請先進表歸國上報聞許之以倭使宗設等逋誅鄭繩還令齎勅轉諭日本捕治五年尚真卒王世子尚清上表請封九年再申前請十一年勅給事中陳侃行人高澄祀真太牢封清嗣王侃等言弘治正德時脩撰羅倫等使安南安南乞留詔勅鎮國即琉球請留如安南海外遠恐煩往復乞下禮官議如安南前格侃等至國授封王拜曰天朝詔勅藏金匱八葉于茲矣遂諭旨比還特遣王親寧吉長史蔡瀚奉表謝侃等上使琉球録言大明一統志載琉球有落漈王居壁下聚髑髏事非實及

杜氏通典集事淵海羸蟲録星槎勝覽諸書亦多傳訛乞下所錄史館從之先是其國贈侃等黄金四十兩卻不受因附謝使奏上以命侃等十九年長史梁梓來朝貢方物請補造海船四號續貢聽如式自備無違例二十一年漳州人陳貴等通番下海至琉球與潮陽海船爭利相攻長史蔡廷美沒其貲以夜奔多掩殺其王尚清械繫貴等七人至福建詭爲寇御史譚甯列奏上允部覆治以通番律仍聽咨諭國王無輕與中國商民互市明年尚清移礼部以官生梁炫等四人學南雍踰七年乞遣歸婚娶詔給資糧護歸二十四年遣使來貢兼送朝鮮漂流人口初閩人蔡璟撥賜琉球而京籍在閩二十六年其孫蔡廷會

充貢使至與給事中黃宗槩親舊通饋謁事覺下詔獄上念貢使姑革賞行勘三十四年尚清卒明年倭寇浙直敗還入琉球境世子尚元發兵邀擊殲焉得所掠金坤等六人遣廷會修貢賚送因言貢使須秉夏令南風迅始得歸請如三十四年例聽於福建海口自行修買歸舟上嘉其忠許之賜勅獎諭厚賚金幣三十七年遣給事中郭汝霖行人李際春持節冊封尚元為王越再歲留福州其國遣廷會謝以倭警請如正德中封占城例領詔冊回國礼部以非故事且無世子印文不許四十一年始竣封明年遣陪臣鄭憲等入貢因送歸中國漂流人口且請歸本國流移上令檄瀕海諸路萬曆元年尚元卒四年世子尚

永嗣及永卒三十一年封尚寧嗣王如令甲三十七年薩摩州倭侵琉球虜其王四十年遣使復脩貢報中山王業返國海道叅政石崑玉等驗貢物雜倭產請阻回俟勢定止從部議令貢使無入朝量收方物給賞四十四年五月中山王尚寧遣通事蔡廛報倭造戰艦五百餘脅取雞籠山島野夷雞籠淡水洋一名東番云考風土以海氣蒸溽候煖鮮霜雪多颶風暴雨國人深目長鼻纖嗇好潔並用色布纏首紫最貴黃次之又次紅綠王兼五色簪以金銀差等廣袖寬博闊左並縞素無木綿貧者隆冬衣苧較闊加密屋多茅葢頃漸習陶鋪板祛塵無貴賤着草屧入室則脫唯肅謁使客具冠履婦人以墨黥手外指為花

卉鳥獸狀髻肖童子總角不施簪珥粉黛女工麻縷地不產鐵爨用螺殼亦無農器削木為匙筯得異味先薦尊者居親喪數月不肉食以中元前後日浴尸溪水去腐取骨纏以帛裹草埋土中不起墳王及諸臣家匣骨山穴鑿木為牖歲時展視惟謹賦法畧倣井田分土為祿食有事始均税事已即罷刑甚峻犯盜竊刳腹剜腓職官尊者三法司即國相率王毋舅妻父任之其次有察度官司刑名有耳目官資顧問有哪嚻官理錢穀皆武職大夫長史主封貢不與政事為文職洪永所賜三十六姓多閩之河口人子孫秀者讀書南雍歸即為通事累陞長史大夫今僅存七姓凡七姓男不為國婿女不為王妃言語衣服無

別〻以椎髻居中者七姓居右者本吏也王日三朝羣臣以搓手膜拜為敬俗稱王曰敖那妃曰札喇王宮建山巔國門榜以歡會府云漏刻殿云奉神永樂間賚命使爲蓋宮殿頗嚴敞然以板代瓦冊封錫以皮弁玉圭麟袍犀帶視二品秩及妃皆有冠服綵幣初用中使宣德間改用給事中行人給事賜衣麒麟行人賜衣白澤並假玉帶從福建往治五桅巨艦長可十七丈桅用杉舵用鐵梨木其國届期遣看針通事一人并水手來與偕密室看針即白晝燃燈亦名十更船往以西南風期孟夏歸以東北風期季秋望見古米山即其境東去三百里為葉壁山又東即日本恒與貿易假貸近國哪霸首里並有馬市販鬻牽

女僧市用日本錢十當一如宋季鵝眼綖環國初使來言其俗不貴紈綺貴磁器鐵釜賜予及市馬多用之鹽舶魚艇制稍異酷信鬼不知醫藥以婦人不二夫者爲尸其魁號女居近王宮有寺藏經千卷它籍無五經有四書以杜律虞註爲經土田砂礫樹藝鹵莽野多鹿及馬牛羊豕山多蛇無虎樹之佳者鳳尾蕉貢有蘇木胡椒黄熟降檀諸香並非所產產銑硫黄海貝讌會令童歌夷曲舞以侑觴酒以水漬米越宿婦人嚼以取汁曰米奇間來自暹羅清洌易令人醉武宗嘗賜玉杯每出爲壽學書及武以倭爲師甲用皮革矢可至二百步御以金鼓衆驍健耐飢寒勞苦好爭狠鬬度不免即引刃自斃於海上故稱勍國

然不當倭十一國別號大琉球西南則暹羅東北則日本從長樂廣石出海隱隱一小山浮空即所為小琉球者也去閩省東鄙臺礵東湧水程特數更南為東番諸山在彭湖東北其人盛聚落而無君長習鏢弩少舟楫自箇不通朝貢又東隅有虎島語見形殆非人類或云即毗舍那國（茅瑞徵象胥錄）

祖訓大琉球國朝貢不時王子及陪臣之子皆入太學讀書禮待甚厚小琉球國不通往來不曾朝貢按琉球國有三王洪武初中山王察度山南王承察度山北王帕尼芝皆遣使奉表箋貢馬及方物十六年各賜鍍金銀印二十五年中山王遣子姪入國學以其國往來朝貢賜閩人三十六姓善操舟者永樂以

來國王嗣立皆請命冊封後惟中山王至中山王世稱尚氏諭令二年一貢每船百人多不過百五十人貢道由福建閩縣

呂宋國

洪武五年與瑣里諸國同貢方物永樂三年遣使朝貢萬曆四年助討通賊有功來貢貢道由福建大明會典

呂宋在海中其國甚小頗產黃金以故亦富厚人頗質朴不喜爭訟永樂三年國王遣隔察老來朝貢鄭曉吾學編

呂宋國小然產黃金故人亦富厚商舶多至永樂三年遣使朝貢焦竑獻徵錄

呂宋海中小國也其國王以永樂三年遣其臣隔察老朝貢而今亦爲佛郎機所有名曰呂宋實佛郎機也初呂宋王有兄弟

二人武而有信佛郎機互市其國利其爲西洋諸番通貨之會奉黄金爲呂宋王壽從王乞地〻如牛皮許大許之佛郎機歸而截牛皮縫長之方四圍呂宋王有難意業許之不得辭歸地於佛郎機佛郎機有呂宋地築城屋列兵器久之殺王兄弟逐呂宋民入山中凡中國以貨來者皆主之干系臘國使大酋來鎮之數歲則易一王其地通閩〻漳人多往焉率居其地曰澗内者其久賈以數萬間有削髮長子孫中國人衆不能無生貪黠而佛郎機輕侮役屬之美洛者海上國也佛郎機酋征而奪之揀中國人助戰人以二百餘中國人晝夜爲佛郎機警備佛郎機酋高枕而已中國人稍懈輒鞭箠或刺殺之中國人皆怨

有潘利五者夜入酋臥內刺殺酋持酋首大呼佛郎機人大驚起不知所爲悉被刃或落水死利五與其黨大載佛郎機貨物以歸失水道誤入交而交人掠之獨郭惟泰等三十餘人走免酋死其子代酋遣僧人入閩訴之巡撫都御史都御史使人招回中國人酋人給米爲歸復致書訟父冤事聞檄兩廣督臣以礼遣僧罷惟泰等于理萬曆二十一年也三十二年天子採金方內有奸男子張嶷上書言呂宋有機易山其上金豆自生可採也天子下其書廷臣力言謬不報閩巡撫都御史使海澄丞王時和及百戶一人與嶷往佛郎機款丞酒問丞金豆生何樹也丞無以對數目嶷嶷爲大言大地皆金何必問樹處酋大笑

幾殺丞丞歸病悸死疑無以報天子天子誅疑傳首海外夷人故歷侮中國人至是益疑會中國人被夷虐者怨望出大言夷益恐盡買中國人手中鐵雖機上刀竈工釜悉厚倍其直諸中國人鐵皆空遂大殺中國人死者二萬餘酋猶慮中國興兵問罪入廣東香山澳偵諜中國乃寂然閩廣當事者草草聞上而不敢盡言上下旨呂宋無開事端已而中國人又商販其處矣其屬夷有大港有南旺有玳瑁港有呂蓬有磨荖央有以寧有屋當有朔霧而皆佛郎機主之佛郎機破朔霧有力焉佛郎機德之既奄有諸土率虜使其民獨與朔霧為婚媾其人敬天稱天曰寥氏（何喬遠名山藏）

呂宋在東海中初爲小國而後寖大吾學編曰產黃金以故亦富厚人質朴不喜爭訟永樂三年國王遣其臣隔察老來朝并貢方物其地去漳爲近故賈舶多往有佛郎機者自稱干系蠟國從大西來亦與呂宋互市酋私相語曰彼可取而代也因上黃金爲呂宋壽乞地如牛皮大蓋屋王信而許之佛郎機乃取牛皮剪而相續之以爲四圍乞地稱是王難之然重失信遠夷竟予地月徵稅如所部法佛郎机既得地築城營室列銃置刀楯甚具久之圍呂宋殺其王逐其民入山而呂宋遂爲佛郎機有矣干系蠟國王遣酋來鎮數歲一更易今華人之販呂宋者乃販佛郎機者也華人既多詣呂宋往往久住不歸名爲壓冬聚居澗内爲生活漸至

數萬閒有削髮長子孫者萬曆二十一年八月酋郎雷氏敝裹系勝征美洛居役諸流寓二百五十人充兵助戰政和堂集曰高肖爲把總魏怕秀楊安頓潘和五洪亨五爲哨官鄭振岳爲通事郭惟太等爲兵夷人偃息卧船上使華人日夜駕船稍倦輒箠死之或刺殺苦毒備嘗潘和五等謀曰叛死箠死刺死等死耳不然亦且戰死不若殺酋以洩吾忿勝則揚帆故鄉即不勝死未晚也議既定夜半入卧內刺酋持酋頭大呼夷人驚起不知所爲悉被刃或落水死和五等悉獲金寶兵器駕其船以歸失路之廣南爲交酋所掠獨郭惟太等三十二人走免附舟返舍酋既死子郎雷猫吝擁兵駐朔霧馳回代立爲酋遣僧來訴明年閩撫遣賈舶招回久住呂宋華人酋爲給

糧以歸致書及嗣重訴父寃
呂宋嗣王具文一道用金箋封識
另小書用紅羅包裹付賈舶携來
內稱郎雷氏敝裏系勝是猶客爺氏奉干系蠟國主命鎮守東
洋呂宋等處蒙差官來探日本消息招回唐人日本近雖稱兵
入境然彼國有征伐之兵敵國有備禦之固況日本熟知敝國
士卒精壯遇敵無不爭鋒何足以懼前革回唐人係是久住不
安生理今之革者因敵國狹窄米穀稀少糧食不給別無他端
伏望尊慈鑒察其被害戰船乞追軍器金銀寶貝并究殺父之
人償命以警後人以正法紀從兄巴札於旧年十月駕船往貴
省奔訴父寃萬里懸情惟冀秉公嚴追究治從兄巴札厚遣歸
国感被圖報又訴詞一帋為辯明父究事緣父守國欲討美洛
居時有澗內唐民頓充助敵者二百五十人自備行糧立功給
賞時父與兵同船開駕到交逸地方有佛郎人人與唐兵言饒
父責番人弔在船桅懲戒原船裝載金銀莫計同船番目各帶
宝貝銀錢數多船進合萬門湾泊父令唐人牽呂捕魚共烹而
食卧至半夜唐人心貪財宝陰謀不軌將父并番目四十餘命
盡行殺死僅存巴礼書記二人報息將本船實貝駕逃僕時奉
命帶兵駐劄朔霧各屬閙变共議報寃將城內舊澗拆卸僕閙
訃回国勸諭不許生端報怨復議設新澗城外慮及番兵横為
擾害着頭目四人逐日在澗看守以便唐人生理不想起蓋未

完而日本報警，番目思見澗地接迹城廓，兼之唐人每有交通之情，恐招蕭墻之禍，再議移澗，此非本心。革回唐人每船給米五斗，包資助。想來人必能道其詳者，邀功含冤，伏望作主轉達施行。

閣撫許孚遠具疏以聞。許中丞疏畧曰：我民往販呂宋，中多無賴之徒，因而流落彼地，不下萬人。番酋築蓋鋪舍，聚劉一街，名爲澗內，受彼節制，已非一日。去秋彼酋抽取我民二百餘人爲兵，刑殺慘急，遂致激成此變。夫以酋虜豺狼之性，輕動干戈，不戢自焚，固其自取，而殺其酋長，奪其寶貨，逃之交南，我民狼毒亦已甚矣。撫兩廣督臣以禮遣僧歸國，置惟太等於理，潘和五竟留虜不敢還，虜人故奴視華人，徵賦溢格，稍不得當，呵辱無已時，犯者即嚴置以法。自茲釁既結，疑二日深，虜益厲使我矣。其後又有機易山之事。自採金中貴蠱尾四出，妄一男子張嶷更爲新奇其說，上疏曰：呂宋有機易山，其上金豆自生，遣人採取之，可得巨萬，無禁有詔下閩廷臣力言其謬不報閩當事持之乃遣海澄丞王時和及百户干一成往勘其地夷初聞使至大駭諸華人流寓者見酋言華無他特奸人横生事端今遣使者來按兹土使奸人自窮便于還報耳酋意稍解令夷僧散花道旁迎使者諸流寓先結遂席為厰如公署狀酋盛陳兵衛邀丞入亦爲丞設食然氣豪甚問丞曰汝華言開山山各有主安得開也且金豆是何樹生來丞無以對數目嶷嶷云此地皆金不必問豆所自蓋嶷欲借朝命臨之襲破其國耳至是不敢顯言夷人皆大笑酋留嶷欲兵之諸流寓苦解俾歸爲戮於司寇迺釋令登舟時三十年四月也丞歸病悸死嶷以奏事不實坐誅傳首海外然夷竟疑

中國有啟疆意益暴虐諸流寓諸流寓無賴者聲言今日之事汝爲政一旦天兵下海門汝輩寧爲白人乎語稍稍傳布夷益疑明年夷遂決計謀殺諸流寓詭言將征他國凡華人寸鐵輒厚售之即切肉小刀價至數錢華人利其直輒聽鬻去家家無復寸鐵乃約日勒點名籍分三百人爲一院入即殺之事稍露諸流寓乃糾衆走菜園屯聚爲亂八月朔日夷兵大起攻菜園死傷無數次日聚大崙山揭竿應敵夷亦少挫酋旋悔禍遣人請和華人慮其誘我撲殺彼使夷怒設伏城旁初三日華人在大崙山饑甚不得食冒死攻城夷人伏發燃銅銃擊殺華人萬餘華人大潰或逃散餓死山谷間横尸相枕計損二萬五千人

存者三百口而已是役倉猝無主盟又糧與刄俱乏故搏手困窮膏塗遠與華人在大崙時風雨大作人立雨中夜半望見長天有光熌爍大地震動每驚突自相觸殺夷衆其斃而著之是月漳亦大水漂沒萬家受禍同時楊九之均厄也後夷酋下令招撫其所掠華人貨悉封識貯庫中移書閩當事俾諸戚屬往領明年賈舶乃稍〻去奸商黃某者與酋善輒冒領他貨稱為某子甲姻黨細載乾沒云三十三年有詔遣商往諭呂宋無開事端至是禍良已留者又成聚矣佛郎机身長七尺眼如猫嘴如鸚面如白灰鬚密捲如烏紗而髮近赤其僧擁重權國有大故則酋就僧為謀主人論死者僧誦經勸之首肯然後行刑中罪

用拘輕拘一足重則拘兩足婦女歲時諸寺識悔有陰事輒密向僧自輸僧為說法鞭之數十忍痛不敢言夜留宿寺中聽僧意所指畫唯唯而已婚姻父母不能定惟僧所決之人死貯以布囊就寺以葬所畜財產半入僧室矣先是呂宋國王兄弟勇甚既為佛郎機所戕輒祟於國國人每值死日處僧為標牛厭之標牛者柵木為塲置牛數十頭於中環射之牛叫擲死以此逐鬼云性婪甚靡國不至至則謀襲人呂宋滿剌珈遂至易社在呂宋者初嘗攻破婆羅婆羅放藥水毒殺之故奔呂宋其在中國香山盤據為日已久今則馬非馬驢非驢儼然金城雄其澳中矣廣東通志日佛郎機素不通中国正德十二年駕大舶突至廣州澳口銃聲如雷以進貢為名撫按查無會典舊例不行乃退泊東莞南

頭蓋房樹柵特火銃自固御史丘道隆何贅前後具奏皆言殘逆稱雄逐其國主先年潛遣火者亞三假充滿剌加使臣風飄到澳往來窺伺熟我道途畧買小兒烹而食之近日滿剌加國王奏其奪國讐殺等情屠掠之禍漸不可長宜即驅逐所造房屋城寨盡行拆毀詔從之之道副使汪鋐帥兵至猶擄險逆戰商人鑿舟用業乃悉擒之餘皆遯去嘉靖中黨類更番往來私舡雜諸夷中為交易首領人皆高鼻白晳廣人能辨識之○方言謂天為西羅日為梭羅風為綿除山為文池真珠為亞思佛玳瑁為實除奴牙犀角為亞里高佛金為阿羅銀為巴勞礁

形勝名蹟

覆鼎山　其形似鼎倒覆故名上有野夷巢居樹巔射鳥獸鮮食之人跡不到

文武樓　遠望山容甚偉故華人蒙以佳號

大崙山　華人與呂宋相攻時屯聚于此

圭嶼　為其山與吾澄圭與相類因襲今名

半邊山　望之半缺故名

加溢城　初只一山夷人以其要害地也慮紅毛出沒始築城伏銃其內賊至以銃擊之敵不敢窺張疑所稱機易山想即加溢之訛耳

大湖

假港　即呂宋港口

物產

金　永樂時充貢奸人所捉影而唱金豆之說也

銀錢　大者七錢五分夷名黃幣峙次三錢六分夷名突唇又次一錢八分名羅

料釐小者九分名黄料釐俱自佛郎機携來子花即吉貝花蘇木夷名巴勝居柳夷名哥具交易

舟至遣人馳詣酋以幣為獻徵稅頗多網亦太簽我人往々留彼不返者利其近且成聚故也釁隙而後彼亦戒心于我恐族類既繁後復為亂輒下令每船至人只二百為率毋溢額船歸所載回必倍以四百毋縮額我人當放舟時多詭名充數聽其查覈中流輒逃回彼土市名澗內舊在城中後既猜嫌改設城外新澗

大港是東洋最先到處彼中一大部落也砌石為城佛郎機以酋來鎮來穀繁盛他產不過皮角之屬未至港有筆架山

南旺在大港相連再過為密雁為雁塘皆小小村落所產皮角子花

玳瑁港地勢轉入故稱玳瑁灣而表山環其外凡舟往呂宋必望表

而趨故茲山推望鎮馬灣名玳瑁非其所出蘇木耳再進爲里銀中邦是海中一片高嶼　呂蓬在呂宋之南產螺釠　磨荖央在呂宋之後產子花油麻椰子　以寧從文武樓一帶可遂產只蘇木其地有龍隱山最大　屋黨亦名屋同城郭森峙處酋屯聚糧食處所也其咽喉名漢潭　朔霧俗名宿霧佛郎機未擾呂宋時先聚彼中與其國人相親好佛郎機之破呂宋朔霧人有力焉佛郎機德之既奄有諸土卑屬使其民獨與朔霧爲婚媾城戍儼然一大酋擁重兵守之向歲呂宋王之子求報父冤自稱奉命駐劄朔霧是也所產蘇木子花海菜以上俱呂宋屬國佛郎机人主之者也呂宋王如中國總兵官巴礼如文吏諸國酋皆呂宋王所遣偏裨爲政其間所在各建礼拜寺咸有巴礼司

彼夷化諸國風俗與呂宋盡相類故附列焉　○張燮東西洋考

呂宋國在東洋中國甚小以產黃金故富厚人勤朴不喜爭訟交易不立契書身衣衫褲足穿皮履出入佩刀自衛亦時礼佛誦經洪武五年同瑣里諸國貢方物永樂三年還使朝貢賜文綺命廣東布政司宴勞萬曆四年助討逋賊有功來貢道福建其地去漳近故多賈舶今附香山濠鏡澳貿易而中國通倭者率闌入呂宋以為常初佛郎機從大西來自稱干系蠟國與呂宋互市因上黃金為王壽求地如牛皮大蓋屋王許之佛郎機乃剪牛皮相續為四圍求地稱是王重失信竟予地月徵稅因築城營室列銃置刀盾久之圍呂宋殺其王而地併于佛郎機

矣其國王遣酋來鎮數歲一易華人販呂宋既夥畱居澗內名
壓冬寖至數萬萬曆二十一年八月酋郎雷氏敝裏系勝征美
洛居以華人潘和五等二百五十人從夷偃臥船上令華人日
夜駕船稍倦輙箠殺之潘和五等不勝荼苦謀夜半入臥內刺
酋持其頭大呼夷驚起辟易悉赴水死和五等盡獲金寶兵器
駕其船回失道走廣南爲交酋所掠竟被留獨郭惟太等三十
二人得歸明年酋子郎雷猫吝從朔霧往代遣僧來閩訴時都
御史許孚遠疏聞因以禮遣僧置惟太等於理始夷故奴視華
人至是釁益結而中朝采金之使四出妄一男子張嶷且詭稱
呂宋機易山多生金豆也三十年詔閩遣海澄丞王時和往勘

酋聞大駭華人流寓者為游說結篷爲厰如公署夷亦令僧散
花道旁迎使者盛陳兵衛邀丞入窩設食問丞華言開山山各
有主安得開且金豆生何樹丞數目嶷嶷無以應夷大笑欲兵
之華人曲解釋登舟丞悸死嶷坐誅傳首海外然夷益疑華人
且啟疆決計殲諸流寓矣明年遂謬言將征他島凡華人寸鐵
厚鬻之華人利其直無持寸鐵者乃剋期攻華人華人覺走屯
菜園八月朔夷攻殺無算華人羣聚大崙山饑甚夷復擊殺萬
餘橫屍枕籍存者三百人耳是月漳亦大水頃之夷悔禍下令
招撫籍華人貲移書閩當路俾戚屬往領賈舶復稍稍去三十
三年詔遣商諭呂宋無生事端其後留者復成聚云或曰呂宋

相連曰吶嗶嘽在海畔稍紓入山曰沙瑤其俗椎髻跣足耳大孔垂金鏤衣錦綺多剪服之最奉佛所至拜寺以兩手和南尤嚴男女之禁有與妻嘲笑即從以刃盜無大小論死其人頗抵家別者聽及期妻子送詣酋登高棚自剖腹死孕婦以水灌之所生子置水中築皮爲城覆茅爲屋又有班隘者即蚊阜山山頭火光不斷亦名火山奇險不可到人多扁頭赤身不受佛郎機部署此皆呂宋隣壤諸夷也佛郎機未遷呂宋時先聚朔霧與其國人親好其破呂宋朔霧與有力焉今以一大酋擁重兵守之且通婚媾亦居然一附庸矣茅瑞徵象胥錄

呂宋例由福建貢市萬曆二十六年八月初五日徑抵濠鏡澳

住船索請開貢兩臺司道咸謂其越境違例議逐之諸澳夷亦謹守澳門不得入九月移泊虎跳門言俟丈量越十月又使人言已至甲子門舟破趨還遂就虎跳門徑結屋羣居不去海道副使章邦翰飭兵嚴諭焚其聚次九月始還東洋或曰此閩廣商誘之使來也廣東通志

蘇祿國

蘇祿國在東南海中永樂十五年蘇祿東國巴都葛叭荅剌西國麻哈剌王葛剌麻丁峒妻叭都葛巴剌卜各率其屬三百餘人奉金鏤表朝貢各賜印誥封為其國王三王者東王為尊西峒二王副之東王歸次德州卒賜祭命有司葬以王禮御製碑

文留其妃妾傔從十八人守墓三年還國勑諭其子都麻含封為東王十九年遣使來貢　貢物　梅花腦米腦竹布綿布玳瑁降香蘇木胡椒蓽茇黄蠟番錫大明會典
蘓禄在東南海中人鮮粒食食魚蝦螺蛤短髮纏皂縵煮海為鹽釀蔗為酒織竹布為業氣候常熱永樂十五年其國東王巴都葛叭答剌西王巴都葛叭蘓哩峒王叭都葛巴剌卜各率其妻子頭目來朝貢珎珠玳瑁諸物賜王冠服玉金帶蟒龍金銀錢鈔錦幣器皿王妃王子女姻戚頭目賜物各有差三王者東王為尊西峒二王副之歸次德州卒命有司營塟為文樹碑墓道留其妃妾及傔從十人守墓令畢三年還國遣使封其長子

都麻合為蘓禄國東王十九年遣使來貢鄭曉吾學編

蘓禄與浡泥相近其國分東西二王又有峒王永樂十五年東王巴都葛叭荅剌西王巴都葛叭蘓哩峒女王叭都葛巴剌卜各率其屬三百四十餘人奉金鏤表來朝貢上並即其所部封為王宴賚優渥遣歸東王行至德州卒命有司營葬樹碑謚曰恭定封其子都麻含嗣王妃留守墳三年歸十九年遣使貢或言三王者東王為尊二王佐之産青珠竹布焦竑獻徵錄

蘇禄國在東南海中與浡泥瑣里相近其國分東西別有一峒竝不相統攝永樂十五年權東國者曰巴都葛叭荅剌權西國者曰麻哈剌吒葛剌麻丁故權蘓禄峒者之妻曰叭都葛巴剌

卜各率其屬及隨從頭目三百餘人奉表來朝獻珍珠寶石玳瑁等物既至封巴都葛叭荅剌為東王麻哈剌吒葛剌麻丁為西王叭都葛巴剌卜為峒王東王為尊西峒副之所以賜予良厚既辭歸至德州東王病卒命塟以王禮工爲文碑之留其妃妾傔從十人守墳畢三年而後遣勑諭其子都麻含曰爾父躬率家屬陪臣涉海尊中國朕眷悃誠錫之王封優賜護還舟次德州遽以疾逝朕深憫悼祭葬如礼今特命爾為蘓禄東王爾尚益懋忠貞承厥父志欽哉十九年都麻含來朝獻巨珠一顆重七兩五錢蓋其國有珠池云其俗山涂田瘠食沙糊魚蝦螺蛤男女短髮纏皂縵責海為鹽釀蔗為酒織竹爲布中國人往

賈者冀其復來臨歸輙留數人爲質（何喬遠名山藏）

蘇禄在東南海中永樂十五年其國東王巴都葛叭答剌西王巴都葛叭蘇哩峒王巴都葛叭剌卜各率其妻子酋目來朝并貢方物賜王冠服金錢錦幣雜器子女姻戚侍從賞賚有差（會典曰賜王紗帽金箱玉帶鈒花金帶金蟒龍衣金銀錢紗錦紵絲紗羅器皿等物王妃冠服銀紗紵絲等物餘冠帶衣服諸物）三王者東王爲長西王亞之峒王又亞之空國來歸鱗次闕下亦嚮化之篤也還次德州東王以疾殂于驛亭命有司營塟更爲文樹碑墓道留其姬妾內侍十人守墳滿三載然後還國遣使冊其子都麻合爲蘇禄國東王十九年遣使來貢今賈舶到者言其城據峻巗之巔雅稱天險疑是峒王所都佛郎機屢擁

兵攻之不能克。聚落不滿千家。山涂田瘠，間植粟麥，民食沙糊魚蝦螺蛤。氣候半熱。男女短髮，纏皂縵，繫小印布。煮海爲鹽，釀蔗爲酒，編竹爲布。時從鮫室中探珠滿袖，自成生涯云。

形勝

名蹟　西崎山一統志曰國以此山爲保障　犀角與珠池入夜登高望之水面浮光

物產　真珠一統志曰色青白而圓有至徑寸者　玳瑁本朝充貢　珠殼　片腦本朝充貢

番錫本朝充貢　降香本朝充貢　竹布本朝充貢　綿布本朝充貢　蓽茇本朝充貢　黃蠟本朝充貢

蘇木本朝充貢　豆蔻　鸚鵡

交易　舟至彼中，將貨盡數取去，夷人携入彼國深處售之，或別販旁國，歸乃以夷貨償我。彼國値歲多珠時，商人得一巨珠，携歸可享利數十倍；若夷人探珠獲少，則所償數亦倍蕭索，顧逢年何如耳。夷人慮我舟之不往也

每返棹輙留數人爲質以冀後日之重來　高藥與蘇祿相近出玳瑁（東西洋考）

蘇祿國在東南海中近浡泥瑣里其國分東西峒凡三王各不相屬東王爲尊西峒二王次之永樂十五年東王巴都葛叭答剌西王麻哈剌叱葛剌麻丁峒王叭都葛巴剌卜並率其屬三百餘人奉金縷表來朝貢珍珠玳瑁諸物賜王冠服蟒玉金帶鈔幣各給印誥即所部封爲王東王歸次德州卒命葬以王禮謚曰恭定賜祭御製碑文樹墓道留其妃妾傔從十人守墓令畢三年還國敕封其長子都麻含爲東王十九年遣使來貢々道由廣東俗鮮粒食食魚蝦螺蛤釀蔗酒短髮纏皁縵織竹布

煑海為鹽貢物有竹布梅花腦米腦萆茇今賈舶所至城頗據天險殺峒王所都聚落不滿千家頃歲佛郎機屢擁兵攻之不能下其國有珠池入夜望之光浮水面夷人時從鮫室探珠滿䄂賈舶至彼值歲多珠得一二携歸獲利數十倍否則所償頓減每返棹夷虜我他適輒留數人為質鄰近地名高藥饒有玳瑁茅瑞徵象胥錄

合猫里國猫里務

合猫里地小土瘠國中多山山外大海海饒魚蟲人亦知耕稼永樂三年國王遣回回道奴馬高來朝貢產蘇烏木胡椒鄭曉吾學編

合猫里國小國也土瘠多山而知耕稼山外大海饒魚虫永樂三年國王遣回回道奴馬高附爪哇以貢何喬遠名山藏

猫里務即合猫里國也地小土瘠國中多山山外大海海饒魚蟲人亦知耕稼永樂三年國王遣使回回道奴馬高奉表來朝并貢方物國於呂宋隣壤故與呂宋使者偕來其後漸成沃土俗亦近馴故舶人爲之語曰若要富須往猫里務蓋小邦之善地也廣綱巾礁老者數爲盜海上駕舟用長梃其末如瓠之栽半匿中以盛水者入水蕩舟其行倍疾望遠濤中僅微茫數點倏忽賊至趨避不及無脫者猫里務既重遭寇害死亡數多遂轉貧困賈舶往者慮爲賊所急稍稍望別島以行形勝名蹟

羅黃山上有白石　物產　蘇木　子花　交易　小國見華人舟跫然以喜不敢凌厲相加故市法最平礁老在海上行刼第欲入之諸彼土也舟往販者每善待蓋自藏其穀機焉東西洋考

合猫里國即猫里務地小土瘠多山山外大海饒魚蟲人亦知耕稼永樂三年同爪哇國朝貢產胡椒蘇烏木地隣呂宋漸成沃土俗亦近馴舶人語曰若要富須往猫里務蓋亦小邦之善區也有網巾礁老者蕩舟為盜海上往來甚駛其國重遭寇掠遂轉貧困賈舶多指別島茅瑞徵象胥錄

沙瑤吶嗶嘽班隘

沙瑤吶嗶嘽其地相連吶嗶嘽在海畔沙瑤稍紆入山隈皆呂

宋一帶第不屬佛郎機部署男女畜髮椎結衣服無内外領或用布丈餘桫摺男子多襲以二三重婦人一襲而止男著皮履婦人乃卸跣足〻極細潤耳皆穿大孔令可容極重金鐶衣服即錦綺或甚奇之細布必剪破服之以衣服多爲富字亦用紙筆第畫不可辯築板爲城竪木覆茅爲宫拜則兩手和南伸身直伏跪屈足而俯兩手支地人多奉佛在處礼拜寺甚夥凡入寺者將死堆柴坐其上自下焚之男女之禁甚嚴夫行在前其妻與人嘲笑夫徑刄其妻所嘲笑之人亦不敢逃聽其刺劄盗不問大小輙論死其人願到家與妻子别輙聽去及期妻子自送詣酋〻令架高棚登棚自剖其腹孕婦以水灌之仍用水滌所

生子置子水中生而與水習矣又有班隘者即蚊罩山山甚奇往往有仙人出沒山頭火光日夜不斷故亦名火山險巇倍常人跡罕到其上極至半山而止人皆扁頭赤身亦佛郎機號令所不到處也　形勝　海山　物產　蘓木　子花　交易　僻土無他長物我舟往販所携亦僅磁器鍋釜之類極重至布疋然竟少許不能多也舟至詣酋亦有微贈交易朴直東西洋考

美洛居

美洛居俗訛為米六合東海中稍蓄富之國也酋出威儀甚備所部合掌伏道旁男子削髮女乃椎結腦後嫁女多市中國乗酒器圖飾其外富家至數十百枚以示豪侈讌會設二大盆乗

酒置坐隅，人手一器，酌而飲之。長大者起爲夷舞，年少環列旁視，避不敢登場也。先是佛郎機來攻，國人狼藉請降，赦其酋，令守舊爲政，于國歲輸丁香若干，不設兵戍，令彼國自爲守。和蘭既輒張海外無安頓處，忽舟師直擣城下，虜其酋，語曰：「若善事吾，吾爲若主，殊勝白頸。」（佛郎機人皆白頸，故云。）酋唯唯，又裨理國事。加故佛郎機之怒曰：「悔不殺奴，污吾刃，奴故反耶？」亟治兵征美洛居，驅澗內華人，命當一隊，刑法酷急。華人中途殺夷王，駕其舟遯歸。事具《呂宋考》。王子自朔霧馳還呂宋，嗣立爲王，飲恨久之，益出兵竟父所志。紅夷雖主美洛，毎一二載大衆輒返國，既去復來。呂宋王兵抵境外，值紅夷空國言返，斬關以入，遂殺美洛

居酋立所親信主之紅夷繼至復破呂宋酋逐之去更立美洛
居酋子為嗣自是每歲征鬭遞為勝負華人某者流寓彼中慧
而黠有口辯遊說兩國間分萬老高山山半為界山北屬和蘭
而山南屬佛郎機各罷兵竝雄茲土　形勝　萬老高即兩國分界處
香山雨後香墮沿流滿山採拾不了故常帶沙泥之色王每擻致之委積充棟以待他壞之售民間直取餘耳　物
產　丁香東洋僅產于美洛居夷人用以辟邪曰多置此則國有王氣故二夷之所必爭　交易　向
時舟所攜貨有為紅毛夷所特需者倘遇佛郎機必怒謂此舟
非關我輩來直是和蘭接濟將貨掠去且橫殺人故必緘固甚
密不令得見若紅毛人見有佛郎機所需貨怒亦如之解紛之
後稍息匿跡然一淵兩蛟商彼者亦難矣東西洋考

美洛居國於東海中稍稱蕃富酋出盛威儀所部合掌伏道旁男子祝髮女椎結腦後多市中國酒器豪飲席間設二大盆盛酒人手一器飲之長大者起為夷舞年少環視避不敢登場也初佛郎機來攻頗歲輸丁香請降遂赦使自為守紅夷既鴟張海外忽以舟師直擣城下虜其酋語曰若改事吾殊勝白頸以佛郎機人頸皆白故云酋袖手聽紅夷唯謹佛郎機聞而急治兵討違命者會紅夷去國內空因誅紅夷所立酋更立素所親信已而紅夷繼至復逐之去歲相攻殺遞為雄長華人流寓者辨有口因為游說中分兩國相界處一高山以山北屬和蘭山南屬佛郎機遂各罷兵然自是其國苦兩屬賈舶亦饒舌矣所

產多丁香夷人用以辟邪東洋獨此地多有之茅瑞徵象胥録

婆羅國　文萊

永樂四年東王西王各遣使朝貢　貢物　珍珠玳瑁殻白焦布花焦布降真香黄蠟黑小廝大明會典

婆羅負山向海人多念佛素食惡殺喜施永樂四年國王遣人勿黎哥來朝貢真珠玳瑁馬腦車渠賜王及妃文綺鄭曉吾學編

婆羅或以為即古師子國在西海中延袤二千餘里多產奇寶四序暄和稱樂土宋淳化中闍婆使來言其鄰國有婆羅門者其人有異術人相危害能先之永樂四年遣使勿黎哥來朝貢賜王及妃文綺焦竑獻徵録

婆羅國東洋盡處西洋所自起也國有東西二王永樂四年各遣使朝貢其國負山面海而謹佛教今王爲閩人隨鄭和至留其國者其府旁有中國碑王有金印一上篆文作獸形云是永樂中所賜夷人嫁娶請印〻背上其國嘗爲佛郎機所逐走入山谷中放藥水流出毒死之佛郎機以是犇呂宋之其他何喬遠名山藏

文萊即婆羅國東洋盡處西洋所自起也唐總章二年王旃達鉢遣使者與環王使者偕朝自後久絶永樂四年遣其臣勿黎哥來朝并貢方物賜王及妃文綺俗傳今國王爲閩人隨鄭和征此留鎮其地故王府旁舊有中國碑先年曽爲佛郎機所逐

國人走山谷中放藥水流出毒死佛郎機無數佛郎機遂奔呂宋其地故有一石城一木城後折石城於長腰嶼築岸閉潮今所遺者木城耳王削髮衆金繡巾腰佩雙劍出自步行從者二百餘輩其親屬稱邦奇蘭貴重與王相亞王有金印一枚重十六兩印上篆文作獸形一隻云是永樂間所賜者夷人婚娶請印印背上恐或假寵中國以咽喝其部落非果鑄自上方也入礼拜寺每祭用犧吾學編云人多念佛素食惡殺民間不得食猪肉食猪肉者論死此地有毛恐當在處行劫所得人貨中分與王

形勝名蹟

聖山夷人自號此山為天下第一山擬于閩國北境通聖山人跡罕到此沿其名耳

長腰嶼

毛文蠟

鯉魚塘

浮納招廟神為國初時押工總管直庫三人陣亡合葬于此因廟食其地賈舶

到必屠牛烹雞并獻茉莉花紅花梳篦等物以祭舟中有人不拜則病彼國人將行賈亦献花礼神得利回取雙雞繫刀于足俾鬬墓前雞死即以謝神亦大奇也

物產　眞珠本朝充貢　玳瑁本朝充貢　瑪瑙見一統志　車渠魏文帝賦曰玉蜀也多纖理縟文本朝充貢　片腦海上耳錄曰腦樹出東洋文萊國生深山中老而中空乃有腦有腦則樹無風自搖入夜腦行而上瑟瑟有聲出枝葉間承露日則藏根柢間了不可得蓋神物也夷人俟夜靜持革索就樹抵革束震撼自落　黃蠟本朝充貢　蒳藤

交易　華船到進王方物其貿易則有大庫二庫大判二判秤官等酋主其事船既難出港最宜蚤行有時貿易未完必先駕在港外東西洋考

婆羅國一名文萊負山面海爲東洋盡處西洋所自起俗素食念佛喜施惡殺民食猪肉論死有東西二王永樂四年各遣使朝貢貢物有珍珠玳瑁殼焦布香蠟黑小廝相傳其國王爲閩

人隨中使鄭和往因留鎮焉王府旁有中國碑夷人婚娶請王金印印背篆文作獸形云是永樂間賜然不載會典或其王假以彈壓夷落非頒自上方也王祝髮果金繡巾腰背雙劍步行其新屬稱邦奇蘭嚴重亞於王向有石城木城各一以藥岸閘潮折石城於長腰嶼今止存木城先是佛郎機來侵國人走山谷流藥水出佛郎機多爲所毒死因奔呂宋產車渠片腦蒻藤或曰即古師子國在西海中延袤二千餘里多產奇寶四序暄和稱樂土宋淳化中闍婆使者來言其鄰國有婆羅門者有異術人相危害能先知之按宋史婆羅門即天竺也茅瑞徵象胥錄

雞籠淡水

雞籠山淡水洋在彭湖嶼之東北故名北港又名東番云深山大澤聚落星散凡十五社（名山記云社或千人或五六百）無君長徭賦以子女多者爲雄聽其號令性好勇暇時習走足蹋皮厚數分履棘刺如平地不讓奔馬終日不息縱之度可數百里男女推髻于腦後裸逐無所避女或結草裙蔽體人遇長老則背身而立俟過乃行至見華人則取平日所得華人衣衣之長者爲裏衣而短者蒙其外凡十餘襲如襜帷颺之以示豪侈別去仍掛於壁裸逐如初男子穿耳女子斷齒（女年十五斷唇兩旁二齒）以此爲飾手足則刺紋爲華美衆社畢賀費亦不貲貧者不任受賀則不敢更言刺紋男子惟女所悅娶則視女可室者遺以瑪瑙一雙女不受則

他往受則夜抵其家彈口琹挑之口琹薄鐵所製齧而鼓之錚錚有聲女延之宿未明便去不謁女父母自是宵來晨去必以星追產子始往婿家迎婿〻始見女父母或云既留爲婿則投以一箒一鋤傭作女家有子然後歸姙婦產門外手柱兩杖踞地而娩遂浴子於清流焉人死以荆榛燒玦劙尸烘之環匍而哭既乾將歸以藏有祭則下所烘居數世一易地乃悉汚其宮而埋於土他夷人無此葬法也四序以草青爲歲首土宜五穀而皆旱耕名山記曰治畬種禾山花開則耕禾熟拔其穗粒比中華稍長穀種落地則禁殺人謂行好事從天公乞飯食比收稻訖乃標竹竿於路謂之插青此時逢外人便殺矣村落相仇訂兵期而後戰勇者數人前跳

被殺則皆潰其殺人者賀之曰壯士前殺人也見殺者亦賀之曰壯士前故見殺也次日即解嫌和好如初其地多竹大至數拱長十丈伐竹搆屋而茨以茅廣長數雉聚族以居無曆日文字有大事集而議之位置如橫階陛長者居上以此遞下無位者乃列兩旁至宴會置壘團坐酌以竹筒時起跳舞口嗚嗚若歌曲焉其人精用鏢竹棅鐵鏃長五尺九咫銛甚攜以自隨試鹿〻麑試鹿〻麑居常禁不得私捕鹿冬鹿羣出則約百餘人即之鏢發命中所獲連山社社無不飽鹿者取其餘肉離而腊之篤嗜鹿腸剖其腸中新咽草旨噉之名百草膏齒難任自生長拔其尾飾旗射雉亦拔其尾見華人食雞雉輒嘔居島中不

善舟且酷畏海捕魚則於溪澗蓄老死不與他夷相往來永樂初鄭中貴航海諭諸夷東番獨遠竄不聽約家貽一銅鈴使頸之蓋擬之狗國也至今猶傳為寶富者至掇數枚曰是祖宗所貽云厥初朋聚濱海嘉靖末遭倭焚掠稍稍避居山後忽中國漁者從魍港飄至遂往以為常其地去漳最近故倭每委涎閩中偵探之使亦歲一再往

形勝 橫山 琉璜氣每作火光沿山躲鑠 沙巴里 大幫坑 大圓 堯港

物產 薑 淡 甘藷 漳名番藷以其自東番攜來也異物志曰甘藷似芋亦有巨魁去皮肌肉正白如脂肪南人專食以當米穀南方草木狀曰實如拳皮紫而肉白蒸鬻食之味如藷蕷蒸黙切如米粒以充糧糗是名藷糧 椰 佛手柑 酒 名山記曰來甘香採苦草雜米釀之間有佳者飲能一斗 鹿 名山記曰僬僬俟俟千百為羣

交易 夷人至舟無長幼皆索

徵贈淡水人貿然售易平直雞籠人差富而慳每携貨易物次日必來言售價不準索物補償後日復至欲以元物還之則言物已雜不肯受也必疊捐少許以塞所請不則諠譁不肯歸至商人上山諸所嘗識面者輙踴躍延致彼家以酒食待我絶島好客亦自殊莽有韵　論曰合東洋諸國僅足當西洋大國之三呂宋既析入干系蠟已非貢夷之舊直蒙故號與相羈縻而已蘇祿婆羅賈類藏珠會均執玉異防風之後至同儷日之齊翻宜其久也雞籠雖未稱國自門外要地故列之附庸焉（東西洋考）

古麻剌朗國

國在東南海中永樂十八年國王斡剌義亦敦奔率妻子及陪

臣來朝貢方物請封給印誥仍其舊號行至福州卒詔謚康靖
勅葬閩縣令有司歲致祭（大明會典）
永樂十五年九月遣太監張謙賷勅往諭古麻剌朗國王斡剌
義亦敦奔賜之絨錦紵絲紗羅十八年十月王斡剌義亦敦奔
率妻子陪臣隨張謙來朝上表貢方物命禮部晏賚之如蘇祿
國王王言雖爲國中所推然未受朝命幸賜之誥仍其國號封
之給印誥冠帶儀仗鞍馬文綺紗羅金織雜衣并賜王妃冠服
陪臣綵幣有差十九年正月王辭還賜黃金白金銅錢文綺紗
羅綵絹金織襲衣麒麟衣并賜其妃子及陪臣有差四月王還
至福建遇疾卒遣禮部主事楊善諭祭賜謚康靖命有司治墳

葬以王礼命其子剌苾嗣為王率衆歸仍賜鈔幣（成祖實錄）

溤嘉施蘭

永樂四年八月東洋溤嘉施蘭土酋嘉馬銀等來朝賜鈔幣有差六年七月溤嘉施蘭頭目玳瑁里欵各率其屬來朝貢方物賜玳瑁等二人鈔各百錠文綺六表裡餘賜賚有差八年十一月入貢（成祖實錄）

和蘭國

紅毛番自稱和蘭國與佛郎機鄰壤自古不通中華其人深目長鼻毛髮皆赤故呼紅毛番云（顔師古曰西域諸戎其形最異今胡人稱眼赤鬚狀類獼猴者其種也）一名米粟果佛郎機據呂宋而市香山和蘭心慕之因駕

巨艦横行爪哇大泥之間築土庫爲屯聚處所竟以中國險遠垂涎近地嘗抵呂宋呂宋拒不納又之香山爲澳夷所阻歸而狼卜累年矣廣東通志曰紅毛鬼不知何國萬曆二十九年冬大舶頓至濠鏡其人衣紅眉髮連鬚皆赤足踵及趾長尺二寸壯大倍常澳夷數詰問輒譯言不敢爲寇欲通貢而已當道謂不宜開端李榷使召其酋入見游處會城一月始还諸夷在澳者尋共守之不許登陸始去澄人李錦者久駐大泥與和蘭相習而猾商潘秀郭震亦在大泥與和蘭貿易往還忽一日與酋麻韋郎談中華事錦曰若欲肥而橐無以易漳者漳故有彭湖嶼在海外可營而守也酋曰倘守臣不允奈何錦曰寀璫在閩負金錢癖若第善事之璫特疏以聞無不得請者守臣敢抗明詔哉酋曰善乃爲大泥國王移書閩當事一移中貴人一備兵觀察一

防海大夫錦所起草也俾潘秀郭震賫之以歸防海大夫陶拱
聖聞之大駭白當道繫秀于獄震續至遂匿移文不投初秀與
夷約入閩有成議遣舟相迎然夷食指既動不可耐旋駕二巨
艦及二中舟尾之而至亡何已次第抵彭湖時萬曆三十二年
七月也是時汛兵俱撤如登無人之墟夷遂伐木駕廠自以鱗
介得窺衣裳矣李錦徐挐得一漁舟附之入漳偵探詭云爲夷
所虜逃還當事者已廉知其踪并繫之嗣議使錦秀諭令夷人
還國許以自贖并拘郭震與俱錦等既與夷人謀不欲自言其
不售第云我國尚在依違而已材官詹獻忠捧檄往乃多携幣
帛巵酒覬其厚償海濱人又有潛裝華貨往市者夷益觀望不

宵去屡遣官諭之比見夷語輙不颺夷視之如發蒙振落也而
宷璫者已遣親信周之範馳詣海上與夷訂盟以三萬金爲中
貴人壽貴人持之盟已就會南路總兵施德政遣材官沈有容
将兵往諭沈多才畧論說鋒起從容謂夷曰中國斷不容遠人
實偪處此有誑汝逗留者即是愚爾四海大矣何處不可生活
嗣又聞璫使在此更曰堂堂中國豈乏金錢巨萬萬爾爲鼠輩
所誑錢既不返市又不成悔之何及麻郎見沈豪情爽氣嘆曰
從來不聞此言旁衆露刃相語曰中國兵船到此想似要與我
等相殺就與相殺何如沈厲聲曰中國甚慣殺賊第爾等既說
爲商故爾優容尔何言戰鬬想是无懷作反之意爾未覩天朝

兵威即夷語塞又心悔恐為之範所賣乃呼之範索所餉金錢歸只以哆囉嗹玻璨器及夷刀夷酒遺璫將乞市夷文代奏而都御史若御史各上疏請劾於是德政嚴守要害厲兵拭甲候旨調遣兵民從海外入者一錢不得著身挾錢者治如法益接濟之路遂窮又聲言預作火攻之策夷度茲事必無濟理又且坐困乃以十月二十五日挂帆還錦秀震猷忠等論死及戍有差嗣奉旨使殷商至大泥移檄和蘭毋更為細人所誤云或謂和蘭長技惟舟與銃耳舟長三十丈橫廣五六丈板厚二尺餘鱗次相啣樹五桅舶上以鐵為網外漆打馬油光瑩可鑑舟設三層傍鑿小窗各置銅銃其中每銃張機臨放推由窗門以出放

畢自退不假人力桅之下置大銃長二丈餘中虛如四尺車輪云發此可洞裂石城震數十里敵追我時烈此自沉不能爲虜也其役使名烏鬼常居高自投于海徐出行濤中如御平原舵後銅盤大徑數尺譯言照海鏡識此可海上不迷奉天甚謹祀所謂天主者于中其酋所居及卧內俱哆囉嗹蒙其四壁每華商詣酋守門者撞鐘爲報侍者二人出傳語值酋卧或別咒則坐外間以俟傳見乃進或爲設食以一大片置盤中人分一刀切而食之與華人語數侵華人若華人與他夷人爭鬬則爲華人左袒嘗謂華人曰此身浮泊世間須有鱗甲爪牙令可畏若輩牝雞耳識其不善鬬未嘗以狸膏蒙其頸也萬曆四十五年在呂宋港口迎

（擊華商大肆刼掠舶主苦之）物產　金　銀錢　琥珀　瑪瑙　玻瓈　天鵞絨　瑣服　哆囉嗹　刀　交易　商舶未有抵其地者特暹羅爪哇渤泥之間與相市[互]彼國既富稟蹄華人貨有當意者輙厚償之不甚較直故貨為紅夷所售則價驟湧論曰譬天下之大其猶上林乎珍禽異羽競響齊騫即孤嶼剩巢殊方片翮分之固頸長頸短合之皆腹毳背毛獨倭猶梟也不能革子之鳴東行能無惡子之聲哉和蘭既至鋒目已露象齒終焚絕之比爲時矣（東西洋考）

紅毛鬼國

萬曆二十九年冬二三大船頓至濠鏡之口其人衣紅眉髮連

鬚皆赤足踵及阯長尺二寸形壯大倍常似悍澳夷數詰問輙譯言不敢為寇欲通貢而已兩臺司道皆訝其無表謂不宜開端時李榷使召其酋入見游處會城將一月始遣還諸夷在澳者尋共守之不許登陸始去繼聞滿剌加伺其舟回遮殺殆盡

臺灣考

臺灣在閩東偏其地四面環海中多崇山峻嶺前志載有小琉球及雞籠澹水雞籠蓋在北而小琉球居南按舊史隋煬帝遣大將陳稜巡畧東海南經小琉球高華嶼今島上尚遺營基磚石疑其址也明永樂間命中官鄭和泛舟西洋三泊雞籠澹水故雞澹之名見於載籍迨嘉靖間倭寇擾閩大將戚繼光敗之倭遁于此號北港而寇夥林道乾等恐爲倭并又慮閩師進擊因揚帆南下渤泥國攘其邊地而居號道乾港於是北港屬倭萬曆末紅毛於此泊舟貿易因向倭市地遂事耕鑿設闤闠稱臺灣爲國朝順治十八年鄭成功攻克紅毛中分臺灣山以西

建府一縣二以轄居民立安撫司三以轄土番有佃民三千餘户市廛商賈五千餘户男女大小共二十餘萬口然僅山以西界其山之東及山内蓋未達也里圖所統則有文昭武定廣儲保大新豐歸仁等名共二十八里鎮社營寨設兵屯戍者大社數十小社數百至於節序氣候大抵與漳泉畧同饒於熱而減於寒夏秋多潦春冬多旱馬其俗被髮文身耐於寒暑奔走可及驢馬而淳樸不識生計物産穀蔬果木鱗介蟲魚鳥獸之屬亦與閩相類山水頗明秀最勝者有江山鳳山多佀居山半線山沙馬㟢頭等山及北彭湖大線頭沙堤北線頭沙堤金溪蓮花池等處爲疆域所界北自雞籠南至浪嶠約一千餘里東自

多羅滿西至王城約九百餘里水途順風則自雞籠淡水舟行至福州港口五更可至自臺灣港至彭湖四更可至復自彭湖至泉州金門七更可至東北至日本國則七十更可至南至呂宋國則六十更可至東南至大港口則二十二更可至西南至南澳則七更可至遲速不等康熙二十二年水師提督靖海侯施琅奉命征勦既抜彭湖鄭克塽献版圖具表歸誠而臺灣底定焉

附給事中何楷疏

崇禎八年六月刑科給事中何楷疏言近見鄭芝龍露布言陣斬劉香舉朝稱快而陳一鳳者芝龍齎露布之人也言香自焚

其舟以死寫斬爲契語未畫一則香之死與不死未可知也然賊勢已敗縱香未死亦無足憂臣所憂者則撫之一字耳臣家居海濵頗悉往事自來進李忠初發難而寇禍相繼二十餘年國家所撫者進忠及芝龍三人耳進忠用之遼東汶汶無聞芝龍建功海上漸躋副將諸賊不謂其以功得官但見起家亡命今日富貴競欲效芝龍所爲若謂作賊便可得官者其禍可勝言耶且進忠就撫之後有楊祿楊策祿策之後有芝龍芝龍之後有李芝奇芝奇之後有鍾斌斌之後又有劉香撫之無益亦已明矣雖劉香伏誅臣不能保一年無事欲靖賊氛非據其窟不可其窟維何臺灣是也臺灣在彭湖島外距漳泉約兩日夜

可至其地廣衍高腴可比一大縣中國版圖不載初貧民至其處規漁獵之利後見兵威不及往往聚而爲盜近則紅衣築城其中與奸民互市屹然一大部落矣壚之之計非可干戈從事惟嚴闌出接濟之禁使紅衣無所得利賊無所得食出而四犯我兵乘其虛而擊之可大得志紅衣棄此地而去然後海氛可靖也疏入報聞

諸蕃類考目錄

卷

浡泥　滿剌加　蘓門荅剌
那孤兒　彭亨　柔佛
丁機宜　思吉港　文郎馬神
須文達那

卷

錫蘭山　阿魯　黎代
南浡利　南巫里　溜山洋
大葛蘭　小葛蘭　柯枝

榜葛剌
瑣里
百花
麻葉甕
碟里

沼納樸兒
覽邦
拂菻
素兒米囊
日羅夏治

西洋瑣里
淡巴
剌泥
葛卜
底里

諸蕃類考 西洋

浡泥國

浡泥本闍婆屬國在西南大海中統十四州洪武四年王馬漠沙遣亦思麻逸進金表銀箋貢方物賜金綺永樂三年遣使封其國主麻那惹加那乃為浡泥國王賜印符誥幣六年王率其妃及子來朝遣使迎勞之福建至南京王上金表獻珎物妃箋獻中宮東宮上宴王奉天門是年王卒於會同館謚恭順葬石子岡樹碑立祠有司春秋祀封其子遐旺嗣賜玉帶金銀綺幣器皿使送歸國遐旺請封其國後山賜名長寧鎮國上為文刻石十二年洪熙元年皆來朝貢俗以板為城以銅鑄甲煑海為鹽

釀秫為酒喪葬有棺盛食無器室宇弘敞原田豐利習尚奢侈
愛敬華人王服頗效中國產片腦諸香象牙吉貝玳瑁鶴頂鄭曉吾學編
浡泥爪哇屬國宋太平興國中國王向打始通使洪武四年王
馬合謨沙奉表貢永樂三年遣使封麻那惹加那乃為浡泥國
王六年王卒其妃子及陪臣來朝遣中官至福建迎勞之所過
州郡皆設宴至京表獻方物妃箋獻中宮上親宴之奉天門王
卒賜葬南京城外石子岡立碑有司春秋祀謚曰恭順以西南
夷人隸籍中國者守其墓封其子遐旺嗣王護歸國其國故事
歲輸爪哇片腦四十斤上敕爪哇罷征十年遐旺偕其母妻來

朝宴勞有加仍厚賜遣歸洪熙初遣其叔那萬喏耶入貢俗華侈服飾頗中國板城銅甲有原田之利產片腦香象牙吉貝玳瑁鶴頂焦竑献徵録

浡泥國西南海中國也州十四本隸事闍婆其地炎熱多風雨板城銅甲王綰髮裸跣徒行花帛繚腰所居若樓覆以貝多葉其民剪髮覆額女子短衣蔽胸背花帛繚腰散髮跣其俗漁煑海為塩瀝椰為酒無稻麥或腥食魚蝦或食木實粲曰沙糊燕樂鳴鼓擊鈸刻貝葉行書事佛謹明與其國王馬合謨沙也國侵於蘇祿闍婆為發兵擊劫之洪武三年福建都事沈秩與監察御史張敬之奉詔其國王不為礼秩傳譯曰皇帝撫有四海極

日窮月無不臣順淳泥彈丸墜何敢抗中國大天子王懼然起謝撤座設几拜受詔請後之三年造舟入貢秩曰皇帝即位三年矣四夷朝貢使者頂踵相狎即行尚晚何年之三也王曰非有他地瘠民貧而又被兵空國無以獻明日與其國相王宗恕圖行行有日闍婆使人言曰我實為王卻蘓祿兵王歸中國無（我）矣蘓祿再來則請捄於中國王懼明日秩見辭以疾秩知之對宗恕大言曰王甘臣闍婆即謂闍婆非中國臣也耶宗恕入白王乃大會官屬遣其臣六思麻亦等四人貢與秩俱既至高帝寵賚甚厚成祖初麻那惹加那乃為王遣使封之六年率其妃及弟妹男女陪臣俱來成祖命中官與勞之閩中所過縣邑設

食宴既至親享之奉天門賜儀仗銀罌王以下使如中國服其年王卒會同館上輟朝三日賻贈有加工部具棺槨明器葬德安門外樹碑神道求西南夷籍中國者為守塚有司春秋少牢祠謚曰恭順命其子遐旺襲遣中官謙行人航護之還國賜金銀有差初麻那惹加那乃請表其國之後山為國鎮遐旺將行復以請上封其山為長寧鎮國山親賜之碑文曰上天啟佑我國家萬世無疆之基肆命朕太祖高皇帝全撫所覆休養生息以教以治薄極照臨臣服充湊朕嗣守鴻圖和協所統亦克承意乃者浡泥國王麻那惹加那乃慕其尚聲教益謹益虔率其眷屬陪臣浮海來朝稽顙陳辭遠方臣妾丕冒洪恩既庶且安夫天

仰則覩之矣地立則依之矣天子補天柱遠在中華弗依弗覩
臣誠弗通是以不憚遠險輒敢造庭崩角闕下朕曰唯天唯皇
考畀予天下視民同仁予夙夜恐弗堪弗若汝言王拜手稽首
自天子建元之載臣國和時豊山川之藏珍寶流溢艸木之無
葩蘤者以實以華異禽和鳴走獸蹌 舞國中之叟曰中國聖人
德化所暨斯多嘉應是以矜奮而来覲也朕繙稽載籍逷遠之
之邦被聞四訖忽險鑿空歸身中夏盖亦有人至於掖挾妻子
率誘兄弟總同臣僚款心玉帛頫首階陛自古惟王西南君長
無如王賢兹特封王國之山長寧鎮國賜文刻碑以著王休系
之詩曰炎海之墟渤泥所處趨景赴聲有順無忤慺慺賢王惟

化之慕重譯更胥聿來奔走同其父子兄弟陪臣跂伏悅喜具言以陳內鑒鮮德弗稱所云浪泊風檣實勞懇勤稽古遠夷順來惄趦以躬或難矧或家室鬱崛高山作鎮王國傳金勒銀懋昭順德王德克昭王國攸寧於萬斯年仰我大明遐旺還國遣其叔父慶的哩哈盈等百八十人貢方物入謝其後洪武〔熙〕中復來貢表用刻金番字彷彿回鶻書其辭固不足觀也萬曆間國王病卒無子族衆爭立相多〔誅〕殺俱盡乃立其女主爲王其屬國曰吉蘭丹何喬遠名山藏

浡泥本闍婆屬國在西南大海中統十四州前代不通中國宋太平興國二年其王向打始因商人蒲盧歇附使表貢龍腦象

牙玳瑁穀元豐五年其王錫理麻喏復遣使貢乞從泉州乘海舶歸本朝洪武三年命御史張敬之福建行省都司沈秩持詔往諭其王馬合謨沙頗倨傲秩正言折之乃竦聽以蘓禄来侵為解秩反覆曉譬遣使隨秩等至以金表銀箋貢方物八年詔浡泥山川之神附祭于福建山川位次永樂三年命封麻那惹加那乃為浡泥國王賜印符誥幣六年王率其妃及子来朝泊福州港守臣以聞遣中使往勞所過郡並設宴抵京王奉金字表献珍物妃箋献中宮東宮上宴王奉天門命供張會同館日給牲牢上尊賜金玉帶繡龍襲衣鞍馬是年王卒於館輟朝三日祭賻甚厚葬南京城外石子岡樹碑立祠以西南夷隸籍中國

者守之謚恭順所司以春秋祀封其子遐旺嗣遣使送歸國故
事歲輸佤哇片腦四十斤上勑佤哇罷征兼封其國山為長寧
鎮國之山製文刻石從所請也十二年及洪熙元年皆來朝貢
命廣東布政司宴勞嘉請九年給事中王希文言暹羅占城琉
球佤哇渤泥五國貢獻並道東莞祖訓比對符驗伴送舟有定
額來有常期旋以夾帶行商多絕其貢正德間佛郎機混入流
毒屏絕會未踰數朞遂議開復損威已甚既下都察院覆請令
後諸國進貢依期比對驗放沓貨如舊萬曆中國王卒無子族
衆爭立相誅殺且盡乃立女主為王今称大泥隸暹羅嘗與回
回錫蘭山國各附舶香山濠鏡澳貿易貢物有宝珠梅花龍腦

生玳瑁黑小厮倒掛鳥產鶴頂吉貝西國米蒳藤其國以版為城王所居覆以貝多葉坐繩牀出則擁大布单衆舁之名阮囊地熱多風雨有麻稻無麦蚕絲飲椰子酒鳴鼓擊鉦為樂最敬華人醉者輙扶以歸婚聘先以酒次以檳榔又次指環或金錢成礼以十二月七日為歲節習戰鬭鑄銅甲若火筩護腹背國有藥樹煎其根為膏服之及塗體兵刃傷不死葬用棺以竹轝載棄山中二月始耕祀之如是七年不復祀矣市率用金錢以竹編貝葉貯食茅瑞徵象胥

大泥即古浡泥也本闍婆屬國今隸暹羅其國以板為城宋史曰城中居者萬餘人所統十四州以銅鏤甲宋史曰戰鬭者將刀被甲甲以銅鑄狀若大筩穿之于身護其腰背其王

所居屋覆貝多葉王服頗放中國在王左右者爲大人王坐繩床出則大布坐其上衆舁之名曰阮囊民居覆艸推髻以五綵帛繫腰花錦爲衫市用金錢國人宴會鳴鼓吹笛擊鉦歌舞爲樂愛敬華人見華人醉者扶之歸婚聘之資先以椰子酒檳榔次之指環又次之後量用金錢成礼喪葬有棺以竹爲轝載棄山中二月始耕則祀之如是者七年不復祀矣原田豐利臘月七日爲歲節地熱多風雨盛食無匙並以竹編貯多葉貯之食畢輒棄指古称其隣有藥樹取根煎爲膏服之及塗其體兵刃不能傷也宋太平興國二年其王向打遣使從商人蒲盧歇爲導入都朝貢其表以小囊緘封數重非中國紙類木皮而薄瑩

滑色微綠長數尺濶寸餘橫卷之僅可盈握其字細小橫讀之使至詔館於礼賓院優賜遣歸元豐五年王錫理麻喏復遣使貢方物乞從泉州乘海舶歸國從之明興洪武四年王馬漠沙遣使進金表銀箋并貢方物續文獻通考曰遣御史張敬之詔往諭其国辛丑遣其臣朝貢賜金綺永樂三年遣使封其國主麻耶惹加那乃為浡泥國王賜印誥符幣六年王率其妻子来朝遣使迎勞之王上金表獻珍物妃箋獻中宮東宮上宴王奉天門是年王卒於都下賜謚恭順葬石子岡續文獻通考曰在安德門外樹碑立祠有司春秋致祭封其子遐旺為王賜玉带金銀綺帛他物称是礼送還國遐旺請封其國後山賜名長壽鎮國上自為文俾勒於石十三年及洪熙

元年皆來朝貢萬曆間國王病卒無子族衆爭立國中相誅殺俱盡乃立其女主爲王初漳人張某爲哪嘈哪嘈者大酋之號也國難既作哪嘈避禍出奔女主既立乃遣人迎哪嘈復其爵號其女出入宮中有心疾一日向女主言父欲反女主大恐急使人按哪嘈家哪嘈自殺已而國人訟哪嘈無反狀女主尋悔之絞殺其女官其子爲酋紅毛番近築土庫于中謀入澎湖互市者攜大泥国文也事詳紅毛番考

吉蘭丹即浡泥之馬頭也風俗俱同浡泥嘉靖末海寇餘衆遯歸於此生聚至二千餘人行劫海中商舶苦之或謂吉蘭丹即小葛蘭國

按小葛蘭與柯枝接境而吉蘭丹在大泥相連去彼遠甚但大泥吉蘭丹俱鑄金爲錢而柯枝與小吉蘭亦俱用金錢以此相同影響之所自起也姑載之以破疑

形勝名蹟

長寧鎮國山永樂六年國王麻那惹加那乃

上言蒙恩封王壽境上皆屬耽方国有後山乞表為一方之鎮王卒子遐旺後以為請封為長寧鎮国山御製碑文刻石其上

物產

金星槎勝覽曰大金錢名僕伽小金錢名吧喃　犀角　象牙　宋史充貢　鶴頂　見一統志本朝充貢　玳瑁　見宋史宋及本朝俱充貢　翠羽　錫　檀香　宋史充貢　降香　本朝充貢本州曰似蓏方木紫而潤為良　片腦　即龍腦香一統志曰樹如杉檜取者斋沐而往其成片似梅花者為上次有金腳腦速腦米腦蒼腦扎聚腦又一種如油名腦油　吉貝布　宋史曰無絲蚕用吉貝花織成布　明角　獺皮　錦魴皮　燕窩　西國米　亦名沙孤米其樹名沙孤身如蕉空心取其裏皮削之以水擣過舂以為粉細者為王米最精粗者民家食之以此代穀今賈舶處為波濤所濕只攜其粉歸自和為丸　檳榔　見一統志　椰子　見一統志　蒳藤　異物志曰蒳藤圍數寸重於竹可代篾以縛船勝竹也　巴尾樹　見一統志　貝多樹　加蒙樹　一統志曰二樹心可為酒　犀　象　孔雀　本朝充貢尒雅翼曰尾長開如車輪金翠煒然羽族最華暉者　鸚鵡　本朝充貢

交易

華人流寓甚

多趾相踵也舶至獻果幣如他國初亦設食待我後來此礼漸㢮矣貨賣彼國不敢徵稅惟與紅毛售貨則湖絲百斤稅紅毛五斤華人銀錢三枚他稅称是若華人買彼國貨下船則稅如故張燮東西洋考

國居海中本屬闍婆有地十四州洪武四年其國王馬合謨沙遣使以金表銀箋貢方物永樂三年遣使往封麻那惹加那乃為王給印誥勅符勘合六年王率其妃及家屬陪臣来朝至福建遣中官往宴勞之令所過諸郡設宴至王奉金字表獻珍物妃箋獻中宮東宮上御奉天門賜王宴是年王卒於會同館輟朝三日祭賻甚厚諡恭順賜葬南京城外石子岡以西南夷

人隸籍中國者守之樹碑立祠命有司春秋致祭封其子遐旺嗣遣中官及行人護送歸國復從其請封其國後山爲長寧鎮國之山御製碑文賜之十二年及洪熙元年俱來朝貢　貢物单日用銀五色鸚鵡倒挂鳥孔雀鶴頂犀角熊皮生玳瑁龜筒宝石珍珠金戒指金絲環金銀八宝甆梅花龍腦米腦糖腦降香沉速香檀香丁香肉荳蔻黄蠟螺殼西洋白布黒小廝大明會典

滿剌加國

其處本不稱國自舊港順風八晝夜可至其國傍海山孤人少受弱於暹羅每歲輸金四十兩爲税田瘠少收内有山泉流爲溪於溪中淘沙取錫煎成塊曰斗錫每塊重官秤一斤四兩及

織芭蕉心簟惟以斗錫通市無他產氣候朝熱暮寒男女椎髻
身膚黑漆間有白者唐人種也俗尚淳厚民淘錫網魚為業屋
如樓閣而不鋪板但用木高低層布連床就榻箕踞而坐飲食
廚廁在上貨用青白磁器五色燒珠色絹金銀之屬永樂七年
鄭和等捧詔敕賜銀印冠帶袍服建碑封為滿剌加國暹羅始不
敢擾十三年酋長感慕聖恩挈妻子涉海入朝貢方物賞勞之
使歸國　麻逸凍　其處在交欄山之西南海洋中山峻地平
夾溪樹村落而居氣候稍熱男女椎髻穿長衫圍色布田膏腴
倍收他國尚節義婦喪夫則削髮剺面絕食七日夫死同寢多
有並逝者七日不死則親戚勸以飲食若得甦終身不再嫁矣

至焚夫日多赴火死煮海爲鹽釀蔗爲酒産木綿黄蠟玳瑁檳
榔花布貨用銅鼎鉄塊五色布絹之屬　東西竺　其山與龍
牙門相望海洋中山形分對嵯峨若蓬萊方丈之間田瘠不宜
稼穡歲藉諸邦淡洋米穀以食氣候不齊煑海爲鹽釀椰子爲
酒男女斷髮繋捎布地産檳榔木棉布蕉心簟貨用花錫胡椒
鉄鼎之屬　龍牙門　其處龍牙齊西北山門相對若龍牙狀
中通船過山田瘠米穀甚薄氣候常暑四五月淫雨男女推髻
穿短衫圍稍布擄掠爲豪遇番船則以小舟百數迎敵若順風
僥倖而脫否則被其刼殺舟客於此防之　龍牙加貌　其地
離麻逸凍順風三晝夜程内平而外峰民蟻附而居氣候常熱

田禾勤熟俗尚敦厚男女椎髻圍麻逸凍布穿短衫以親戚尊長為重一日不見則携酒殽問安煑海為塩釀秫為酒地産沉速降香黄蠟鶴頂蜂蜜砂糖貨用印花布八察都布青白花磁器之屬　九州山　其山與滿剌加近産沉香黄熟香林木叢生枝葉茂翠永樂七年鄭和等差官兵入山採香得徑八九尺長六七丈者六株香味清遠黑花細紋山人張目吐舌言我天朝之兵威力若神費信星槎勝覽

自占城向正南好風船行八日到龍牙門入門往西行二日可到此處舊不稱國因海有五嶼之名耳無國王止有頭目掌管此地屬暹羅所轄歲輸金四十兩否則差人征伐永樂七年已

丑上命正使太監鄭和统齋詔勅賜頭目雙臺銀印冠帶袍服建碑封城遂名滿剌加國是後暹羅莫敢侵擾其頭目蒙恩為王挈妻赴京朝謝貢進方物朝廷又賜與海船回國守土其國東南是大海西北是老岸連山沙滷之地氣候朝熱暮寒田瘦穀薄人少耕種有一大溪河水下流從王居前過入海其王於溪上建立木橋上造橋亭二十間諸物買賣俱在其上國王國人皆從回回教門持齋受戒其王服用以細白番布纏頭身穿细花青布如袍長衣脚穿皮鞋出入乘轎國人男子方帕包頭女人撮髻腦後身體微黑下圍白布手巾上穿白色布短衫風俗淳朴房屋如樓閣之制上不鋪板但高四尺許之際以椰子樹

劈成片條稀布於上用藤縛定如羊棚樣自有層次連床就榻盤膝而坐飲卧厨灶皆在上也人多以漁為業用獨木刳舟泛海取魚土產黄連香烏木打麻兒香花錫之類打麻兒香本是一等樹脂流出入土掘出如松香瀝青之樣火燒即着番人皆以此物照當燈番船造完則用此物熔塗於縫水莫能入甚好彼人多採取轉賣他國内有明淨好者却似金珀一樣名損都盧廝番人做成帽珠而賣今水珀即此物也花錫有二處山塲王命頭目主之差人淘煎鑄成斗樣以為小塊輸官每塊重官秤一斤八兩或一斤四兩每十塊用藤縛為小把四十塊為一大把通市交易皆以此錫行使國語并書記婚姻之礼頗與爪

哇用山野有一等樹名沙孤樹鄉人以此物之皮如中國葛根擣浸澄濾其粉作丸如菉豆大晒乾而賣作飲喫海之洲渚岍邊生一等木艸如茭蔁葉長如刀茅樣似苦笋殼厚性軟結子如荔枝樣雞子大人取其子釀酒名茭蔁酒飲之亦能醉人鄉人取其葉結竹細簟止濶二尺長丈餘為席而賣果有甘蔗芭蕉子波羅蜜野荔枝之類菜蔥薑蒜芥東瓜西瓜皆有牛羊雞鴨雖有而不多價貴其水牛一頭直銀一斤以上驢馬皆無其海邊水內龜龍傷人其龍高三四尺四足滿身鱗甲背刺排生龍頭撩牙遇人即嚙山出黃虎比中國黃虎略小其毛黑亦有暗花紋黃虎亦城國中有虎化為人入市混人而行自有識者

擒而殺之如占城屍頭蛮此處亦有中國宝船到彼則立排柵城垣設四門更鼓樓夜則提鈴廵警內又立重柵小城盖造庫藏倉廒一應錢糧頓在其內去各國船隻回到此處取齊打整番貨裝載船內等候南風正順於五月中旬開洋回還其国亦自採辦方物挈妻子带領頭目駕船跟隨宝船赴闕進貢（馬歡瀛涯勝覽）

滿剌加永樂三年王西利八兒速剌遣使奉金葉表朝貢言願內附為屬郡效職貢七年太監鄭和充冊封使賜印誥錦綺封為滿剌加国王九年嗣王拜里迷蘇剌率其妃及子五百四十人来朝上御奉天門宴王賜玉带羽儀鞍馬金銀錢鈔錦綺王

妃冠服予侄僬從賞各有差十年遣使送還國十二年王母来
朝貢厚賜之二十二年宣德九年王復来朝貢賜亦厚正統十
年後數遣使来朝貢天順三年王無答佛哪沙卒子冊蕋速沙
請封遣使冊立為王成化末給事中林榮行人黄乾亨奉使溺
海死廩子入監讀書其國舊名五嶼東南距海西北皆山地瘠
鹵故未称國隸暹羅歲輸金五千两既奉我正朔始不隸暹羅
王白帛纏首衣青花袍躡皮屨乘轎俗淳朴尚回回教民舍如
暹羅婚喪大類爪哇聯榻趺坐刳木為舟泛海而漁傍海人畏
黿龍黿龍高四尺四足身負鱗甲露長牙遇人即嚙嚙即死山
有黑虎視虎差小或變人形白晝群入市覺者擒殺之鄭曉吾學編

滿剌加在占城極南自爪哇舊港舟行八日可至羈屬暹羅歲輸金五千永樂三年酋長拜里迷蘇剌遣使入貢請内屬比郡縣上遣中使鄭和封滿剌加國王九年卒其妻子及部臣五百四十餘人入朝上念航海跋涉迎而勞之至則供帳畢具大官日給牲牢上尊賜金繡龍衣麒麟衣鞍馬束帶及金銀鈔幣甚豐冠帶其子姪諸陪臣皆有賜瀕行命礼臣餞之龍江十二年拜里迷蘇剌卒命其子母幹撒于的兒沙嗣王二十年卒子西哩麻哈剌者来朝命嗣王宣德八年復来朝上念其先世以来最称恭順今王身再入朝異於他夷待之有加礼命工部繕其舟遣歸西哩麻哈剌者卒子蘇丹芷速沙嗣蘇丹芷速沙卒子

馬哈木沙嗣我封使溺於海再使往乃達其地瘠鹵舊名五嶼俗淳朴尚回回教王白布纏首衣青花袍秉轎男方帕包頭女椎髻腦後俱衣色布短衫下圍白布婚葬大類爪哇產錫布蘇木胡椒火雞芡蓽箄沙孤樹海中有龜龍高四尺四足善嚙人山多黑虎能变人形白晝入市中焦竑獻徵録

滿剌加國古羅富沙也在占城極南諸蕃之會也暹羅羈属永樂初中使自閩中至其國由是而達西洋古力里士國分艅徧往支柯丹枒葛剌忽魯謨斯等處迨其反也咸于是聚齊爲永樂七年封其酋西剌八兒速剌爲王逮已爲國王遣使來請封其国之西山得保疆毋生心於暹羅詔封爲鎮國山賜御製碑

文勒石系詩曰西南鉅海中國通輸天灌地億載同洸日浴月光景融兩崖露石艸木濃金花宝鈿生青紅有國於茲民俗雍王好善義思朝宗頠比内郡依華風出入導從張盖幢儀文裼襲礼虔恭大書貞石表尒忠尒國西山永鎮封山君海伯翕扈從皇考陟降在彼穹後天監視久益隆尒衆孫子萬壽崇而自是不覊屬暹如舊時矣九年嗣王拜里迷蘇剌率其妻子陪臣五百餘人來朝上念其遠來遣中官海壽禮部郎中黄裳宴勞之廣州有司供張會同館既至表見獻方物上御奉天門宴勞之妃及子姪陪臣有別宴仍命光禄寺日給牲牢上尊賜王錦繡龍衣二襲麒麟衣一襲若金銀器皿帷幔裀褥王妃及其子

姪陪臣傔從皆賜有差王辭歸餞於奉天門別餞妃及子姪陪臣賜勅曰王數萬里涉海朝京師坦然無虞維王忠誠孚祐於明神朕見王甚歡便欲留王國人在望宜往慰之天氣向寒順風南帆實惟厥時王尚途中疆飲食善調護賜王金鑲玉帶一儀仗一鞍馬二黄金百兩白金五百兩鈔四萬貫銅錢二千六百貫錦綺紗羅六百疋絹千疋渾金文綺二金織通袖膝襴二王其受之王妃及子姪陪臣復有賜命礼部餞宴之龍江龍潭二驛十二年國王子母斡撒于的兒沙來告父卒命嗣封十七年國王亦思罕荅兒沙嗣立復率妻子朝後使來言暹羅國欲攻之詔暹羅與卒亦思罕荅兒沙卒二十年其子西哩麻哈喇

率其妃及陪臣來朝宣德九年復至宣宗念王父永樂中挈國來朝至王益脩臣職賜王冠帶賜勅奬諭命工部繕王舟王從行二百餘人皆有厚賜正统中國王息力八密息尾兒丢八沙乞賜勅書及蟒龍衣服傘蓋求一舟將來朝爲景泰中王卒子無荅佛哪沙請封遣給事中王暉往天順三年王卒其子蘇丹芒速沙嗣給事中陳嘉猷往卒子馬哈木沙嗣成化十四年來請封命礼科給事中林榮爲正使行人黄乾亨副之還溺死以此遂罷遣其國正德十三年國王蘇端麻末爲佛郎機酋所逐而據其地使三十八者從廣東入貢時廣東左布政使吳廷舉兼海道副使議許之廣東守臣以佛郎機故不列於王會羈其使

以聞詔給方物遣之歸使者留不去劫奪行旅掠食小兒廣人苦之會滿剌加來訴御史丘道隆何鰲相繼疏言佛郎機擅奪天朝受封之夷據有其地且駕大舶操凶器往交易爭鬪殺傷此南服禍始也昔祖宗時夷貢有期毋敢闌入自吳廷舉議弛禁于是夷心無厭射利如隼揚帆如馳以致佛郎機伺隙而侮今宜驅絕之毋留詔從之而佛郎機有使者曰亞三能通番漢賄江彬薦之武宗從巡幸武宗見亞三時時學其語以為樂他日有事四夷館兀坐而見礼部主事梁焯焯怒杖亞三彬聞大詬曰彼嘗與天子游戲肯下跪一主事耶焯南海人正德甲戌進士以諫南巡被杖

世宗即位佛郎機復以接濟使衣糧為名請以所齎番物如例

柚分詔復絶之率其屬踈世利等千餘人破巴西國入寇新會縣西草湾指揮柯榮百户王應恩截海禦之生擒別都盧踈世利等四十二人斬首三十五級餘賊復來接戰應恩死之海道副使汪鋐遂得其銃以献名佛郎機銃自是佛郎機諸番夷舶不市粤而潜之漳州二十六年巡視浙福都御史朱紈嚴海禁漳人不敢與貿易捕逐之夷人憤起格盡為我所殺語在日本記而廣東督臣林富更言許佛郎機市有四利為中國之利塩鉄為大山封水熩佗佗終嵗僅充常額一有水旱勸民納粟犹惧不蔇舊規番舶朝貢之外抽解俱有則例足供御用利一也兩廣用兵連年庫藏日耗藉以充軍餉備不虞利二也廣西一

省仝仰廣東今小有徵發即措辦不前科擾於民計所不免若異時番舶流通公私饒利三也貿易舊例有司擇其良者如價給之其次資民買賣故小民持一錢之貨即得握椒展轉交易可以自肥利四也助國給軍既有所賴在官在民又無不給此因民之所利而利之也非所謂開利孔為民罪梯也從之以此佛郎機得入廣東香山澳為市香山澳之有佛郎機若懸疣然而滿剌加國竟為佛郎機所據漸奉之為真主矣佛郎機黠夷也猫睛鷹嘴拳髮赤鬚而貌皆白屬干系臘國行賈無所不至至則謀襲其國人滿剌加海有龍龜高四尺四足有鱗甲露長牙嚙人立死山有黑虎或變人形入市殺人合佛郎機為三害云

汪鋐既擒佛郎機傳其銃後爲吏部尚書會北虜入寇鋐請頒佛郎機銃於諸邊邊鎮賴其用何喬遠名山藏

麻六甲即滿剌加也古称哥羅富沙漢時已通中國後頓遜起自扶南三千餘里皆屬之其東界通交州即哥羅富沙地也唐永徽中以五色鸚鵡來献唐書曰哥羅一曰箇羅亦曰哥羅富沙羅王姓矢利波羅名米失鉢羅舊隸暹羅歲輸黄金爲賦蓋所部瘠鹵尚未称國云永樂三年酋長利八兒速剌遣使上表願内附爲屬郡効職貢七年上命中使鄭和封爲滿剌加國王賜銀印冠服從此不復隸暹羅矣九年嗣王拜里迭蘇剌率其妻子及陪臣五百四十人來朝命中貴海壽礼部郎黄裳迎勞於郊勅有司供帳飾館待之尋陞

見貢方物上御奉天門宴王賜玉帶羽儀鞍馬金銀錢鈔錦綺
王妃冠服其下賞賚各有差居久之礼送還國已詳載名山藏礼部餞
于龍江驛復賜宴龍潭十年遣使入貢十二年王母來朝賜如
王妃十七年王亦思罕荅兒沙嗣更率妻子來朝言為暹羅所
侵惟陛下卵翼之上為降詔暹羅國王無開兵隙暹羅旋遣使
來謝侵伐之罪滿剌加所得保境息肩者皆中國賜也二十二
年王西里麻哈剌來朝宣德九年王復至後先賜予甚厚其後貢
賜不絶天順五年王无荅佛哪沙卒子蘇丹芒速沙請封遣使
冊立為王成化末給事中林榮行人黄乾亨奉使溺海死以故
罷遣云王以帛纏首衣青花袍躡皮鞋乘轎俗敦朴尚回回教

居處如暹羅婚嫁大類爪哇唐書曰嫁娶檳榔為礼多至二百盤婦已嫁從夫姓死者焚之取燼貯金罌沉之海民用淘錫綑魚為業屋如樓閣然不更鋪板但疊木高低層布連榻趺坐飲食廚厠皆在其間男女椎髻唐書曰非有官不束髮肥膚黑漆間有白者華種也後佛郎機破滿剌加入據其國而故王之社遂墟臣隸俛首無從報仇久乃漸奉為真主矣古称旁海人畏龜龍龜龍高四尺四足身負鱗甲露長甲牙遇人則嚙無不立死山有黑虎虎差小或变人形白晝入市覺者擒殺之今合佛郎機足称三害云

形勝名蹟

鎮國山永樂中誥封其国之西山為鎮国山御製碑文賜之勒石其上

物產

猫精石華夷考曰中含活光一縷　珠一统志云滿剌加出石榴子珠　犀角本朝充貢　象牙　玳瑁俱本朝充貢　翠羽　靉靆俗名眼鏡華夷考曰大如

錢質薄而透明如琉璃色如雲母每目力昏倦不辨細書以此
掩日精神不散筆畫倍明出滿剌加國。靉靆乃輕雲貌如輕
雲之籠日用不掩其
明也若作靉靆亦可 斗錫見星槎勝覽。乳香本朝元貢 片腦本朝元貢 蘓
合油 蕉心簟見星槎勝覽 明角 烏角 蠟 做打麻方輿勝覽曰樹脂結
成者夜照有光塗舟水不能入華夷考曰樹枝流落膠汁土內
掘出如松脂青內有明淨好者都似金珀一般出滿剌加国
硫黄見一統志 沒藥 夷瓶 燕窩 檳榔 椰子 沙孤樹華夷考曰
山野有樹名沙孤樹將樹皮如中国葛根
搗浸澄濾取粉作丸晒乾賣之出滿剌加 茭蕈酒華夷考曰茭蕈葉似苦笋
殼厚性柔軟結子如荔枝樣雞彈大
取其子釀酒飲亦能醉人出滿剌加 犀 象 黑熊本朝元貢 火雞
華夷考曰出滿剌加大如鶴多紫赤色能食火吐氣亦烟餘也
子如鵞胎殼厚踰重錢或班或白烏夷抹為飲盞見者珍之
鸚鵡唐時來獻 交易 本夷市道稍平既為佛郎機所據殘破之
後售貨漸少而佛郎機與華人酬酢屢肆輈張故賈船希往者

直詣蘓門荅剌必道經彼國佛郎機見華人不肯駐輙迎擊於海門掠其貨以歸數年以來波路斷绝然彼與灣夷同種片帆指香山便與粤人為市亦不甚藉商舶彼間也（張燮東西洋考）

永樂三年其酋長拜里迷蘓剌遣使奉金葉表朝貢詔封為國王給印誥使者言王慕義願同中國屬郡歲效職貢又請封其国西山詔封為鎮國之山御製碑文賜之九年王率其妻子及陪臣五百四十餘人朝貢命官往勞上御奉天門宴之十年遣使來貢十二年國王子母斡撒于的兒沙來朝告父卒命嗣封二十二年及宣德九年國王復來正統十年以後屢遣使來貢貢道由廣東天順三年其王嗣子請封遣使行礼　貢物　犀

角象牙玳瑁瑪瑙珠鶴頂金母雀頂珊瑚樹珊瑚珠金鑲戒指鸚鵡黑熊黑猿白鹿鎖服撒哈剌白苾布薑黃布撒都細布西洋布花縵薔薇露梔子花烏爹泥蘇合油片腦沉香乳香黃速香金銀香降真香紫檀香丁香樹香木香沒藥阿魏大楓子烏木蘇木番錫番鹽黑小廝大明會典

蘇門答剌國

古名須文達那自滿剌加順風九晝夜可至其國傍海村落田瘠少收胡椒蔓生延蔓附樹枝葉如扁豆花間黃白結椒纍垂如椶櫚子但粒少耳番秤一播荷抵我官秤三百二十斤價銀錢二十箇重銀六兩金抵納即金錢也每二十箇重金五兩二

錢風俗頗淳民網魚為生朝駕獨木刳舟張帆出海暮則回舟男子髮纏白布腰圍梢布婦女椎髻裸體腰圍色布手巾其瓜茄一種五年結子再種橘柚酸甜之果常花常結其有一等瓜皮若荔枝如瓜大未剖之時甚臭如爛蒜剖開如囊味如蘇油香甜可口煑海為鹽釀茭蔁子為酒貨用青白磁器銅鐵爪哇布色絹之屬永樂十一年偽王蘇幹剌寇侵本國酋長遣使赴闕陳訴請救太宗皇帝命鄭和等就率官兵勦捕生擒偽王至永樂十三年歸獻闕下諸番震服費信星槎勝覽

蘓門荅剌即古須文達那國是也其處乃西洋之總路寶船自滿剌加國向西東好風五晝夜先到濱海一村名荅魯蠻繫船

往東南十餘里可到其國無城郭有一大溪水流出於海一日二次潮水長落其海口浪大船隻常有沉沒其國南去有百里數之遠是大深山北是大海東是大山至阿魯國界正西邊大海連小國二處先至那孤兒王界又至黎代王界其蘓門荅剌國王先被那孤兒花面王侵掠戰鬭身中藥箭而死有一子幼小不能與父報仇其王之妻與衆誓曰有能報夫死之仇復全其地者吾願妻之共主國事言訖本處有一漁翁奮志而言我能報之遂領兵衆當先殺敗花面王復雪其仇花面王被殺其衆退伏不敢侵擾王妻不負前盟即與漁人配合稱為老王家室地賦之類悉聽老王裁製永樂七年效職進貢方物而沐天

恩永樂十年復至其國其先王之子長成陰與部領合謀弑義父漁翁奪其位管其國漁人有嫡子名蘇幹剌領衆挈家逃去隣山自立一寨不時率衆侵復父仇永樂十三年正使太監鄭和等統領大綜宝船到彼發兵擒獲蘇幹剌赴國明正其罪其王子感荷聖恩常貢方物於朝廷其國四時氣候不齊朝熱如夏暮寒如秋五月七日間亦有瘴氣山產硫黄出於岩穴之中其山不產艸木土石皆焦田土不廣惟種旱稻一年二熟大小二麦皆無其胡椒倚山居住人家置園種之藤蔓而生若中國廣東甜葉樣開花黄白结椒成實结生則青老則红候其半老之時擇採晒干貨賣其椒粒虛大者此處椒也每官秤一百斤

彼處賣金錢八十直銀一兩果有芭蕉子甘蔗蒔吉柿波羅蜜之類有一等臭葉番名賭尔烏如中國水雞頭樣長八九寸皮生尖刺熟則五六瓣裂開若爛牛肉之臭有栗子大酥白肉十四五塊甚甜美可食中有子炒而食之其味如栗酸橘甚廣四時常有若洞庭獅柑绿橘樣不酸可以久留不爛又一等酸子番名俺拔如大消梨樣頗長绿皮其氣香烈欲食簽去其皮批切外肉而食酸甜甚美核如雞子大其桃李等果俱無蔬菜有葱蒜薑芥東瓜至廣長久不壞西瓜绿皮紅子有長二三尺者人家廣養黄牛乳酪多有賣者羊皆黑毛並無白者雞無劇者番人不識扇雞惟有母雞雄雞大者七斤略煑便軟其味甚美

絕勝別國之雞鴨腳低矮大有五六斤者桑樹亦有人家養蠶不會繅絲只會做綿其國風俗淳厚言語婚喪穿拌衣服等事皆與滿剌加國相同其民之居住其屋如樓高不鋪板但用椰子檳榔木劈成條片以藤扎縛再鋪藤於上而居之高處亦鋪閣柵此處多有番船往來所以番貨多有賣者其國使金錢錫錢金錢番名底脚兒以七成金鑄造每個圓徑官寸五分而底有紋官等二分三厘凡買賣到以錫錢使用馬歡瀛涯勝覽

蘇門答剌即古蘇文達那西洋之要會也東南大山西北距海山連阿魯那孤兒黎伐三國自滿剌加西南行順風五晝夜至荅魯蠻村舍舟陸行十里至其國無城郭有大溪入海海口大

濤船至此往往沒溺洪武中國王遣人奉金葉表貢馬及方物永樂三年國主鎖丹罕難阿必鎮遣阿里來朝貢封為蘇荅剌國王賜印誥金幣五年使來貢已而花王與花面王戰敗中矢死子弱不能復仇其妻發憤令於國曰能復此仇者我以為夫與共國事有漁翁聞之率衆敗殺花面王王妻遂從漁翁永樂七年王來貢上喜厚賜之十年遣使至其國故王假子率部衆殺漁翁王王子蘇幹剌率衆奔於峭山時時相侵復仇十一年太監鄭和擒送京伏法漁翁王子感激貢方物甚影宣德中貢使數至用金葉表十年封其子嗣王皆有賜至今朝貢不絕風俗淳厚言語和媚室廬婚喪衣服物產類滿剌加田磽穀少熟番

舶來往財貨充盈人饒富市用金錫錢惟酋長好殺殺人輒取血浴身鄭曉吾學編

蘇門荅剌西洋之要會漢條支唐波斯大食皆其地也自滿剌加舟行九晝夜可至洪武間奉表貢方物永樂初封其王宰奴里阿必丁為蘇門荅剌國王屢遣使及其弟馬哈木沙入貢上以其國遠宴餞厚於他夷宣德六年遣弟哈利之漢貢麒麟象馬諸物礼部尚書胡濙率羣臣賀上曰朕不欲逆遠夷意耳寧愛異獸耶何賀為哈利之漢卒贈鴻臚少卿官為治葬給守塚戶自後貢不絕其國無城郭有大溪入海海口波濤惡善溺舟田磽穀少男白布纏頭腰圍梢布女椎髻腰圍色布與花面國

鄭别誌載其國有王爲花面王所殺妻募能復仇者以爲夫與共國事漁翁聞之攻殺花面王有其國故王子復殺漁翁遂與漁翁子蘇幹剌爭戰中使鄭和擒蘇幹剌誅之國乃定産鶴頂錫斗蘇木胡椒瀾布大茄龍涎石諸物焦竑獻徵錄

蘇門荅剌國漢之條支唐之波斯大食皆其地也其西有蘇隣國摩尼佛生焉號具智大明使自唐時入中國相傳老子西入流沙五百餘歲當漢獻帝建安之戊子寄形㮈暈國王拔帝之后食而甘之遂有孕擘胸而出是爲摩尼佛㮈暈者禁苑石榴也其説與扳李樹出脇相應其教曰明衣尚白朝拜日夕拜月了見法性究竟廣明蓋合釋老而一之行於拂菻火羅諸國晉

武帝太始丙戌滅度於波斯太祖有天下以其教門上逼國號禁除之永樂三年酋長宰奴里阿必丁遣使朝貢詔封為國王王與鄰國花面王戰死其子鎖丹罕阿必鎮幼其妻號於國曰誰復此仇我以為夫國中有漁父者遂為王妻殺花面王妻曰夫我遂尊漁父為王號為老王老王遣使來貢久之鎖丹罕阿必鎮長陰與部曲謀殺漁父而漁父之子蘇幹剌復謀殺鎖丹罕阿必鎮為父報仇鄭和入海賜諸番蘇幹剌怨朝賜僅及鎖丹罕阿必鎮領衆邀擊和軍和與戰敗之蘇幹剌走追至南浡國并獲其妻子俘行在伏誅宣德中一再貢厚賜之九年王弟哈利之漢来貢麒麟象礼部尚書濙請表賀不許曰朕貴異物耶

遠人来不逆其意耳已何卒京師上曰遠人傾嚮死可憫也贈之鴻臚寺少卿賜誥治喪葬給守塚户十年請封其子為王其来貢至於正統天順間其數傳於今再易姓萬曆中為國王者其國中之大酋奴也奴為其大酋牧象象肥大酋喜使掌魚入其税奴得大魚輙上酋不以充税酋益喜甚親之大酋為其國王掌兵兵皆在大酋手大酋入見王甚恭大酋出奴曰主何恭大酋曰王也奴曰主不欲耳欲之王矣因言我國王坐殿中甚肅第左右數人耳主入見請王屏左右密言事王必從奴直上刺殺王主可王矣大酋從之其計果行遂刺殺王大呼殿上曰吾主王矣孰敢不從其殿下卒不知所為大酋所掌兵又在門

外因誅其偶語者數人其餘悉授官大酋益德奴與之以所掌兵他日奴又以其兵刺殺大酋而自為王其國風俗淳良言語和媚民居技藝與中土同賄貨充牣其地遼遠至者倍利其西海中有龍涎嶼為羣龍交戲遺涎其上是名龍涎之香其鄰有故臨國有默伽國有那孫國故臨國人黑如漆好為寇盜那孫國即花面王所居國也或曰是國也即須文達那國須文達那宋名也洪武十六年其國王表貢請改曰蘇門荅剌然其貢物與須文達那異（何喬遠名山藏）

蘇門荅剌一云即須文達那國東南大山西北距海龍涎嶼西去一晝夜程乃西洋要會或曰漢條支唐波斯大食即其地也

自滿剌加西南行順風五晝夜至荅魯蠻村舍舟陸行十餘里至其國無城郭有大溪入海海口濤惡善溺舟洪武中遣使奉金葉表貢馬及方物永樂三年其酋宰奴里阿必丁遣使朝貢詔給印誥封為蘓門荅剌國王五年使來貢頒之王與花面王戰中矢死子弱其妻號於國曰能復仇者我以為夫與共國事有漁翁率衆殺花面王王妻遂從焉亡何故王假子攻殺漁翁王子蘓幹剌奔峭山永樂十一年中使鄭和擒假王送京伏法諸番震服宣德中貢數至用金葉表十年封其子嗣王成化二十二年番商馬力麻詐稱蘓門荅剌使臣私販易廣東右布政使陳選發其奸抵罪是後間一朝貢貢物有犀牛龍涎水晶石

青回回青或曰今其王再易姓大治宮室凡六門門不得闌出入王出乘象鹵簿傳呼甚盛法嚴於他國俗頗淳椎髻裸體腰圍色布劄獨木為舟漁海上土產類滿剌加田瘠穀少熟胡椒蔓生番舶往來貨充牣市用金錫錢酋長好殺輒取人血浴釀茭蕈子為酒其國一名啞齊有山連阿魯那孤兒黎代三國茅瑞徵象胥録

啞齊即蘇門荅剌國一名蘇文達那西洋之要會也王裝束類滿剌加官屬畢具宮有內閣百餘蓋他國所無云相傳風俗頗淳語言和媚惟酋長好殺殺人輒取血浴身島夷志曰酋長人物脩長一日之間必三變色或黑或赤每歲殺十餘人取自肰血浴之則四時不生疾疹故民畏服焉田磽少熟然貫舶還

往財物充牣雅称富饒貧民捕魚為生活朝駕獨木舟張帆破浪抵蕃卻回國徵其賦以為常其先為大食國蓋波斯西境也隋大業中有牧者探穴得文石詭言應瑞當王聚眾剽略遂王其地舊唐書曰胡人牧駝息有獅子人語曰此山有三穴穴中大有兵器并有黑石白文讀之便作王胡人依言果得穴中石及刃甚多教其反叛于是糾合亡命劫奪商旅其衆遂盛自立為王波斯拂菻各遣兵討之皆為所敗于是遂强并諸国勝兵滑四十萬唐永徽以來屢使朝貢唐書曰永徽二年朝貢自言有国三十四年傳二世開元初復遣使獻馬鈿帯謁見不拜有司將劾之張説謂殊俗慕義不可賓于理玄宗赦之使者復辭曰国人只拜天見王無拜也有司切責乃拜十四年遣使獻方物拜果毅賜緋袍其先為白衣大食至河蒲羅拔以來為黑衣大食唐書曰白衣大食有二種一盆尼末換二奚深末換殺兄自王下怨其忍將討之徇衆曰助我者皆黑衣俄衆數萬即殺末換求奚深孫阿蒲羅拔為王號黑衣大食至德初代宗用其衆平西都貞

元中使者三人來朝貢悉拜中郎將賚遣之宋乾德四年遣僧西域因賜王書招懷自是貢舶歲通按宋史開寶元年遣使朝貢四年復貢以其使爲懷化將軍用金花五色綾紙寫官誥以賜嗣此連貢不絕淳化四年首長李亞勿來貢舶主蒲希密附方物來獻咸平六年貢使摩尼對崇政殿持真珠以獻云蕃國日誠願得瞻威顏乞不給回賜上不欲違其意俟其還厚加優賚景德元年使來值上元觀燈賜錢縱其宴飲四年使又至許遍詣苑囿寺觀遊覽泰岱汾陰並許陪祀宋史車駕東封船主陀婆離願執方物赴泰山從之又祀汾陰詔令貢使陪祀大中祥符五年大食國老人無西忽盧華年百三十歲耳重輪體貌甚偉自言遠慕皇化附船來王詔賜袍帶束帛建炎後以國費匱乏閉關謝貢大食竟脩貢如故事則懷德者遠也宋史帝謂侍臣曰茶馬政廢武備不脩致金人亂華今復捐數十萬緡易無用之珠玉曷若惜財以養戰士詔張浚却之優賜以答遠人之意遠人懷之貢賦不絕入明始稱蘇門答剌洪

武祈國王奉金葉表貢馬及方物永樂三年王鎖丹罕難阿必鎮
遣使入貢詔封為蘇門答剌國王賜印誥金幣五年再使來貢
已而王與花面王戰中流矢死子弱不任嘗膽其妃飲泣令於
國曰能復仇者我與為夫共圖國事有漁翁聞之率衆殺花面
王妃遂從漁翁吾學編曰永樂七年來貢厚賜之十年遣使至其國久之故王假子率所
部殺漁翁王王子蘇幹剌以衆奔峭山十一年中貴人鄭和擒
假王俘至京伏法漁翁王子感激聖天子威靈條進方物甚影
宣德中貢使頻至十年封其王子嗣王世世朝貢不絕數傳後
凡再易姓而為令王令王者人奴也先是其主為大將使奴牧
象而象肥主以為能呼語之曰而牧象良苦其為監捕魚稅坐

而受直奴前謝從此往梲捕魚得大魚輒遺其主自取小者主後聞之曰奴忘其食指而奉我耶命侍左右出則捧檳榔盤後隨一日王召諸大酋議事奴從主仗劍入王居起尊嚴若神而主跼蹐惟謹奴出謂主曰主自視雖貴孰與王主笑曰臣何敢與王齒奴曰主第不欲王耳是可取而代也主驚頗無妄言將亦吾族奴因間進曰吾主行擁重兵出鎮海隅詰旦入辭奴從而後主誠乘間請屏左右以畢所私王必不疑五步之內奴抽刃刺王洒王頸血為主盟手主兵柄在握誰敢不服咄嗟而事可定矣主詰朝果入辭奴奴約白王曰臣遠離宮殿情懷戀戀頗有所私布請屏左右王叱左右出奴突引王裾前刺王腋其

主上殿牀殿下曰王爲不道吾殺之吾爲君主時所擁兵悉集殿外諸酋股慄無敢鬨者因誅其偶語者若而人餘悉拜官有差主既爲王命奴代爲大將隸以所部居亡何奴弒王自立是爲今王於是大爲防衛于國拓其宮規制宏壯宮凡六門門不得闌出入雖勳貴不得帶劍上殿王出乘象象列綺架亭而惟其外又列象百餘披結俱如王所乘象望者不知王在何許鹵簿傳呼甚盛犯者無赦法制嚴於他國矣

形勝名蹟

俱紛摩地那山大食王牧處得黑石白文于此舊唐書曰在國西南鄰于大海　膏膀檄山澗中出油王出戰取油倒水上燃之能飛渡作火攻人死以油塗之能堅其尸千年不壞　椰嶼在港口嶼上有三宝廟　恒昌水舊唐書曰大食王糾合亡命渡恒昌水劫奪商旅　急水灣　龍涎嶼

見星槎勝覽

翠藍嶼

星槎勝覽曰在龍涎嶼之西北大小七門門中皆可過船傳聞釋迦經此山浴水被竊袈裟佛云後穿衣者必爛皮肉由此男女今皆無衣止樹葉紉結而遮前後

物產

宝石

本草綱目曰山海經謂之采石碧者唐人謂之瑟瑟紅者宋人謂之靺鞨今通呼為宝石大者如指頭小者如豆粒皆碾成珠狀

瑪瑙

格古論曰非玉非石堅而且脆中有人物鳥獸形者最貴○負暄錄曰瑪瑙產有南北南瑪瑙產大食色正紅無瑕可作杯斝

琥珀

宋時充貢

玳瑁

犀角

象牙

埤雅曰象牙生花必因雷聲故古以為器飾

鶴頂

琉璃

宋時以瓶及甕盛物來獻

照身鏡

梁四公子記云扶南賣碧頗黎鏡廣一尺半重四十斤內外皎潔向明視之不見其質蔡絛云御庫有玻黎母乃大食所貢

靉靆

龍涎香

遊宦記聞云龍涎香最貴出大食國海旁常有雲氣出山間土人即知龍睡其下更相守之候雲散知龍已去往求必得龍涎入香能收斂腦麝清氣雖數十年香味仍在得其真和香焚之翠烟裊空結而不散或言涎有三品一曰汎水一曰滲沙一曰魚食汎水則輕浮水面善水者伺龍出隨取之滲沙則凝積多年滲入沙中魚食則化糞散於沙磧又魚食亦有二種海旁有花若木芙蓉花落海大魚吞之腹中先食龍涎花[illegible]

入火即脹悶昂頭向石上吐沫乾枯可用惟糞者不匡若散碎皆取自沙滲力薄欲辨真僞一枝沒水中須臾突起直浮水向或取一錢口含之微有腥氣經一宿細沫已咽餘結膠舌上取出就淳称之亦重一錢將淳者又乾之其重如故雖極乾枯用銀簪燒熱鑽入枯中抽簪出其涎引絲不絕驗此不分褐白褐黑皆真○星槎勝覽曰初若脂膠黑黃色頗有腥氣焚之清香可愛

片腦 宋時獻

安息

木香 本朝充貢

乳香 宋時獻

丁香 本朝充貢

薔薇水 宋時獻

蘓合油

天鵞絨 本州綱目謂鶻為天鵞云皮毛可為服飾謂之天鵞絨華夷攷曰海東青小而健能擒天鵞即此也華人以絨織之沿為僑物

瑣服 一統志名瑣服曰又名梭服以鳥毳為之紋如紈綺

兠羅棉 亦毛毳織成長者每足至六七丈今人呼為哆囉嗹

駝毛褥面 埤雅曰駝臥腹不帖地屈足漏明則行千里今其毛縟溫厚煖于狐貉極堪御寒遇夏退毛至盡乃能避熱故古者冬取皮于狐類而裘成夏取毛于駝類而褐成宋時來獻

花錦 宋時

西洋布 一統志名濶布華夷考曰西洋布幅廣至四五尺精者價乃勝緞

錫 本朝充貢

寘鐵 宋時獻

蠟

膃肭臍 即唐書所謂骨肭獸俗名海狗腎

燕窩

胡椒 見星槎勝覽

石蜜 唐書大食

傳曰刻石蜜廬如鑿狀沒藥孩兒茶即烏爹泥本州一名烏疊泥或作烏丁皆夷語無正字血竭
千年棗宋時献大茄一統志曰樹高丈餘經三四年不瘁子大如西瓜重十餘斤以梯摘之無名
香本州集解曰出大食国生石上狀如黑石灰番人以油煉如鱉石嚼之如餳瓜見星槎勝覽犀宋太宗問蒲押
陀犀象何法可取對曰犀使人升木操引矢伺至射殺之小者不用弓矢可捕獲本朝充貢象蒲押陀曰象用象媒誘至
漸以大繩縶之駿馬唐書曰有千里馬騋為龍種鸜鵒交易船到有把水瞭望
報王遣象來接船主隨之入見進果幣于王王為設食貿易輸
稅號稱公平龍涎香一兩用金錢十二一斤該金錢一百九十二個准中国銅錢九千價亦非輕此國
遼遠至者得利倍於他國蓋宋時稱本肆多金銀綾錦工匠技
術咸精其能至今富饒猶昔張燮東西洋考
國濱海永樂三年其酋長宰奴里阿必丁遣使朝貢詔封為國

王給印誥五年至宣德六年屢遣使来朝貢表用金葉十年復
請封子爲王或曰即須文達那國　貢物　馬犀牛龍涎宝石
瑪瑙水晶石青回回青錫硫黄番刀弓撒哈剌梭眼木香丁香
降真香沉速香胡椒蘇木大明會典

那孤兒國即花面王國

其國與蘇門答剌鄰境傍南巫里洋遶迤山地田足稲禾氣候
不常風俗淳厚男子皆以墨刺面爲花獸之狀猱頭裸體單布
圍腰婦女圍色布披手巾椎髻腦後地多出牛羊雞鴨羅布强
不奪弱上下自耕而食富不驕貧不盜可謂善地矣地産香味
青蓮花近布那姑兒一山産硫黄我朝海船駐札蘇門答剌差

人於其山採取硫黃，貨用段帛磁器之屬，其酋長感恩，賜常貢方物。費信星槎勝覽

那孤王，又名花面王，在蘇門答剌西，地連止有一大山村，但所管人民皆於面上刺三尖青花為號，所以稱為花面王。地方不廣，人民止有千餘家，田少人多，以耕陸為生，米糧稀少，猪羊雞鴨皆有，言語動靜與蘇門答剌國相同，土無出產，乃小國也。馬歡瀛涯勝覽

花面王者，即那孤兒王也。國小，僅比大村，祇千餘家，人皆務面，以故號花面，風俗語言類蘇門答剌。鄭曉吾學編

彭亨太祖實錄作湓亨。○星槎勝覽作彭坑

其國在暹羅之西石崖周匝崎嶇遠望山平如寨田沃米穀豐足氣候温風俗尚怪刻香木為人殺人血祭禱求福禳災男女椎髻繫單裙富家女子金圈四五飾於頂髮常人五色燒珠穿圈貴海為盐釀漿為酒地產黃熟香沉香片腦花錫降香貨用金銀色絹爪哇布銅鐵鑼鼓板之屬費信星槎勝覽

彭亨在東南海島中並山山傍多平原禽獸稀少草樹繁茂沃土宜穀饒蔬果洪武十一年遣人奉金葉表朝貢賜綵幣永樂十二年遣蘇麻固門的里來朝貢其俗上下親狎無寇盜男女椎髻好誦佛經煮海為盐釀椰為酒產片腦諸香花錫鄭曉吾學編

彭亨在海島中並山草木繁茂饒穀蔬洪武中其王麻哈剌惹

荅饒遣使朝貢永樂十二年至產片腦諸香花錫焦竑獻徵録彭亨國在暹羅之西石崖周匝遠望則平田沃豐米穀氣候溫洪武十一年國王麻哈刺惹荅饒遣使奉表貢番奴方物永樂十二年再至故志上下親狎無寇盜男女椎髻尊佛故其俗也萬曆中而其國中有柔佛之事柔佛彭亨鄰國也其國有副王為人強悍閑狠副王子娶彭亨王女將婚副王送子之彭亨彭亨王享副王為置宴戚屬而有婆羅王子者彭亨王妹之壻也贊於彭亨酒半婆羅王子舉觴為壽其手指有巨珠甚美副王心欲之且許之重貲王子固靳不與副王恚甚歸而起兵攻彭亨彭亨柔佛兩國相婚媾柔佛人猝至莫為防不戰自潰王與

婆羅王子斧金山彭亨王妃浡泥王之妹也率衆来援副王大焚掠其城郭宫室以歸是時也彭亨國中鬼哭三日浡泥王迎其妹還浡泥彭亨王隨之命其長子攝國王歸彭亨其次子亦驍悍遂毒父誅兄自立今尚爲王也何喬遠名山藏

彭亨者東南島中之國也續文獻通考曰暹羅迤西國並山山旁多平原艸樹繁茂然鳥獸希少沃土宜穀蔬果亦饒其城亦木圍之方廣可數里誅茆覆屋男女椎髻衣長布衫繫單衣富者頭著金圈數枚貧人則五色燒珠爲圈束之煮海爲鹽釀椰漿爲酒古称上下親狎民無寇盗好佛誦经而久乃寢漓也俗漸好怪刻香木爲人像殺生人以祭云用此祈禳洪武十一年遣使奉金葉

表朝貢永樂十二年遣蘇麻固門的里來朝并貢方物其後二百數十年而有柔佛之事先是婆羅王子者彭亨王妹之壻也贅於彭亨柔佛之副王精悍好鬪其子娶彭亨王女將婚副王送子之彭亨彭亨王宴柔佛副王戚屬俱會酒半婆羅王子舉觴為壽手指一巨珠光耀倍常副王心欲之曰王子以珠見餉者不惜重貲為報王子固靳之副王恚甚歸而起兵攻彭亨矣二國初為婚媾賊出意外彭亨人人惴恐不戰自散王與婆羅王子奔金山彭亨王妃者浡泥王之妹也率衆來援副王焚掠其城郭宮室以歸是時彭亨國中鬼哭三日浡泥王迎其妹還浡泥彭亨王隨之而命其長子攝國久之而王歸彭亨其次子

驍而多智遂毒殺父誅兄自立至尚爲王每爲毛思賊通逃主
買所掠人遠近苦之毛思賊者婆羅属夷也劫掠海上生人至彭亨賣之代作崑崙奴不如指者則殺以
供祭每人得直三金　形勝名蹟　石崕一統志曰其国石崕周匝崎嶇如柵寨　金山其上出金
有大酋守之日遣百餘人採取月進王二十金　地盤山織嘉文席處　狼賓　物產　沙金
即金山所採者排沙揀金金末在鎔雖黃光閃鑠視亦復類沙既煎乃始成塊　犀角　象牙　鶴頂
玳瑁　花錫　沉香見一統志　速香本朝充貢　降香　片腦是狼賓所出者本朝充貢
嘉文席嘉文艸蔓生有脊用刀剌脊踢去之織以爲席温柔妍雅怡人肌夏微凉而冬微温故價亘遠侈其製狹而長
蓋夷中一席只卧一人故狹等身之外一捲以作枕故長　燕窩　胡椒本朝充貢　西國米　椰子
見一統志　檳榔　蓥吉柿　蔛藤蔓抽被地無枝葉有皮裹其外如竹皮剥之則落藤長數丈不值剪
伐可繚繞數囯狼賓出者爲多　犀　象　交易　舟抵海岸國有常獻國王爲

築鋪舍數間，商人隨意廣狹輸其稅而托宿焉，即就鋪中以與國人為市。鋪去舟亦不甚遠，船上夜司更在鋪中，臥者音響輒相聞。張燮東西洋考

國濱海。洪武十一年，其王麻哈剌惹答饒遣使奉金表貢番奴及方物。永樂十二年復遣使朝貢。貢物：金水罐、象牙、乳香、速香、檀香、片腦、胡椒。大明會典

柔佛

柔佛一名烏丁礁林。男子削髮徒跣，圍幔佩刀。婦人蓄髮椎結。王服與下無別，苐帯雙刀耳。酋見王，棄刀於地，和南而立，各有尊卑位次。字用茭蔁，以刀刺之。又置烏簿，書浩大及秘密事情，外以繩縛之，塗泥封固，印識其上。宮室覆茅，捕木為城，其外有

池環之港外多列沙垓犹中華蜑户無事以船載貨國外有警或出征戰則召募為兵稱強國爲婚姻王與隣國王家自相配偶餘人締結亦論門閥相宜王用金銀器盛食民家磁器都無匕箸以手拈之而已持齋見星方食節序以四月為歲首居喪婦人方加剃男子則再削髮逝者火葬也其俗好鬪屢開疆隙彭亨丁機宜之間近無寧日先年有大庫吉寧仁忠於王王大信用二王以先諫已謀殺吉寧仁其後二王出騎馬墮地死從者皆見吉寧仁為祟至今人家祀之競傳靈應蓋夷俗尚鬼其固然矣

形勝名蹟　東西竺星槎勝覽曰山與龍牙門相望海洋中山形分对若蓬萊文之間

物產　犀角　象牙　玳瑁　錫　片腦　臘　嘉文席是東西竺

所織者星槎勝覽曰地出蕉心簟想嘉文席之所自出也　木棉花　檳榔俱見星槎勝覽　燕窩
椒　西國米　血竭　沒藥　海菜　莽吉柿　交易　柔
佛地不產穀土人時駕小舟載方物走他國易米星槎勝覽曰田瘠不宜稼穡歲藉諸邦淡洋米以食道逢賈舶因就他處為市亦有要之入彼國者我
舟至止都有常輸貿易只在舟中無復鋪舍張燮東西洋考

丁機宜

丁機宜爪哇屬國也幅員最狹酋衆僅千餘柔佛黠而雄丁機
宜境相接也柔佛狡焉有啟疆之思動為國害悉索敝賦無寧
日近始求通姻好然安忍無親善事之猶恐其不得當也其國
以木為城王居旁列鐘鼓樓出入騎象以十月為歲首性好潔

食啖所須手自採割民俗都類爪哇大率一帶酒税甚廣而酒禁乃甚嚴民間携酒具取水釀酒國有常賦然上族之家輒不復御酒惟細民無頼者時時闌入醉鄉則冒偶矢之上族客至以扶留藤檳榔代茗若開宴則人具一大盤盤有足置地上雜貯肴核每進一物客甫嘗畢則客之從人徑從後取食之曰不敢留殘溷主翁也婚者男往女家爲持門戶故生女勝男喪用火葬

形勝名蹟　獨石門　鐵釘嶼以形尖故名其外水流甚急　鱷魚嶼其形似鱷也其水晝則南流夜則北流

物產　犀角　象牙　黃蠟　嘉文席　西國米　血竭　沒藥　檳榔　海菜

交易　夷亦只就舟中與我人爲市大率多類柔佛而俗較馴而貨較平自爲柔佛

所侵彼國有風聲鶴淚之虞而舶人亦抱林木池魚之患此揚帆者所以棹臂希頏也張燮東西洋考

思吉港

思吉港者蘇吉丹之訛也爲依哇屬國其中凡數聚落而吉力石其主也吉力石有王百餘歲能知吉凶國在山中賈舶僅經過其水濇而未嘗泊舩彼民出詣饒洞與華人貿易華人所泊者饒洞也饒洞原野平衍以石爲城其酋出入乘車車以金飾亭御四馬或八馬亦御黄犢前導百餘鹵簿皆倣諸夷見王輒避匿不敢出獨女人合掌伏道旁其餘風俗多類下港云其與國爲思魯瓦爲猪蠻猪蠻多盜故華人輒不肯駐猪蠻有次子

名北極十餘歲時軀重數百斤為盜所刼負之不能起今為哪嚕饒洞之後為金後山脩竹成林茉莉白花不假培植人皆赤身只一紙蔽其下體種豆供餐强者善射逐獐鹿猿猱火焙而食饑噉其肉渴飲其血佐以樹酒足跡未嘗下山

形勝名蹟

保老峙山 一統志曰在蘇吉丹國凡番船未到先見此山頂聳五峰時有雲霞其上船人呼為巴哪大山 吉里問山 與保老峰山相對西面拖尾甚長 椒山 在猪蠻國 牛郎山 義里山 白嶼 即饒洞港口 望加黎洲 饒洞國外十餘里 杜板村 即吉力石之港外是元史所云杜並足也 塔寺 寺外有塔故名 八節澗 元史曰澗上接杜馬班王府下通莆奔大海乃爪哇咽喉必爭之地史弼高興會兵其處 聖水 在杜板村星槎勝覽曰海灘有水一泓甘淡可飲称為聖水元將史弼高興征其國舟中之水糧盡二將祝天以鎗揷海中泉隨鎗湧起汲而飲之軍威大振矣

物產

金　銀　珠　犀角　象牙

玳瑁　沉香　檀香　降香　錫　銅鼓　龜筒　黄[illegible]　蠟
椒　檳榔　椰子　血竭　豆蔻　畢撥　蘇木　犀　象
孔雀　火雞　鸚鵡　懶伽鳥　倒掛鳥　交易　吉力石主
而佐哇而臣饒洞蘇魯尾諸國他國貨萃下港者彼中亦時相
通我舟到時諸屬國鱗次饒洞以與華人貿易雖在叓邈亦
蕃盛之鄉也向就水中爲市比來販者漸夥乃漸築鋪舍張燮東西洋考

蘇吉丹今訛爲思吉港闍婆支國直泉州丙巳方東至海水勢
漸低女人國在焉逾東則尾閭所泄非人世矣王五色布纏首
跣足出蔽以傘從者五百餘各持鎗劍頭戴帽如虎鹿牛象狀

不一剪髮裸體以布裹腰波羅蜜果甘美蔗長踰丈或曰思吉港聚落頗衆而吉力石其主也國在山中賈舶僅經其水滸華人泊饒洞貿易饒洞曠衍以石爲城酋出入乘車御馬亦乘黄犢鹵簿皆備風俗大類下港饒洞之後爲金後山饒有修竹茉莉土人以一紙蔽下體種豆供食或射鹿佐酒茅瑞徵象胥録

文郎馬神

文郎馬神國以木爲城城只一半餘半皆山也按水經註稱文狼人野居無室宅依樹止宿食生肉採香爲業與人交市若上皇之民又馬文淵遺兵十餘家住西屠國不返土人以其流寓號曰馬流世稱漢子孫今之文郎馬神疑即其後而播遷茲土云王宮繡女數百人王出乘象或泛舟以繡女自隨或典衣或持劍或捧檳榔盤王登舟趺坐榻上繡女

坐地下與王相向或用女人剌舟威儀甚盛民居多縛木水上築屋以居如三佛齊男人用五色布纏頭腹背多裸或着小袖衣蒙頭而入下體以縵圍之礽盛食以蕉葉為盤及通中國乃漸用磁器又好市華人磁甕畫龍其外人死貯甕中以葬其俗不淫姦者論死華人與夷女通輒削其髮以女妻之不聽歸也女人蓄髮髮苦短見華人髮許長心慕之問何以致此或紿之曰我生長中華用華水沐之耳夷女競市船中水欲以沐髮故靳之以為笑端女人慕悅華人輒持香蕉甘蔗及茉莉花相贈不妨往復嘲謔第國禁甚嚴無敢私通者入山溪處有村名烏龍里彈其人盡生尾見人輒掩面羞澁欲走然地饒沙金夷人携貨往市之擊小銅鼓為號貨列地中主

者迓丈許溪山人乃前視貨當意者置金於貨之側主者遂語欲售則持貨去不售則懷其金蹣跚歸矣隣境又有買哇柔每夜半盜斬人頭以金裝之故夜必嚴更以待　形勝名蹟　金山即烏籠里彈溪處幽澗迴流驅舟良苦兩岸繁（陰）木多拱抱每夕景曉雲禽聲四合幾斷人腸華商即乘輿以行未有不中道迓者也　丹戎世力山　末那突大山　班節系礼山　加會嶼

物產　沙金是金山出者夷人持貨往易每虛往實歸　鶴頂文郎出者最多　降香　蠟藤席紅白色間雜而成　藉藤文郎亦獨盛他国　蓽撥　犟皮　血碣　肉豆蔻　犀　孔雀　鸚鵡　交易　故王有賢德始開港時待賈船大有恩信王子三十一人俱不令外出恐擾遠人也其妃爲買哇柔國主之妹故王既殁嫡子嗣立買哇柔人導之爲欺詐買貨

輙緩償直至鮮維每每負逋商人從此希造矣其地女人悉蕩小舟以飲食來市至售貨物則男人司之市用鉛錢張燮東西洋考

文郎馬神國近山以木為城居民築室大類三佛齊五色布纏首腹背多裸或着衣小袖蒙頭而入下體以縵圍之初以蕉葉盛食及通中國漸用磁器好市華人磁甕畫龍其外人死貯甕以葬王出乘象或泛舟以繡女從典衣持劍或捧檳榔盤威儀甚都華人與夷女通輙削其髮以女妻之不聽歸也女蓄髮苦短見華人髮長羨之或詒曰我長中華用華水沐耳夷女競市舟中水華人故靳以資嘲笑間攜香蕉茉莉相贈土產鶴頂藉藤最多入山溪處有村名烏籠里彈其人盡生尾逢人羞澁掩

面欲避，然地饒沙金。貢人携貨往市，擊小銅鼓爲號，貨列地上卻立山中，人前視貨，當意者置金貨側持去。按水經注，其國一称文狼，或曰馬文淵遺兵流寓號馬流者，茲殆其苗裔云（茅瑞徵象胥録）

吉里地悶

其國居重迦羅之東，連山茂林，皆檀香樹，無別產。馬頭商聚十二所，有酋長。田肥穀盛，氣候朝熱暮寒。男女斷髮，穿短衫，夜卧不蓋體。商舶到彼，皆婦女到船交易，人多染疾病，十死八九，蓋其地瘴氣及其婬汚之故也。貨用金銀、鐵器、磁碗之屬（費信星槎勝覽）

遲悶者，吉里地悶之訛也。其國居重迦羅之東，田肥穀盛，沿山皆旃檀至伐以為薪其氣蒸人鮮不病者地又苦熱旁午則俛首向水而坐差可辟瘴男女斷髮短衫夜卧不蓋體俗亦以立為尊夷人見王則坐地合掌無姓氏不知年歲亦無文字紀事以石片子為記如千石則總於繩上一結亦有酋長互訟則兩造各牽羊入曲者沒其羊直者仍帶羊以出結繩束矢之風其猶存於絕島乎

形勝名蹟　犀頭山頂有巨石石有竅王歲時祀之有巨蛇由竅中出食所祭都盡石頂人不敢躡

物產　檀香獨盛他国　蓽撥　荳蔻

交易　市去城稍遠每賈舶至王自出城外臨之妻子及姬侍皆從防衛甚盛日有輸稅然稅却不多夷人砍伐檀香樹絡繹而至與商貿易倘王歸則貿易者不得自來慮有紛紜也須請王更出乃至

張燮東西洋考

須文達那國

洪武十六年其國王殊旦麻勒兀達盼遣使奉金葉表來貢大明會典

須文達那洪武十六年國王殊旦麻勒兀達盼遣使俺八兒來貢傳者誤以爲即蘇門荅剌焦竑獻徵錄

諸蕃類考 西洋

錫蘭山國

其國自蘓門答剌順風十二晝夜可至其國地廣人稠貨物多聚亞於爪哇中有高山參天山頂産有青美藍石黄鴉鶻石青紅寶石每遇大雨衝流山下沙中拾取之其海旁有珠簾沙常以網取螺蚌傾入池中作爛淘珠貨之海邊有一盤石上印足跡長三尺許常有水不乾稱為先世釋迦佛翠藍嶼來登此山足躡其跡至今尚存也下有寺稱為釋迦佛涅槃真身側卧在寺亦有舍利子在其寢處氣候常熱民俗富饒米穀豐足地産寶石真珠龍涎香乳香貨用金錢銅錢青花白磁器色段色絹

之屬男女繞頭穿長衫圍單布永樂七年鄭和等齎詔勅金銀供器綵粧織金寶幡布施於寺及建石碑賞賜國王頭目其王亞烈苦奈兒負固不供謀害舟師太監鄭和潛備先發制之使衆銜枚疾走夜半聞砲則奮擊而入生擒其王至永樂九年歸獻闕下尋蒙恩宥俾復舊國由是西夷畏威懷德莫不向化矣

翠藍嶼　其山在龍涎之西北五晝夜程大小七門門中皆可過船傳聞釋迦佛昔經此山浴於水被竊其袈裟佛誓云後有穿衣者必爛其皮肉由於男女男女今皆削髮無衣止用樹葉紉結而遮前後米穀亦無惟下海網魚鰕及種芭蕉椰子為食然船去未嘗得泊山下宣德壬子十月二十二日因風水不

偶至此山泊繫三日依山中之人駕獨木舟来貿椰實舟中男婦果如前言費信星槎勝覽

自帽山南放洋好風向東北行三日見翠藍山在海中其山三四座惟一山最高大番名梭篤蠻山彼處之人巢居穴處男女赤裸皆無寸絲如獸畜之形土不出米惟食山芋波羅蜜芭蕉子之類或海中捕魚鰕而食人傳云若有寸布在身即生爛瘡昔釋迦佛過海於此處登岸脫衣入水澡浴彼人盜藏其衣被釋迦呪詑以此至今人不能穿衣俗言出卵塢即此地也過此投西船行七日見鶯歌嘴山再三兩日到佛堂山纔到錫蘭國馬頭名别羅里泊船登岸海邊山脚光石上有一足跡長二尺許

云是釋迦從翠藍山来從此處登岸脚踏此跡存焉中有淺水
不乾人皆手蘸其水洗面拭目曰佛水清淨左右佛寺内有釋
迦佛混身側卧尚存不朽其寢座用各樣宝石粧嵌沉香木為
之甚是華麗及有佛牙活舍利子等物在堂其釋迦涅槃正此
處也去北四五里纔到王居之城國王係鎖俚人氏崇信釋教
尊敬象牛人将牛糞燒灰遍搽其體牛不敢食止食其乳如有
牛死即埋之若私宰牛者王法罪死或納牛頭金以贖其罪王
之居址大家小户每日将牛糞用水調稀遍塗屋下地面然後
拜佛兩手直舒於前兩腿直伸於後胸腹皆貼地而為拜王居
之側有一大山侵雲高聳山頂有人脚跡一箇入石深二尺長

八尺餘云是人祖阿聃聖人即盤古之足跡也此山内出紅雅姑青雅姑黄雅姑青米藍石昔剌泥窟没藍等一切宝石皆有每有大雨冲出土流下沙中尋拾則有常言宝石乃是佛祖眼泪結成其海中有雪白浮沙一片日月照其沙光彩潋灩日有珠螺蚌聚集沙上其王置珠池二三年一次令人傾取螺蚌傾入池中差人看守此池淘珠納官亦有偷盗賣者其國地廣人稠亞於爪哇民俗饒富男子上身赤剥下圍緑色手巾加以壓腰滿身毫毛俱剃净止留其髮用白布纏頭如有父母死者其鬚毛即不剃此為孝禮婦人撮髻腦後下圍白布其新生小兒則剃頭女則髻髮不剃就養至成人無酥酪牛乳不食飯人欲食

飯則於暗處潛食不令人見檳榔荖葉不絕於口米穀芝麻菉豆皆有惟無麵麦椰子至多油酒糖飯此物借造而食人死則以火化埋骨其喪家聚親隣之婦都將兩手齊拍胸乳而叫號哭泣為禮果有芭蕉子波羅蜜甘蔗瓜茄蔬菜牛羊雞鴨皆有王以金為錢通行使用每錢一個重官秤一分六厘中國麝香紵絲色絹青磁盤碗銅錢樟腦甚喜則將宝石珍珠換易王常差人賚宝石等物隨同回洋宝船進貢中國馬歡瀛涯勝覽

錫蘭山在大海中海中有翠藍山最高大自山東南乘風可三日至赤卯塢塢人穴居男女皆裸若野獸不粒食食芭蕉子波羅蜜魚蝦又西海行可十日至佛堂山泊舟處濵海山麓有臥

佛寺佛榻宝飾極華麗又西北陸行五十里至王居王尚釋重象牛蝦牛糞灰塗體飲牛乳不食其肉殺牛者罪死王宮民居旦必調牛糞塗地而禮佛國富饒地廣人稠亞於爪哇民上裸下纏帨加壓腰去鬚毫留髮布纏之女椎髻於後下縈白布飲食不令人見產青紅黃鴉忽石水晶海州有珠池日映光浮起閃閃射日間歲一淘珠諸番賈爭來市珠土宜稻不宜麦市用金錢重麝香綺絹青磁器銅錢樟腦永樂九年王亞　烈若柰兒鎖里人絕我使遂太監鄭和俘至京十年封耶巴乃那為王赦亞烈若柰兒還國耶巴乃那故王族人也一名不剌葛麻巴思剌查國人以為賢故封之遣使送歸詔諭其國正統十年遣

使耶把剌謨的里啞来朝貢珠宝石天順三年王葛力生夏剌昔剌把交剌惹復遣使朝貢鄭曉吾學編

錫蘭古狼牙須在大海中自蘸門荅剌舟行十二晝夜可到永樂七年中使鄭和至其國國王亞烈苦柰兒瑣里人也素暴横患苦往来諸番使索賂於和不得發兵刼和舟和襲而虜之俘献闕下更封其族人耶巴乃那為王天順三年卒子葛力生夏剌昔剌巴交剌惹嗣立遣使貢其国地廣人稠称富饒王尚釋重象牛煅牛糞灰塗體殺牛者死民上裸下纏帨加壓腰去鬚留髮女椎髻於後下繫白布産宝石水晶其山則翠藍山最高大峙海中去山三日程有赤卵塢其人穴居裸形不粒食若野

獸然又有小葛蘭土俗大類錫蘭永樂中貢焦竑獻徵録
錫蘭山國古狠牙須亦曰裸形國不衣也亦不穀食與柯枝對峙以別羅里為界占城極西可望見焉其國有翠藍山獨高山外蕃語謂高山為錫蘭也山頂產鴉鶻宝石每雨甚衝流下可拾取海畔石有巨人武長二丈許云是釋迦足跡下有卧佛寺舍利在其寢傍永樂初國王亞烈苦奈兒者鎖里人數邀劫往來使者諸番苦之七年鄭和偕行人諸蕃至其國王侮之欲加害和覺而去及歸復過王王誘和至國中令其子納言索金銀宝物不與潛發番兵五萬餘出劫之和覺擁衆回舟而亞烈苦奈兒已先伐木拒險絶和歸路語其下曰賊衆大出國中必虛

出不意攻之可得志潛傳語舟人盡力死拒自率兵二千以夜半間道疾走急攻王城破之生擒亞烈苦奈兒并家屬頭目蕃卒復圍城交戰數合大敗之遂以歸九年至闕下群臣請誅之上曰朕憫其愚釋而與衣食命禮部詢所俘國人擇其支屬賢者立之國人皆舉耶巴乃那十年遣使賫詔印往封并送亞烈苦奈兒歸時國人已立不剌葛麻巴思剌查為王詔使遜位十四年偕占城爪哇諸使貢方物復命鄭和等賫賜之并及諸國王自後宣德正統天順間俱入貢其國地廣人稠貨物之聚亞於爪哇尚佛重象牛調牛糞塗地而礼佛煆之以塗體何喬遠名山藏

錫蘭山與柯枝對　〻別羅里為界自蘇門答剌順風十二晝

夜至占城極西可望見馬畨語高山謂錫蘭因名或曰即古狼牙須國梁天監中嘗奉表修貢稱大吉天子足下其國去廣州二萬四千里在南海中海中有翠藍山最高循山東南乘風三日至赤卯塢人穴居裸形綢魚蝦種芭蕉椰子為食又西循海行半十日至佛堂山泊舟有大磐石印足跡三尺許水不涸相傳先世釋迦佛從翠藍嶼來登躡跡尚存山麓有卧佛寺稱為釋迦涅槃真身佛榻華飾有舍利子又西北陸行五十里抵王居王尚釋重象及牛煆牛糞及塗體飲牛乳不食其肉有殺牛者罪死地廣人稠宜稻聚百物富饒亞爪哇山產水晶青紅宝石黃鴉鶻石每大雨衝流沙中拾取出之海旁有海簾沙光浮動射

日間歲淘珠諸番賈爭來市市用金錢國人去鬚留髮纏首穿長衫圍單布梁書称狼牙王先奔天竺俗袒而被髮以吉貝爲干縵王及貴臣加雲霞布覆胛金繩爲絡帶金環貫耳女子被布瓔珞繞身王出乘象益近天竺教云永樂九年中使鄭和賫詔諭西洋諸國歸經錫蘭山其王亞烈苦奈兒負固謀發兵絕歸塗和先發衝枚襲擊其王獻俘闕下釋之擇立其屬賢者十年封耶巴乃那爲王正統十年遣使貢珠寶石天順三年復來貢貢物有珊瑚硫黃乳香沒藥藤竭碗石茅瑞徵象胥錄

永樂九年遣使諭西洋諸國歸經錫蘭山其國王亞烈苦奈兒發兵絕我歸路使者覺其城生擒國王及家屬獻於朝　命釋

之擇立其屬之賢者十年封耶巴乃那為王正統十年天順三年遣使來貢　貢物　宝石珊瑚水晶金戒指撒哈剌西洋細布乳香木香樹香土檀香沒藥硫黃藤竭蘆薈烏木胡椒碗石象大明會典

阿魯國

其國與九州山相望自滿剌加順風三晝夜可至其國風俗氣候與蘇門荅剌大同小異田瘠少收盛種芭蕉椰子為食男女裸體圍梢布常駕獨木舟入海捕魚入山採米腦香物為生各持藥鏃弩防身地產寉頂片米糖腦以售商舶貨用色段色絹磁器燒珠之屬費信星槎勝覽附淡洋　其處與阿魯山地連接去滿

剌加三日程山遶周圍有港內通大溪汪洋千里奔流出海清淡味甘舟人過往汲之名曰田肥禾盛米粒尖小炊飲甚香地產香民俗頗淳氣候常熱男女椎髻腰圍梢布貿用金銀鐵器磁器之屬

阿魯一名啞魯在西南海中土廣人稀物產亦薄永樂五年國王速魯唐忽先遣滿剌哈三附古里諸國來朝貢令內臣至其國賜王文綺鄭曉吾學編

阿魯一名啞魯在西南海中土廣人稀物產薄俗稍淳朴言語婚姻皆與爪哇同永樂五年國王速魯唐忽先遣使滿剌哈三等朝貢焦竑獻徵錄

阿魯國在西南海中一名啞魯自滿剌加順風三晝夜風俗氣候大同蘓門荅剌土瘠産薄種芭蕉椰子爲食男子裸躰圍梢布常駕獨木舟入海捕魚或山行採米腦香物售商舶防身以藥鏃弩永樂五年其王速魯唐忽先遣使附古里諸國朝貢今中使往賜王文綺貢物象牙熟腦或曰淡洋與阿魯山接山圍繞有港通大溪千里奔流出海味甘淡舟人往來汲之名淡洋田肥禾盛米粒小而香東西竺歲仰食爲茅瑞徵象胥録

在西南海中永樂五年其王速魯唐忽先遣使附古里諸國朝貢　貢物　象牙熟腦大明會典

黎代國

在那孤兒地界之西此處南是大山北臨大海西連南浡里國為界國人三千家自推一人為王以主其事屬蘇門荅剌國所轄土無所產言語行用與蘇門荅剌同山有野犀牛至多王亦差人捕獲隨同蘇門荅剌國進貢中國馬歡瀛涯勝覽

黎代小國南連大山北際海西距南泥里東南連那孤兒居民一二千家推一人為首領隸蘇門荅剌言語服用與蘇門荅剌同山多野犀鄭曉吾學編

黎代小國南連大山北際海西距南泥里東南連那孤兒居民千餘家推一人為首領隸蘇門荅剌言語服用皆同山多野犀茅瑞徵象胥錄

南浡利國　瀛涯勝覽作南浡里。吾學編作南泥里

自蘇門荅剌往正西好風行三晝夜以到其國邉海人民止有千家之餘皆是回回人甚是朴實地方東接黎代王界西北皆臨大海南去是山之南又是大海國王亦是回回人王居屋處用大木高四丈如樓起造樓下俱無裝折縱放牛羊牲畜在下樓上四樓以板折落甚潔坐卧食處皆在其上民居之屋與蘇門荅剌國同其處黃牛水牛山羊雞鴨蔬菜皆少魚蝦甚賤米穀少使用銅錢山產降真香此處至好名蓮花降并有犀牛國之西北海內有一太平頂峻山半日可到名帽山之西大海正是西洋也名那沒嚟洋西洋來過洋船隻俱雙此山為准其山邉

二丈上下淺水内生海樹彼人撈取爲宝物貨賣即珊瑚也其樹大者高三尺根頭有一大拇指大根如墨之沉黑如玉石之温潤梢上椏枝婆娑可愛根頭大處可碾爲帽珠器物其帽山脚下亦有居民二三十家各自称爲王若問其姓名則曰阿菰喇楂我便是王之荅或問次曰阿菰喇楂我亦是王甚可嘆也其國屬南浡里國所轄其南浡王常根宝船將降真香等物貢於中國（馬歡瀛涯勝覽）

南泥里隸浡泥自蘸門荅剌舟行三晝夜可至東距黎代西北距海南連大山山南際海僅千餘家皆回回人俗朴實王居頗樓高廣嚴整幽潔亦用銅錢少穀食食魚蝦西北大海即西洋

中有帽山平頂土人称為那沒黎番舶皆以此山為指南山下淺水有珊瑚樹大者高二三尺分枝婆娑可愛依山居人二三十家問其為誰輙曰阿孫植華言王也或曰南泥里即南巫里鄭曉吾學編

喃渤利永樂中遣使朝貢大明會典

永樂十年九月王馬哈麻沙遣使入貢十一月遣内官賫勅往賜其國十三年九月十四年十一月十六年八月並入貢十七年八月王子沙者罕亦入貢十九年正月二十一年九月並入貢成祖實録

南巫里

南巫里永樂中遣使入貢大明會典
永樂九年七月王遣使入貢十四年十一月入貢成祖實録

溜山洋國

自錫蘭山別羅里南去順風七晝夜可至其山海中天巧石門有三遠望如城門中可過船溜山有八沙溜官嶼溜人不知溜起來溜麻里溪溜加平年溜加安都里溜其八處網捕溜洋大魚作塊曬乾以代糧食男子拳髮穿短衫圍梢布風俗囂強地產龍涎香貨用金銀段帛磁器米穀之屬其酋長感慕聖恩常貢方物傳聞有三萬八千餘溜山即弱水三千之說也亦有人聚巢居穴處不識米穀但捕魚蝦爲食裸形無衣惟紉樹葉遮

其前後若商船因風落其溜人船不可復矣費信星槎勝覽
自蘇門荅剌開船過小帽山投西南好風行十日可到其國番名牒幹無城郭倚山聚居四圍皆海如洲渚一般地方不廣國之西去程途不等海中天生石門一座如城闕樣有八大處溜各有名一曰沙溜二曰人不知溜三曰起泉溜四曰麻里奇溜五曰加半年溜六曰加加溜七曰安都里溜八曰官瑞溜此八處皆有所主而通商船再有小窄之溜傳云三千有餘溜此謂弱水三千此處是也其間人皆巢居穴處不識米穀只捕魚蝦而食不解穿衣以樹葉遮其前後設遇風水不便舟師失針舵損船過其溜落於溜水漸無力而沉大概謹防此也牒幹國王頭

目民庶皆是回回人風俗純美所行悉遵教門規矩人多以漁為業種椰子為生男女體貌微黑男子白布纏頭下圍手巾婦人上穿短衣下亦以闊布手巾圍之及用闊大布手巾過頭遮蓋上露其面婚喪之礼悉依回回教門規矩而後行土產降真香不多椰子甚廣各處來收買往別國貨賣有等小樣椰子殼彼人鏇做酒鍾以花梨木為足用番漆漆其口足甚為希罕其椰子外包之穰打成麁細繩索堆積在家各處番船上人亦來買賣與別國造船等用其造番船皆不用釘止鑽其孔皆以此索聯縛加以木楔然後以番瀝青塗縫水不能漏其龍涎香漁者常於溜處採得如水浸瀝青之色嗅之無香火燒腥氣其價

高貴以銀對易海𧴪彼人採積如山罨爛亦賣販他處名曰海溜魚而貴之織一等絲嵌手巾甚密實長闊絶勝他處所織者又一等織金方帕與男子纏頭價有賣銀五兩之貴者天之氣候常熱如夏土瘦米少無麦蔬菜不廣牛羊雞鴨皆有餘無所出王以銀鑄錢使用中國宝船一二隻亦到彼處收買龍涎香椰子等物乃一小邦也（馬歡瀛涯勝覽）

溜山在西海中有石門如城闕中有八村皆有以溜名小溜甚多舟行入溜即溺世傳弱水三千即其地也其人巢居穴處食魚蝦衣樹葉氣候常温永樂中國王亦速福凡再貢產溜魚龍涎香嵌絲悅織金帕旁有牒幹國（焦竑獻徵錄）

溜山國永樂中國王亦速福遣使來貢其國在西海中四面濵海有石門無城闕皆巢居穴處衣艸木葉咲魚蝦依山聚居八村稍大皆以溜名餘小溜無慮三千失船入溜溺矣土人曰三千弱水也山旁有牒幹國皆回回人業魚種椰氣候常熱市用銀錢 何喬遠名山藏

溜山亦名溜山洋國自錫蘭山別羅里南去順風七晝夜至其山四面濵海如洲在西海中有石門三遥望如城闕中可過船八溜稍大餘小溜無慮三千土人曰此弱水三千也舟行遇風入溜即溺人率依山巢居穴處或網涌洋大魚晒以代糧拳髮穿短衫圍梢布亦多裸形紉樹葉蔽前後産龍涎香貨用金銀

段帛磁器米穀溜山傍有牒幹國皆回回人俗淳業漁好種椰樹其椰皮結繩可貫板成舟塗瀝青堅如鐵釘鮫魚一名溜魚織絲帨甚工緻亦有織金帨永樂中國王亦遣使來朝貢

茅瑞徵象胥錄

大葛蘭國

地與都欄樵相近厥土黑墳本宜穀麥居民懶事耕作歲賴烏爹之米為食商船為風所阻不以時到則波濤激灘載貨不敢滿盖以不可停泊之故也若過亞里洋則罹重險之難矣及有高頭埠沉水罹股石之危風俗淳厚男女纏頭穿单布長衫圍色布手巾地產胡椒椰子溜魚檳榔貨用金錢青白花磁器布

叚之屬（費信星槎勝覽）

小葛蘭國

山連赤土地與柯枝國接境日中為市西洋諸國之馬頭也本國通使大金錢名儻伽每個重八分小金錢名吧喃四十箇准大金錢一箇田瘠少收歲藉榜葛剌國米為食氣候常熱風俗小淳男女多回回喃毗人地產胡椒亞於下里乾檳榔波羅蜜色布其木香乳香真珠珊瑚酥油孩兒茶梔子花皆自他國來也貨用丁香荳蔻色段麝香金銀銅鐵罷鐵線黑纓之屬（費信星槎勝覽）

自錫蘭國馬頭名別羅里開船往西北好風行六晝夜到其國

邊海東連大山西是大海南北地窄連海而居國王國人皆鎖里人氏崇信釋教尊敬牛象婚姻等事與錫蘭國同土產蘇木胡椒不多其果菜之類皆有牛羊頗異其羊脚高二三尺者黃牛有三四斤者酥油多有賣者人一日二飡皆用酥油拌飯而食王以金鑄錢每箇重官秤二分通行使用雖是小國其王亦將方物差人貢於中國（馬歡瀛涯勝覽）

小葛蘭小國也東連大山西南北皆海永樂中太監鄭和至其國王鎖里人遣人入貢俗尚浮屠重象牛飯和酥酪市用金錢婚喪巾服大類錫蘭山自錫蘭山別那里西北海行六晝夜可至（鄭曉吾學編）

小葛蘭海上小國也與柯枝接壤永樂中鄭和至其國王鎖里人遣人入貢俗尚浮屠重象牛飯和酥酪市用金錢婚喪巾服大類錫蘭山何喬遠名山藏

小葛蘭國其東大山連赤土與柯枝國接境西南北皆海自錫蘭山别那里西北海行六晝夜至候熱土瘠仰傍葛剌國米為食風俗少淳多回回喃毗人尚浮屠重牛象飯和酥酪婚喪巾服大類錫蘭山地產胡椒市用金錢大者名儻伽重八分小者名吧喃小錢四十准大錢一永樂五年附蘇門荅剌等國朝貢貢物珍珠傘白綿布胡椒尋中使鄭和至其國王瑣里人復遣使入貢又有大葛蘭國與都爛樵相近土黑墳宜穀麥居民懶

事耕作歲時賴烏爹之米為食（茅瑞徵象胥錄）

永樂五年遣使附蘇門答剌等國朝貢　貢物　珍珠傘白棉布胡椒（大明會典）

柯枝國

其處與錫蘭山對峙內通古里國界氣候常熱田瘠少收村落傍海風俗頗淳男女椎髻穿短衫圍單布又一種曰木瓜無屋舍惟穴居巢處入海捕魚為業男女裸體紉結樹葉或艸遮其前後行人遇人則蹲避道傍俟過方行蓋避羞也地產胡椒甚廣富家俱置板倉貯之以售商販行使小金錢名吧喃貨用色段白絲青花白磁器金銀之屬其酋長感慕聖恩常貢方物（費信）

星槎勝覽

自小葛蘭國開船沿山投西北好風行一晝夜到其國港口稍船本國東是大山西臨大海南北邊海有路可往鄰國其國王亦鎖里人氏頭纏黃白布上不穿衣下圍紵絲手巾再用紵絲顏色者纏之於腰名曰壓腰其頭目及富人服用與王者頗同民居之屋用椰子木起造用椰子葉編成片如艸苫樣蓋之雨不能漏家家用磚砌土庫止分大小凡有細軟之物俱放於内以防火盜國有五等人名南昆與王同類一等有剃頭挂線在頸者最為貴族二等回回人三等人名哲地係有錢財主四等人名革令專與人作牙保五等人名木瓜至低賤之人也至今此

華在海濵居住房簷高不過三尺高者有罪其穿衣上不過臍下不過膝其出於途遇南昆哲地人即伏於地俟過即起而行木瓜之華專以漁及樵負挑擔為生官不容穿長衣其經商買賣如中國儺人一般其國王崇信佛教尊敬象牛建造佛像以銅鑄仙像用青石砌座佛座邊週圍砌成水溝傍穿一井每日侵晨則鳴鍾擊鼓汲井水於佛頂澆之再三衆皆羅拜而退另有一等人名濁騰即道人也亦有妻子此華自出母胎髮不經剃亦不梳篦以酥油等物將髮様成條總或十餘條披拽胸後却牛糞燒成白灰遍搽其體上下無衣止用指大黄藤兩轉緊縛其腰又以白布為梢子手拏大海螺常吹而行其妻略以布遮

其醜隨夫而行此等即出家人倘到人家則與錢米等物其國
氣候常煖如夏無霜雪每至二三月日夜間則下陣雨一二次
番人各整蓋房屋俻辦食用至五六月日夜間下滂沱大雨街
市成河人莫能行大家小户坐候雨信過七月纔晴到八月半
後晴起到冬點雨皆無直至次年二三月間又下雨常言半年
下雨半年晴正此處也土無他出山有胡椒人多置園圃種椒
為産每年椒熟本處自有收椒大户置倉盛貯待各處番商来
買論播荷說價每一播荷該番秤二百五十封刺每一封刺該
番秤十斤記官秤十六斤每一播荷該官秤四百斤賣彼處金
錢或一百箇或九十箇直銀五両各称哲地者皆是財主專一

收買下宝石珍珠香貨之類候中國宝石船或別國番船客人
来買珍珠以分數論價而買且如珠每顆重三分半者賣彼處
金錢一千八百箇直銀一百兩珊瑚枝梗其哲地論斤重買下
顧倩匠人翦斷車旋成珠洗磨光浄亦秤分兩而買王以九成
金鑄錢行使名曰法南重官秤一分二厘又以銀為錢比海螺
靨大每箇官秤四厘名曰荅兒每金錢一個倒換銀錢十五個
街市行使零用國人婚喪之礼各依本類不同米粟麻荳黍稷
皆有只無大小二麦象馬牛羊犬猫雞鴨皆有只無驢與鵞尔
國王亦差頭目隨共回洋宝船將方物進貢中國馬歡瀛涯勝覽
柯枝一名阿枝東連大山西南北皆海自葛蘭山海西北行一

晝夜可至永樂二年王亦可里遣完者荅兒朝貢請封其國大山詔封為鎮國山賜碑文是時太監鄭和使至其國國王鎖里人也首纏黃白布上不衣下縈絲帨束絲壓腰綴椰木葉苫屋國人五種曰南昆與王同類祝髮線懸脛為貴族次回回人次富有財者曰哲地次牙儈曰革全又次卑賤者曰木瓜木瓜濱海而居業漁樵屋簷不得過三尺上衣不過膝途遇南昆哲地即伏候過乃起王尚浮屠敬象牛建寺範金為佛每旦鳴鐘鼓汲泉灌佛頂數回已乃礼之有曰濁肌者蓋優婆夷也娶妻不剃胎髮髮縷縷垂後牛糞灰塗體行吃大螺妻隨之乞錢氣候常熱多雨市用金銀錢銀錢十五當金錢一産珠象牙蘇木鄭曉

吾學編

柯枝一名阿枝古槃槃國東連大山西南北皆海自錫蘭山西北舟行一晝夜可至五代宋梁時三遣使貢永樂十四年封其王可亦里為柯枝王賜印誥封其山為鎮國山樹碑上親為文其銘曰截彼南山作鎮海邦吐烟出雲為下國洪龐時其雨暘肅其煩熇作彼豐穰祛彼氛妖庇於斯民靡災靡沴室家胥慶優游卒歲山之嶄兮海之深矣勒之銘詩相為終始是時鄭和至其國俗信佛敬象牛與錫蘭同國人有五種貴者曰南昆次回回人次富有財者曰哲地次牙儈曰革全最賤曰木瓜穴居捕魚屋簷不過三尺上衣過膝皆有禁過南昆哲地即伏候過

乃行又有曰濁肌者優婆夷也髮縷縷垂後吹大螺妻隨之行丐産蘇木胡椒（焦竑獻徵録）

柯枝古槃槃海上國也去古里三十程洪武中來貢永樂二年王可亦里遣使來貢十年復來十五年封爲柯枝國王使鄭和與使者偕賜之印誥并封其國中山爲鎮國山碑之文曰朕撫治華夷擬古帝王柯枝國遠在西南鉅海濱欣慕教化命令之至莩跪鼓舞仰天而拜曰我國數歲以來宴樂和煦皆中國聖人教化所沾朕揆德薄不能致然其長民者之應欤既封亦可里爲其王并封國中山爲鎮國之山勒碑其上垂示亾窮系以銘云其國尚浮屠敬象牛每旦鳴鐘鼓灌佛頂數遍乃礼之國

人五種曰南昆貴族也次回回人次哲地富有財者也次革全牙僧也次木瓜卑賤矣何喬遠名山藏

永樂二年其國王可亦里遣使朝貢十年復遣使來請封其國之山詔封爲鎮國山御製碑文賜之賜國王印誥大明會典

榜葛剌國

自蘓門荅剌順風二十晝夜可至其國即西印度之地西通金剛宝座國曰詔納福兒乃釋迦得道之所永樂十三年二次上命少監侯顯等統舟師齎詔勅賞賜國王王妃頭目其國海口有港曰察地港立抽分之所其王知我中國宝船到彼遣部領齎衣服等礼人馬千數迎港口起程十六站至瑣納兒江有城

池街市聚貨通商又差人賫礼象馬迎接再行二十站至板獨哇是酋長之居處城郭甚嚴街市鋪店連楹接棟聚貨百有其王之舍皆磚灰甃砌高廣殿宇平頂白灰為之內門三重九間長殿其柱皆黄銅包飾雕琢花獸左右長廊內設明甲馬隊千餘外列巨漢明盔明甲執鋒刃弓矢威儀壯甚丹墀左右設孔雀翎傘蓋百數又置象隊百數於殿前其王於正殿高座嵌八宝箕踞坐其上劍横於膝乃令銀柱杖二人皆穿纏頭來引道前五步一呼至中則止又金柱杖二人接引如前礼其王拜迎詔勅叩頭加額開讀賞賜受畢鋪毯乱於殿地待我天使宴我官兵礼之甚厚燔炙牛羊禁不飲酒恐亂性而失礼以薔薇露

和香蜜水飲之宴畢復以金盔金繫腰金瓶金盆贈天使其副使皆以銀盔銀繫腰銀瓶銀盆贈之其下官員亦贈以金鈴絅紵絲長衣兵士俱有銀錢蓋此國富而有禮者也其後躬置金筒金葉表文差使臣賫捧貢獻方物於廷其國風俗甚厚男子白布纏頭穿白布長衫足穿金線羊皮靴濟濟然有文字者衆凡交易雖有萬金價定打手永無悔改婦女穿短衫圍色布絲錦不施脂粉自然嬌白耳垂寶鈿項掛瓔珞髻堆腦後四腕金鐲手足戒指其有一種曰印度不食牛肉飲食男女不同處夫死不再嫁妻死不再娶若孤寡無倚一村人家輪流養之不容別村求食其義氣之稱者田沃豐足一歲二收不用耘耔隨時

自宜男女勤於耕織果有波羅蜜大如斗甘甜甚美菴摩羅香酸甚佳其餘瓜果蔬菜牛馬雞羊鳧鴨海魚之類甚廣使海貝准錢市用地產細布撒哈剌氊絨兜羅錦水晶瑪瑙珊瑚真珠寶石糖蜜酥油各色手巾被面貨用金銀段絹青花白磁器銅鐵麝香銀硃水銀草蓆之屬費信星槎勝覽

自蘇門答剌國開船取帽山并翠藍島投西北上好風行二十日先到淅地港用泊船用小船入港五百餘里到地名鎖納兒港登岸向西南行三十五站到其國有城郭其王并大小一應衙門皆在城內其國方廣濶物穰民稠舉國皆是回回人民俗淳善富家造船往諸番經營者多出入傭伎者亦多人之容體皆

黑間有一白者男子皆剃髮以白布纏之身服從頭套下圓領長衣下圍各色濶布手巾足穿淺面皮鞋其國王并頭目之服俱服回回教礼冠衣甚整麗國語皆從榜葛里自成一家言語説吧兒西語者亦有之國王以銀鑄錢名倘伽每箇重官秤二錢徑官寸一寸二分底面有紋一應買賣皆以此錢論價零用海𧴩番名考嚟論箇數交易民俗冠喪祭婚姻之礼皆依回回教門四時氣候常熱如夏稻穀一年二熟米粟細長多有細紅米粟麥芝麻各色豆黍薑芥葱蒜瓜茄蔬菜皆有果有芭蕉子酒有三四等椰子酒米酒樹酒茭蔁酒各色法製多有燒酒市賣無茶人家以檳榔待人街市一應鋪店混堂酒飯甜食等肆

都有駱駝驢騾水牛黄牛山羊棉羊鵝鴨鷄猪犬猫等畜皆有
果則波羅蜜酸子石榴甘蔗沙糖白糖糖霜果蜜煎之類土産
五六樣細布一樣蓽布番名卑治濶三尺餘長五丈六七尺此
布匀細如粉箋一般薑黄布番名滿者提濶四尺許長五丈餘
此布緊密壯實一樣沙納乞付濶五尺長二丈便如生平羅樣
即布羅也一樣番名忻白勤搭黎濶三尺長六丈布眼稀匀即
布紗也皆用此布纏頭一樣沙榻兒濶二尺五六寸長四丈餘
好三梭布一般有一樣番名驀黑驀勤濶四尺長二丈餘背面
皆起絨頭厚四五分即兜羅錦也桑柘蚕絲皆有金織絲嵌手
巾幷帽棉漆器盤碗鑌鐵鎗刀剪等器皆有賣者一樣白紙六

是樹皮所造光滑細膩如鹿皮一般國法笞杖徒流等刑官品衙門印信行移皆有軍亦有給糧餉管事頭目名吧斯剌兒醫卜陰陽百工技藝皆有之其衙衙身穿挑黑綠白布花衫下圍色絲手巾以各色硝子珠間珊瑚珠穿成纓絡佩於肩項又以青紅硝子燒成鐲帶於兩臂人家宴飲此輩亦來動樂口唱番歌對舞亦有解數有一等人名根肖速魯柰即樂工也每日五更時分到頭目或富家門首一人吹鎖㖿一人擊小鼓一人擊大鼓初起則慢自有調拍後漸緊促而息又至一家如前吹擊而去至飯時仍到各家或酒飯或與錢物撮弄把戲諸色皆有不甚奇異止有一人同其妻以鐵索拴一大虎在街牽拽而行

至人家演奏即解其索虎坐於地其人亦體單梢對虎跳躍拽拳將虎踢打其虎性發作威咆哮勢撲其人與虎對跌交畢又以一臂伸入虎口直至其喉虎不敢咬其人仍鎖虎頸則伏於地討食其家則與肉喫之又與其人錢物而去日月之定亦以十二箇月爲一年無閏王亦差人駕船往番國買賣取辦方物珍珠寶石進貢中國馬歡瀛涯勝覽

西天有五印度國榜葛蘭者東印度也永樂六年王靄牙思丁遣人朝貢九年至太倉命行人往宴勞之十二年王賽弗丁遣人奉金葉表獻麒麟國最大自蘇門答剌海行翠藍島至浙地港更小舟行五百里至鎖納兒港登陸行三十五里至其國地

廣人稠財物豐衍甲於諸鄰國國有城郭王及諸官皆回回人男祝髮白布纏頭圓領長衣束綵帨躡皮履市用銀錢海𧴩五領山最高大氣候常熱如夏賦十二刑笞杖徒流官有印章行移軍有粮陰陽醫卜百工技藝大類中國有衣黑白花衫縈帨佩珊瑚琥珀纓絡繫臂硝子鐲釧歌舞侑酒者曰根肖速魯柰柰蓋優人也能作百戲以鉄索繫虎行市中入人家觧索坐虎於庭裸而搏虎虎怒交撲仆虎數回乃已或手拔入虎喉虎亦不傷戲已仍繫之家人争以肉啖虎勞戲者錢曆有十二月無閏風俗朴厚人好耕殖一年二熟産鑌鉄翠羽琉璃蛇馬桑漆樹絲綿尤鎗剪最巧利布數種有濶四五尺者蕎黑蕎勒濶四

尺背面皆毳絨厚可五分即兜羅錦也白樹皮布膩滑光潤如鹿皮椰茭爲酒檳榔當茶鄭曉吾學編

榜葛剌在大海西南東印度之地永樂六年國王靄牙思丁遣使朝貢十年卒命其子賽弗丁嗣王中使侯顯常奉詔往賜王待之甚恭表獻麒麟其國地廣人稠甲於他夷王及臣僚皆回回人有印章行移陰陽醫卜諸技大類中國優人曰根肖速魯柰柰能作百戲縶虎入人家裸而搏其虎手探其喉觀者勞以錢曆十二月不置閏耕種一年二熟産鑌鐵翠羽兜羅錦及諸異布焦竑獻徵錄

榜葛剌國西天有五印度國榜葛剌者東印度也永樂六年國

王靄牙思丁遣使朝貢九年復至命行人宴勞之太倉王卒子賽弗丁嗣中使侯顯常奉詔往使王待之甚恭表獻麒麟正統三年復献麒麟鸚鵡等物礼部尚書胡濙請表賀從之其國地廣人稠甲他夷王及臣僚皆回回人有印行移陰陽醫卜諸技大類中國優人曰根肖速魯柰柰能作百戲善弄府曆不置閏耕種一年二熟産鑌鉄翠羽兜羅錦及諸異布何喬遠名山藏自蘇門答剌順風二十晝夜至榜葛剌在海西南或曰西天有五印度國榜葛剌即東印度也從翠藍島入察地港更小舟行五百里至鎖納兒港有城池市聚始遵陸抵國可三十五里西通金剛宝座國曰沼納樸兒乃釋迦得道之所永樂二年國王

爾牙思丁遣使朝貢六年上金葉表九年至太倉命侍人往宴勞之十二年王賽弗丁奉金葉表來貢麒麟等物正統三年復至其國地廣人稠沃饒甲於他境王及酋長皆回回人祝髮白布纏首圓領長衣綠帨皮履風俗朴厚人好耕殖一歲二收賦十二刑笞杖徒流官有印軍有糧陰陽醫卜百工技藝略備市用銀錢海𧵅價定打手雖萬金不以悔別有一種印度不食牛肉飲食男女異處夫死不以嫁妻死不再娶孤寡衆輪贍之五嶺山最高大氣候恒熱如夏曆有十二月無閏産鑌鐵翠羽瑠璃桑漆尤廣絲綿製鎗剪絶巧布數種有闊四五尺者兜羅綿背面皆毳絨厚可五分白樹皮布膩潤與鹿皮等椰茇爲酒檳

椰為茶波羅蜜味甘大如斗優人衣黑白花衫縈帨佩珊瑚琲珀瓔珞歌舞侑觴能作百戲以鐵索繫虎行市中入門解索裸而搏虎交撲數回就繫如故人爭以肉啖虎永樂間使至礼厚甚禁用酒以薔薇露和香蜜水飲之貢物有戧金瑠璃罷皿撒哈剌兜羅綿烏爹泥藤竭糖霜之屬茅瑞徵象胥録

西天有五印度國榜葛剌即東印度永樂六年國王靄牙思丁來朝貢九年至太倉命行人往宴勞之十二年王賽弗丁遣使貢麟麒等物正統三年貢同表用金葉　貢物　馬馬鞍金銀事件戧金瑠璃罷皿青花白瓷撒哈剌者抹黑答立布洗白苾布兜羅綿鶴頂犀角翠毛鸚哥糖霜乳香熟香烏香麻藤香烏爹

泥紫膠藤竭烏木蘇木胡椒麤黃大明會典

沼納樸兒

沼納朴兒在印度之中古所謂佛國也永樂中遣使詔諭國王亦不剌金玉來朝貢鄭曉吾學編

沼納朴兒在印度之中即古佛國永樂十八年國王亦不剌金數侵榜葛剌遣使諭解之隨遣人來朝貢焦竑獻徵録

國在印度之中即古佛國永樂十八年其國王亦不剌金數侵榜葛剌國遣使賫勅諭之大明會典

西洋瑣里

西洋瑣里近瑣里視瑣里差大物產大類瑣里洪武三年使來

以金葉表文貢方物上喜王敬中國涉海道甚遠賜甚厚永樂元年復遣人朝貢上曰海外遠夷附載番貨勿征二十一年西洋十六國遣使千二百人貢方物至京師西洋瑣里貢獨豊美

鄭曉吾學編

西洋瑣里又曰瑣里西國也西洋瑣里視瑣里差强大瑣里國微弱時時爲西洋瑣里所侵洪武三年西洋瑣里國主別里提遣使來貢進金葉表文上念其遠涉賜賚甚厚五年瑣里國主卜納的亦遣使進金字表文并圖獻其土地山川上賜國主曆書及織金綵段紗羅各四亦使(賜)於使臣永樂元年二國並貢詔勿徵其附船貨其末年西洋十六國皆有貢至瑣里獨豊美二

國皆產布而西洋瑣里之布尤佳（何喬遠名山藏）

西洋瑣里國瀕海近瑣里睞為差大洪武三年其王別里提奉金葉表貢方物賚予甚厚永樂元年復遣使朝貢上諭海外遠夷附載番貨其勿征二十一年西洋十六國遣使千二百人貢方物西洋瑣里貢物獨著其貢有黃黑帍兜羅綿被（茅瑞徵象胥録）

國濱海近瑣里視瑣里差大洪武三年其國王別里提遣使奉金葉表貢方物永樂元年復遣使朝貢　貢物　黃黑帍兜羅綿被漫折的花被皮剔皮布稿泥布沙馬打里布（大明會典）

瑣里

瑣里小國也物產甚微有撒哈剌諸異布洪武五年國王卜納

的遣使奉金字表入貢并圖其山川土地以獻詔優礼之永樂元年復遣使貢俗同西域又有西洋瑣里視瑣里差大亦於洪武間貢永樂二十一年西洋等六國遣使千二百人貢方物獨西洋瑣里最豐美或曰西洋瑣里即瑣里海道絶遠無從質也焦竑獻徵錄

瑣里西海中小國物產甚微有撒哈剌諸異布洪武五年国王卜納的遣撒馬牙茶嘉兒幹的亦剌丹八兒奉金字表朝貢圖上其土地山川賜大統曆金幣永樂元年復遣人朝貢鄭曉吾學編

西海中小國洪武五年其國王卜納的遣使奉金葉表貢方物并圖其山川以獻　貢物　馬紅八者藍布紅撒哈剌覩木里布

紅番布白苾布珠子項串大明會典

覽邦

覽邦洪武九年遣人來朝貢永樂宣德中嘗附隣國貢方物其國去西域遠甚無市價販地多沙礫麻麥之外無他穀山坡坨無峰峦水亦淺濁俗亦好佛勤賽祀有駝馬牛羊市亦用錢鄭曉吾學編

覽邦地多沙礫麻麥之外無他穀洪武九年國王昔里馬哈剌扎遣使朝貢永樂宣德間附隣國來獻焦竑獻徵録

覽邦漢疎勒國也去西域遠甚好佛無賈販用錢地多沙礫産麻若麥而已其山陂陀其水淺濁有駝馬牛羊洪武九年國王

昔里馬哈剌的剌扎遣使朝貢永樂宣德中附隣國貢方物何喬遠名山藏

覽邦國地多沙磧麻麥外無它穀山埴迤無峰峦水亦淺濁俗好佛喜賽祀有駝馬牛羊市亦用錢洪武九年國王昔里馬哈剌扎的剌扎遣奉表來貢永樂宣德中附隣境貢方物有胡椒蘇木檀降香孔雀或曰其國好食人故覽邦港口舶無維纜者外有小嶼名奴沙牙近嶼打水用丁午針六更望錫蘭山不遠茅瑞徵象胥錄

洪武九年國王昔里馬哈剌扎的剌扎遣使奉表來貢永樂宣德中附隣國貢方物　貢　馬孔雀胡椒蘇木檀降香大明會典

淡巴

淡巴在西南海中洪武十年國王遣人來貢賜之金幣其國風景秀贍土地廣衍泉甘而水清艸木暢茂畜産甚夥城以石築屋以瓦覆王乘輿官跨馬頗有威儀國人勤生種藝織縷抱布男女咸務常業市有交易野無寇盜稱樂土矣鄭曉吾學編

淡巴在西南海中古狼牙脩國梁天監中一入貢其後絶洪武十年國王佛喝思囉遣使朝貢其国風景秀贍土衍水清種藝織縷皆有常業上下威儀亦足觀焉焦竑獻徵錄

淡巴國在西南海中或曰即古狼牙脩國非也洪武十年國王佛喝思囉遣使奉表朝貢賜金幣其國土廣景秀泉甘水清饒

艸木孽畜石城瓦屋市肆棋置輿馬威儀甚都國人勤治生稀盜寇耕紝各有常業居然樂土貢物兠布兜羅綿被沉速諸香胡椒（茅瑞徵象胥錄）

淡巴國在西南海中洪武十年國王佛喝思羅遣使奉表朝貢貢物　兠布兜羅綿被沉香檀香速香胡椒（大明會典）

百花

百花在海中依山爲國國中有奇花嘉樹民俗饒富尚釋教洪武十一年國王剌丁剌者望沙亦遣八智亞壇金葉表朝貢座紅猴龜筒玳瑁孔雀倒掛鳥胡椒（鄭曉吾學編）

百花古注輦國宋祥符中奉表入貢辭甚雅馴洪武十一年其

王剌丁剌者望沙遣使奉金葉表貢國富饒多奇花故名百花（焦竑獻徵錄）

百花古注輦國南海中國也以多奇花故名國東南約二千五百里民饒尚釋貢在洪武十一年其國王曰剌丁剌者望沙（何喬遠名山藏）

百花國居海中依山爲國天氣恒燠如春無霜雪多嘉樹奇卉四時蔥鬱故名俗富饒尚釋教或云即宋史注輦國本後屬三佛齊洪武十一年其王剌丁剌者望沙遣使奉金葉表朝貢貢物有白鹿紅猴龜筒玳瑁孔雀倒掛鳥今附舶香山濠鏡澳貿易（茅瑞徵象胥錄）

國居海中洪武十一年其王剌丁剌者望沙遣使奉金葉表朝貢　貢物　紅猴白鹿龜筒玳瑁孔雀鸚鵡倒掛鳥胡椒香蠟（大明會典）

拂菻

拂菻在嘉峪關外萬餘里洪武四年遣其國故民揑古倫賫詔諭之尋遣人來朝貢其俗土屋無瓦貴臣如王服不尚鬭戰鑄金銀錢産金銀珠西錦千年棗馬獨峰駝巴欖（鄭曉吾學編）

佛菻唐書以爲漢大秦國也去京師四萬里朝輶軒所記則云出嘉峪關萬餘里其國自漢以來貢不絶而宋史謂自古未通風俗物産亦大相柢牾不知今之佛菻果大秦否耶洪武四年

遣其故民捏古倫詔諭之隨遣使朝貢俗土屋無瓦貴臣如王服不尚戰闘如有爭文告而已懸大金秤以金丸十二定日時每時至輒墮一丸市用金銀錢勒王名錢陰毋得私鑄產金銀珠西錦千年棗馬獨峰駝巴欖蒲萄焦竑獻徵録

拂菻國唐書以爲漢大秦國也去嘉峪關萬餘里洪武四年遣其國故民捏古倫齎詔諭之尋遣使朝貢其國產金銀珠西錦千年棗馬獨峰駝巴欖蒲萄不尚戰闘懸大金秤以金丸十二定時日每時至輒一丸墜市用金銀錢絶私鑄勒王名於錢陰何喬遠名山藏

拂菻國在嘉峪關外萬餘里按唐史云古大秦也大秦國一名

犂鞬居西海西亦云海西國漢時以安息遮閡不得達都護班超遣掾甘英使大秦抵條支臨海欲渡安息西界舟人以入海皆賚三歲糧善令人戀慕多死亡英聞亦止桓帝延熹九年大秦王安敦遣使自日南徼外献犀角象牙瑇瑁始一通焉晉太康中使來貢唐貞觀十七年拂菻王波多力遣使献赤玻瓈緑金精下詔答賚其後臣属大食開元七年因吐火羅大酋献獅子羚羊宋元豊四年始貢鞍馬真珠刀劍元祐六年再至國朝洪武四年遣其國故民捏古倫賚詔諭之遣使朝貢其國地寒土屋無瓦王服紅黃衣以金線織絲布纏首不尚戰鬭刑罰罪重者盛以毛囊投諸海鑄金銀為錢無穿孔面鑿弥勒佛背為王

名禁私造產金銀珠西錦千年棗獨峰駝巴欖然自漢修言大秦宮室皆以水精為柱珊瑚為梲琉璃為墻其土多出明珠大貝駭雞犀夜光璧及火浣布王宮三襲門飾異寶中門有金巨秤作金人立其端屬十二丸率時改一丸落有眩人能發火於頦手為江湖足墮珠玉有善醫能開腦出虫愈目眚或織水羊毳野蠶繭為海西布及氍毹毾㲪罽帳之屬道多猛虎獅子羊種土而生臍屬地介馬擊鼓驚之乃絕它語多不經或云國西有弱水流沙近西王母所居幾於日所入從條支西渡海曲一萬里蔥嶺以西國最大循海而南與交趾外夷接又水道通益州永昌故永昌出異物何喬遠象胥録

拂菻國在嘉峪関外萬餘里洪武四年遣其國故民捏古倫賫詔諭之尋遣使朝貢大明會典

洪武四年八月癸卯遣拂菻國故民捏古倫持詔往諭其國王曰自有宋失天地絶其祀元興沙漠入主中國百有餘年天猒其昏淫亦用隕絶其命華夷擾乱十有八年當群雄初起時朕爲淮右布衣起義救民荷天之靈授以文武之臣東渡江左練兵養民十有四年西平漢主陳友諒東縛吴王張士誠南平閩越戡定巴蜀北靖幽燕奠安華夏復我中國之舊疆朕爲臣民推戴即皇帝位定有天下之號曰大明建元洪武於今四年矣凡四夷諸國皆遣告諭惟尔拂菻隔越西夷未及報知命遣尔

國之民捏古倫賫詔往諭朕雖未及古先哲王之德使四夷懷之然不可不使天下咸知朕平定四海之意故兹詔示太祖實録

剌泥

永樂元年十月西洋剌泥國回回哈只馬哈没奇剌尼等來朝貢方物因附載胡椒與民互市有司請徵其稅上曰商稅者國家以抑逐末之民豈以為利今夷人慕義來乃欲侵其利所得幾何而虧辱大體萬萬矣不聽成祖實録

麻葉甕星槎勝覽作麻逸凍

其處在交欄山之西南洋海中山峻地平夾溪聚村落而居氣候稍熱男女椎髻穿長衫圍色布田膏腴倍收他國尚節義婦

喪夫則削髮剺面絕食七日夫死同寢多有並逝者七日不死則親戚勸以飲食若得甦終身不再嫁矣至焚夫日多赴火死煮海爲塩釀蔗爲酒産木棉黃蠟玳瑁檳榔花布貨用銅錢鐵塊五色布絹之屬費信星槎勝覽

永樂三年十月遣使賷詔撫諭其國成祖實錄

速兒米囊

永樂三年十月遣使賷詔撫諭其國成祖實錄

葛卜

永樂三年十月遣使賷詔撫諭其國成祖實錄

碟里

碟里國在東南海中大洲上洲有諸港通海人淳少訟尚佛物産甚薄永樂三年國王遣使馬黑木來朝貢鄭曉吾學編

碟里國在東南海中尚佛少人淳物産薄永樂三年遣使馬黑木來朝貢何喬遠名山藏象胥録同

永樂三年九月遣使附爪哇入貢成祖實録

日羅夏治

日羅夏治海中小國無他奇産産蘓木胡椒人頗知種藝無盜賊崇佛教永樂三年國王遣文那打時鎮來朝貢鄭曉吾學編

日羅夏治國海中小國也産蘓木胡椒頗知種藝崇佛不盜永樂三年遣文那打時鎮來朝何喬遠名山藏

永樂三年九月遣使附依哇入貢成祖實録

底里

永樂十年十月遣使賫勅撫諭其國王馬哈木成祖實録